Report on the Development of China Cereals

教育部哲学社会科学发展报告培育项目（13JBGP008）
中华粮网资助
首都流通业研究基地项目（JD-YB-2016-37）

中国粮食安全发展报告

2015~2016

洪涛 傅宏◎著

经济管理出版社
ECONOMY & MANAGEMENT PUBLISHING HOUSE

图书在版编目（CIP）数据

中国粮食安全发展报告 2015~2016/洪涛，傅宏著 . —北京：经济管理出版社，2017.1
ISBN 978 - 7 - 5096 - 4934 - 3

Ⅰ. ①中…　Ⅱ. ①洪…　②傅…　Ⅲ. ①粮食安全—研究报告—中国—2015 - 2016　Ⅳ. ①F326. 11

中国版本图书馆 CIP 数据核字（2017）第 025206 号

组稿编辑：张永美
责任编辑：王格格
责任印制：黄章平
责任校对：王淑卿

出版发行：经济管理出版社
　　　　　（北京市海淀区北蜂窝 8 号中雅大厦 A 座 11 层　100038）
网　　　址：www. E - mp. com. cn
电　　　话：（010）51915602
印　　　刷：北京九州迅驰传媒文化有限公司
经　　　销：新华书店
开　　　本：880mm × 1230mm/16
印　　　张：14.5
字　　　数：241 千字
版　　　次：2017 年 3 月第 1 版　　2017 年 3 月第 1 次印刷
书　　　号：ISBN 978 - 7 - 5096 - 4934 - 3
定　　　价：198.00 元

目　录

目 录

导 言①

2009 年至 2016 年 10 月，我们连续举行了 18 次中国粮食安全研讨会，教育部社会科学发展报告的培育项目是从 2013 年开始的，2013 年至今我们先后组织了 9 次研讨会，虽然经费不多，但我们还是很认真地做了这些研究，也表明了我作为一个粮食部门老员工的理念。我是 1975 年上山下乡（按照国家劳动与社会保障部的计算我今年是 41 年工龄），1978 年回城到了粮食部门，1993 年考博士到中国社会科学院，我的博士论文是《我国粮食生产流通消费市场联动效应理论》。1996 年到北京工商大学从事教学与研究，我的很多学生写的也是粮食方面的论文。

一、《中国粮食安全发展报告 2015～2016》主要内容

《中国粮食安全发展报告 2015～2016》（以下简称《报告》）由总报告、稻谷安全、小麦安全、玉米安全、马铃薯安全、大豆安全、菜籽及菜籽油安全、花生及花生油安全评估分析等构成，首次对粮食电子商务安全进行了评估分析，同时还对粮食金融、粮食财政安全进行了评估。

（1）《报告》的国内背景。2004 年以来我国粮食"十二连增"，2016 年我国结束粮食"十二连增"，但是粮食产量连续第 4 年超过 6 亿吨，这是《报告》研究新的粮食安全问题的国内背景。

（2）《报告》的国际背景。2016 年全球粮食连续四年超过 25 亿吨，20 世纪 90 年代时，全球粮食总的产量是 20 亿吨，到 2013 年、2014 年、2015 年、2016 年全球的粮食产量连续超过了 25 亿吨。

（3）《报告》的特点。本书不同于其他发展报告和年鉴，其主要特点是发布主体是学术研究机构，从粮食安全评估的角度，按照我们的研究方法来对粮食安全每年发布一次报告。

其理论依据之一是粮食安全的等级层次，也就是说我们把粮食安全分为粮

---

① 在"2016 中国粮食安全评估高层研讨会"上的主题发言。

食安全、比较安全、不安全、危机。但是同时我们看到有两个不安全、两个危机、两个比较安全,一个是从供不应求的角度来讲的几个层级,一个是从供过于求的角度讲的。粮食安全和不安全的问题,过去我们讲粮食只要生产出来,或者粮食多了就是安全的,越多越安全,生产得越多、储存得越多就越安全。从现代粮食安全来看,粮食生产多了、储存多了也可能出问题。

其理论依据之二是粮食安全的曲线,我们这里画了一个坐标,横轴从粮食供给逐渐增加,再到供过于求,供给量在逐渐变化。纵轴是越往上越安全。当安全级别到一定程度以后,它就只有一个安全的顶点,这个顶点就是供给等于需求的交点,以它为中心形成一个区间,是供略大于需求和供略小于需求。现在很多人在会议上讲到,中国粮食要供给大于需求甚至大很多才安全。这种安全观念已经过时。

二、对 2015 年中国粮食安全的评估

因为本书是评估报告,粮食安全的评估是通过采用粮食安全的指标,对我国粮食安全状况进行评估,从而得出我国粮食是否安全的结论。这些指标包括粮食生产安全、粮食流通安全、粮食消费安全、粮食财政安全、粮食税收安全、

粮食金融安全、粮食保险安全、粮食储备安全、粮食预警安全。

粮食安全评估的范围。主要包括两个方面:第一个方面是粮食的生产、流通、消费运营过程的安全。第二个方面是粮食财政、粮食税收(含关税)、粮食金融、粮食保险、粮食储备、粮食预警等保障体系的安全。

粮食安全评估的品种对象。我们已经先后出版了三本粮食安全评估报告,这一次把小麦、稻谷、玉米、大豆及食用油、马铃薯、花生及花生油的安全都进行了分析,我们分析的粮食品种比过去更多了一些。另外我们对粮食电子商务的安全做了分析,对粮食的金融安全、财税安全也做了分析。

粮食安全评估的维度。第一个是数量的安全,第二个是质量的安全,第三个是产业的安全,第四个是环境的安全。

我认为,这是《报告》对粮食安全评估的基本依据。也就是说,从这个角度来讲,对粮食安全的评估进入到一个科学评估的轨道。

《报告》对 2015 年我国总体粮食安全进行了评估,2015 年我国粮食"十二连增",总体供过于求,归纳起来主要是"五高",即高产量、高库存、高进口、高价格、高成本。2015 年我国粮食供过于求的不安全因素较高,玉米供过于求库存量大,不安全。

第一是高产量，我国粮食连续3年产量超过6亿吨（含2016年是连续4年），这种高和低都是相对而言的。2015年小麦、稻谷、玉米都是增加的，大豆是减少的，杂粮也是减少的。

第二是高库存，2015年主要谷物品种供过于求。小麦、稻谷、玉米供过于求，玉米甚至严重供过于求，库存量达到了2.6亿吨，2015年我国玉米产量为2.2亿吨。出现这种情况，产量2.2亿吨，库存超过产量，另外还要大量地进口玉米，不知道是怎么形成的，这些都是很大的问题。

第三是高进口，特别是大豆和食用油供不应求，需要大量进口，2014年、2015年我国大豆进口分别为7139.9万吨、8169.4万吨，分别增长12.7%、14.4%。食用油分别进口787.3万吨、839.1万吨，分别增长 -14.6%、6.6%，2014年是负增长的，2015年是正增长的。2014年、2015年谷物和大豆进口量分别达到9618.3万吨和13043.7万吨。总体来讲，现在我们的进口量还是很大的。进口量大不要紧，但有些品种的结构是不合理的，大豆进口是为了满足国内的需求，食用油进口也是为了满足国内的需求，但是品种结构有问题。

第四是高价格。国内粮食价格高于国外粮食价格，2010年以来，国内三大主粮与国际价差一直保持在较高的水平，

国内小麦现货价比国际现货价高出1000～1200元/吨。在这种情况下，国外的粮食在价差的驱动下，进口逐年增加，导致国外粮食大量进入甚至走私进入中国。

第五是高成本。随着我国人口红利的结束，粮食成本增加，使得我国粮食出口的竞争成本优势降低。粮食价格"地板"在不断上升。

《报告》对2015年我国粮食分品种安全进行了评估。

第一，小麦安全状况。小麦产量13018.5万吨，同比增长3.2%。但是在部分地区出现了阴雨天气，小麦的质量受到一定的影响。但是从需求来看，受经济形势、养殖业低迷等影响，制粉消费平稳趋减，饲料用粮需求持续下降，国内的结余很大。

第二，稻谷安全状况。随着2004年水稻实行最低保护价以来，粳稻保护价逐年提高，导致价格越来越高。2015年早稻的减产，全国稻谷的产量是20825万吨，同比增长175万吨。

第三，玉米安全状况。第一个是我国产量的增长，第二个是我国储备量的通胀，第三个是南北价格、国内外价格的"双双倒挂"，2014年临储收购价格基本上左右了市场价格，2015年的生产情况是增加的，玉米需求又是减少的，包括饲料、转化，所以它的"去库存"任务是相当严峻的，所以我们说它是不

安全的。

第四，对大豆、食用油、油菜籽、花生、花生油安全状况我们也逐一进行了评估分析。因为这个研究是我们和中华粮网共同做的，所以在这方面有大量的数据，研究做得更细一些。

第五，今年我们首次对2015年的马铃薯安全状况做了一份报告。国家把马铃薯安全作为四大主粮之一，在我们看来，有必要对它的发展现状做一个研究。马铃薯的价格波动性很大，而且它有全国范围性、全国生产产业的特点，另外马铃薯的零售加盟店开始在全国出现。同时，马铃薯的进出口贸易也还是十分活跃的。

第六，我国粮食电子商务安全分析。《报告》对流通领域的粮食电子商务、加工业领域的粮食电子商务也做了一些分析，粮食电子商务是否有风险，对安全有没有意义呢？特别是我们说的众筹和C2B这两种方式，使粮食的需求等于供给。由于市场波动，农民生产出来的粮食经常卖不出去。我们可以通过电子商务，使供给能够等于需求，将大量的订单给农民，农民生产出来就直接发送到订单用户，从而实现供给等于需求。现在我们还没有更好的信息来引导农民生产，基本上是盲目的生产，而且是政府让农民种什么农民就种什么，农民种什么就亏什么。电子商务从某种意义上讲，

可能会降低安全的风险。

第七，我国粮食财政金融安全分析。这个问题是一个特定的情况，比如说现在这份报告后面附的美国在WTO起诉中国过度补贴，我们的补贴是否超过了"黄箱补贴"的8.5%呢？我们要承认我们有大量的补贴，包括"三农"补贴，效果还是有问题的，所以我们的报告专门做了这方面的安全分析。

第八，我国粮食保险安全分析。粮食的市场风险等很大，通过这种金融工具能够提高它的安全性，所以我们做了这部分的研究。2015年保险在四个方面有了重大突破：第一是扩大了保险的范围；第二是提高了保障水平；第三是降低了理赔门槛；第四是降低了保费的费率。

三、对2016年中国粮食安全评估展望

《报告》也对2016年的粮食安全情况做了分析，2016年我国粮食结束"十二连增"，但是粮食产量达到6.16亿吨，连续第4年超过6亿吨。

一方面，夏粮丰收，而且是第二个高产年。具体内容包括产量达到13926万吨。另一方面，早稻减产，早稻连续两年减产，2015年早稻减产，2016年继续减产。我们发现早稻减产的问题，现在北粮南运，特别是水稻方面，现在南

方很多人还吃着北方的水稻。

2016 年对我国粮食安全的评估做了几方面预测，2016 年从生产来讲，我们 13 年来首次调减玉米种植面积，而且调整面积达到 2039 万亩，超过了农业部的预期。市场这只手在这里发挥了很大的作用，但是，玉米供过于求在 2016 年的安全问题还是十分严重的，这是我们对 2016 年的看法。

同时，我们看到大豆、棉花、油料、糖料的供求缺口增大，安全问题仍然是比较大的。过去我们说得更多的是大豆弥补了我们的需求，我们利用了国外的土地、水资源，但是我们看到，因为这个主动权还是掌握在美国等国家的手里，所以，2016 年农业部提出农业结构调整："一保"，保口粮、保谷物；"一减"，减少非优势玉米；"一增"，恢复增加优质食用大豆；"一稳"，稳定粮油糖自给水平。目前来看"一减"的效果非常明显，但是"一增"增加优质食用大豆的任务却十分艰巨。

所以我们对 2016 年的安全是这样判断的：

第一，"去库存"任务仍然十分艰巨。小麦、玉米、稻米库存量较大。除了玉米以外，小麦也是第二个丰收年，虽然产量下降，但是它还是一个丰收的年景。

第二，粮食转型升级的道路十分繁重。这里主要是指很多粮食的生产和加工企业经营困难，给转型升级带来一系列发展的不确定性，影响了转型升级的步伐。

第三，粮食电子商务正在不断创新中发展。我们的这份报告中总结了各种模式，其中特别推出了众筹模式、C2B 模式等，推动了我国粮食的集约化经营，同时带来粮食定制化的种植和加工，使粮食产销精准对接，促进我国粮食由种得好向卖得好、卖出好价钱转变。

第四，粮食的支撑体系存在许多薄弱点。我们的财政、金融、保险、储备、信息预警存在许多薄弱点：财政乱花钱，补贴不到点子上，或者没有好的效果；金融贷款有很多不良贷款；粮食保险推动起来十分困难；粮食储备的去库存压力非常巨大。粮食的信息预警如果靠现有的信息引导会误导粮食生产，所以现在中国的粮食生产还要进一步生产堆到仓库里面，同时还要大量进口进入国内市场，这是大家经常讥讽我们的方面，所以这方面的问题仍然存在。

第五，2016 年粮食品种的安全状况评估预测。

（1）小麦：基本安全或者弱安全。

（2）稻谷：基本安全或者弱安全。注意我们这里讲的安全与不安全，不是说越多越安全，我们现在的不安全主要表现为供过于求。

（3）玉米：供过于求，不安全。即使 2016 年调到 2039 万亩，但是压力仍然还是很大的。

（4）食用油、花生、大豆：进口率太高，不安全。

（5）马铃薯主粮产业化的发展，在很多地方出现了盲目发展。

（6）玉米结构调整进展明显，但是问题仍然很大。农业部预期调整 2000 万亩，但是实际上超过了这个数据。

（7）农业部出台《2016 年全国杂粮生产指导意见》，也就是为了调整既有的粮食结构不合理的情况。现在杂粮产量是下降的，而且现在大豆要增加产量困难重重。

（8）2016 年应重点关注国际粮食库存。国际粮食库存对中国具有传导作用。

第六，对粮食产业安全做的评估。2016 年粮食产业安全状况评估，现在由四大国际粮商变成六大主体粮商，我国粮食产业的规模化还是在向前推进的。

第七，2016 年粮食电商安全评估。粮食电子商务安全包括国家粮食信息平台的安全，粮食电子商务国家粮食储备库的安全，粮食电子商务交易平台的安全，粮食电子商务粮食电商企业网站的安全。

归纳起来主要是两大安全问题：一是国家粮食信息及其粮食储备库的安全；二是粮食电商市场的安全。前者主要是需要国家信息化、智能化升级改造实现，后者主要是靠市场的运营来实现。目前来看，粮食电商的大宗商品交易平台需要加强监管，粮食电商的微粮模式需要进一步规范，以保证其安全性和有效性。我们也看到 2016 年，微粮即采取微信的方式还是做得比较活跃的。

洪涛
2016 年 10 月 13 日

第一章 2015年中国粮食安全评估与2016年展望

第一节 2015年中国粮食安全评估

一、2015年我国粮食安全的总体安全评估

（一）粮食安全评估的基本依据

1. 粮食安全评估的概念

粮食安全评估是指通过采用粮食安全的指标对我国粮食安全状况进行评估，从而得出我国粮食是否安全的结论。这些指标包括粮食生产安全、粮食流通安全、粮食消费安全、粮食财政安全、粮食税收（含关税）安全、粮食金融安全、粮食保险安全、粮食储备安全、粮食预警安全。

2. 粮食安全的评估范围

粮食安全的评估范围包括两个方面：一是粮食生产、流通、消费运营过程的安全；二是粮食财政、粮食税收（含关税）、粮食金融、粮食保险、粮食储备、粮食预警等保障体系的安全。

3. 粮食安全评估的品种对象

粮食安全评估的主要对象为小麦、稻谷、玉米、大豆及食用油、马铃薯、花生及花生油安全分析、电子商务安全分析、粮食金融安全分析、粮食财税安全分析等。

4. 粮食安全评估的维度

粮食安全评估的维度包括数量安全、质量安全、产业安全、环境安全等综合指标。

（二）2015年我国粮食安全的评估

2015年我国粮食"十二连增"，总体供过于求，归纳起来是"五高"：高产量、高库存、高进口、高价格、高成本。2015年我国粮食供过于求的不安全因素较高，玉米供过于求库存量大不安全，

大豆首次进口超过 8000 万吨不安全，油脂进口量较大安全性不高。

一是高产量。2015 年我国粮食"十二连增"在中国历史上没有先例，在世界粮食史上也无先例。2015 年全国粮食播种面积 17 亿亩，同比增长 0.5%，其中谷物播种面积 14.35 亿亩，同比增长 1.1%。2015 年全国粮食总产量 62143.5 万吨，同比增长 2.4%；谷物产量 57225.55 万吨，同比增长 2.7%，其中：小麦产量 13018.50 万吨，同比增长 3.2%；稻谷产量 20824.50 万吨，同比增长 0.65%；玉米产量 22458.00 万吨，同比增长 4.1%，全国大豆产量 900 万吨，同比减少 22.7%。

二是高库存。2015 年主要谷物品种供过于求，小麦、稻谷、玉米供过于求，甚至玉米严重供过于求，库存量曾经达到 2.6 亿吨，2015 年我国玉米产量为 2.2 亿吨，产量进仓库，进口进市场。

三是高进口。大豆及食用油供不应求需要大量进口，2014 年、2015 年我国大豆进口分别为 7139.9 万吨、8169.4 万吨，分别增长 12.7%、14.4%。食用油进口分别为 787.3 万吨、839.1 万吨，分别增长 -14.6%、6.6%。2014 年、2015 年粮食（谷物＋大豆）进口量分别达到 9618.3 万吨、13043.7 万吨。2015 年食用油进口量达到 839.1 万吨，同比增长 6.6%。2010 年我国稻谷（按照大米：稻谷为 7：10 换算）、小麦、玉米进口量合计仅有 331.39 万吨，而到 2015 年进口达到 1111.4 万吨（不含大麦、高粱、玉米酒糟、木薯）。

四是高价格。国内粮食价格高于国外粮食价格，2010 年以来，国内三大主粮与国际价差一直保持在较高水平，国内小麦现货价比国际现货价高出 1000~1200 元/吨，稻谷高出 1100~1600 元/吨，玉米高出 900~1200 元/吨，国外粮食在价差驱动下进口逐年增加，导致外国粮食大量进入甚至走私进入中国。

五是高成本。随着我国人口红利的结束，粮食成本增加，使得我国粮食出口的竞争成本优势减小。粮食价格"地板"在不断地上升。

2015 年受全球经济不振、国内粮食库存保持高位、国内粮食整体供需状态宽松、国际粮价持续震荡下行、低价进口粮食冲击等众多因素影响，国内粮食市场整体呈现震荡下滑走势。各品种表现不一，玉米、大豆价格下跌并且跌幅较大；小麦偏弱运行；稻谷价格基本稳定。2015 年与 2014 年相比，小麦跌 3.2%、稻谷涨 0.7%、玉米跌 5.7%、大豆跌 9.4%。马铃薯、花生及花生油大体平衡略有偏紧。2015 年玉米"去库存"任务十分艰巨。

二、2015 年我国粮食分品种安全评估

（一）小麦安全状况

1. 2015 年小麦市场价格呈现震荡下行走势

2015 年 1～4 月，在国内经济大环境及消费淡季等因素影响下，国内小麦价格处于弱势整理状态。

2015 年 5～9 月，在国内需求持续低迷、部分地区小麦质量问题导致市场各主体收购心态谨慎进而造成收购进度偏慢、收储政策拉动作用减弱等众多因素影响下，主产区小麦价格持续震荡下跌。

2015 年 10 月初，国际市场小麦价格震荡下行，国内随着托市收购结束，保护价对市场支撑作用弱化，处于 2016 年小麦最低收购价公布前的政策敏感期，且临储玉米收购价格大幅下调对市场心理影响较大，导致部分存粮贸易商恐慌性抛售，小麦市场价格出现大幅下跌，跌幅达 100～160 元/吨。

2015 年 10 月中旬以来，受市场有效流通粮源减少、华北地区天气恶劣以及国家 2016 年最低收购价延续稳定的支撑作用，小麦价格温和反弹。

2. 2015 年小麦产量及结转库存

2015 年全国小麦产量 13018.50 万吨，同比增长 3.2%。但 2015 年 6 月初

小麦收获上市期间部分主产区出现阴雨天气，小麦质量受到一定影响。特别是江苏、安徽、湖北许多地区及河南南部不完善粒比例较高。

从需求来看，受经济形势、养殖业低迷等影响，制粉消费平稳趋减，饲料用粮需求持续下降，国内小麦 2015 年结余量在 900 万吨以上。

（二）稻谷安全状况

自 2004 年水稻实行最低保护价以来，粳稻保护价逐年提高，到 2014 年粳稻保护价已经达到 3100 元/吨，2013～2014 年国家在粳稻主产区收购每年均达到 1000 多万吨，2015～2016 年粳稻保护价仍为 3100 元/吨。2015 年我国稻米市场形势：

从生产看，早稻减产较重，全国稻谷产量 20825 万吨，同比增加 175 万吨。

从消费看，由于居民饮食结构不断优化调整及经济不景气造成南方务工人员出现返乡现象等影响，稻谷口粮消费量同比下降；饲料用粮随着玉米价格低迷及散养规模的缩小而小幅减少；工业用粮受宏观经济形势影响也有所下降；全国国内稻谷消费量约 19310 万吨，同比减少 460 万吨。

从进口看，2015 年东南亚大米价格持续走低，与国内大米价差进一步拉大，通过海关进口的大米数量同比继续增加，而出口下降。2015 年我国进口大米

337.7 万吨，同比增长 30.9%；2015 年我国累计出口大米 28.7 万吨，同比减少 31.5%。由于国内和东南亚地区大米的差价造成大米走私猖獗，但我国海关持续加大打击走私大米的力度，从云南、广西走私进来的大米数量有所减少。

总的来看，2015 年我国稻谷总供给量约 21324 万吨，总需求量约 19310 万吨，年度结余量约 2004 万吨，加上稻谷库存屡创新高，市场供需十分宽松。

2015 年稻米市场有以下特点：

一是新陈价差大。南方主产区新季早稻收购价在 1.35 元/斤，新季中晚稻在 1.38 元/斤；陈稻轮出价集中在 1.08～1.15元/斤，新陈价差 0.20 元/斤以上。

二是产销区价格倒挂。由于部分地方有财政兜底，地储稻谷随行就市进行拍卖，拍卖价格持平或低于主产区。新稻收购价却与主产区持平。

三是稻强米弱。稻谷受收购政策支撑作用影响保持坚挺，大米市场由于市场供应充足、进口大米价格低廉、消费终端需求萎缩，加工企业开机率继续下降，导致大米市场持续疲软，造成了稻强米弱。

四是粳强籼弱。我国粳米主销区在淮河以北，受饮食习惯影响，粳米主要消费市场受进口大米和籼米的影响较小；近两年粳稻大部分进入国家库存，在收购、保管等成本的影响下，粳稻出库价格总体坚挺。籼米加工企业较多，大米销售竞争非常激烈，沿海需求下降，籼米受低价进口米影响较重，籼稻米价格整体偏弱运行。

（三）玉米安全状况

2015 年国内玉米市场先平稳后回落，南北价格、国内外价格"双双倒挂"。2014 年临储收购价格基本上左右了市场价格，导致绝大部分粮源进入临储，市场流通粮源尤其是高品质的玉米较少。

2014 年产玉米临储收购再创新高，加上以前的收储量，临储玉米库存达到 1.5 亿吨，基本上达到我国年产玉米的 3/4。

随着 2014～2015 年度临储收购的结束，庞大的政策性库存、饲料养殖及深加工需求总体偏弱，生猪出栏处于历史低位，饲料企业寻求替代品意识加强，致使进口高粱、大麦、DDGS、木薯干大量到港，最终导致玉米价格呈现持续下跌走势。但 2015 年 10 月末对比 2015 年 4 月末全国平均跌幅达 6.6%。

2015 年 11 月以来，随着新季玉米临储收购启动，加上华北地区不利天气影响新粮上市量，国内玉米价格筑底反弹，临储收购再次成为玉米市场收购的主力军。

2016 年 1 月上旬，国内玉米销区市场上市量增加，市场备货谨慎，导致玉米价格开始出现下行走势。虽然玉米临储收购仍在支撑东北产区玉米价格，但2015年临储收购结束时，加上之前的收储量，玉米临储库存量创历史新高，据卓创资讯统计，截止到2016年7月22日，我国临储玉米达到2.6亿吨左右，超过我国2015年玉米总产量。

2006～2015年，我国玉米耕地面积增长25%，2015年除吉林、辽宁等省外，其他主产省天气条件相对有利，使得国内玉米产量同比增加。2015年全国玉米产量约22458万吨，同比增加890万吨。由于国际谷物价格偏低，导致玉米进口优势明显。作为饲料加工替代的低价高粱、大麦、DDGS等进口量继续增加，大幅压缩了国产玉米的使用数量。

表1-1　2015年我国进口粮食量（海关统计）

品种	数量（万吨）	同比增长（%）
玉米	470	82
大麦	1070	98
高粱	1069	85
木薯	937	8.4

中国主要从乌克兰进口玉米，2015年全年从乌克兰进口玉米385万吨；其次是美国，为46.18万吨。

2015年玉米需求情况：

2015年国内畜禽存栏量总体保持低位，能繁殖母猪存栏量创下近两年来最低水平，加上受宏观经济形势影响，深

加工产品需求偏弱，国内玉米消费增长继续受到制约。2014～2015年度2014年10月至2015年9月国内玉米消费量约17305万吨（2015～2016年度为19600万吨消费量），较上年下降1585万吨。其中饲料用粮约10700万吨，同比下降1700万吨；工业用粮约4750万吨，同比增加约100万吨。受此影响，国内玉米"去库存"进展相当缓慢，政策性玉米库存将长时间保持较高水平。

（四）大豆、食用油、油菜籽、花生、花生油安全状况

2015年以来，受宏观经济形势、全球油菜籽供应宽松、总体需求偏弱、美豆震荡下行、国产大豆临储政策取消等影响，国产大豆上市之后价格持续走低，国内油脂油料现货价格总体震荡走弱。

1. 大豆

（1）国内大豆情况。

2015年全国大豆产量900万吨，同比减少22.7%。2015年中储粮在东北地区承担大豆轮换收购任务，大豆上市初期各地负责大豆轮换的粮库收购价格不断下调，到2016年1月承担大豆轮换收购任务的粮库三等大豆收购价格维持在3760元/吨，截至2016年1月底，其他没有轮换收购任务的主产区国标三等大豆收购价格3600～3700元/吨，较上年同期下跌700元/吨左右。2016年9月国家发改委发布《关于印发全国大宗油料

作物生产发展规划（2016~2020）》，预计 2020 年我国大豆生产面积将恢复到 1.4 亿亩，产量达到 1890 万吨。

（2）大豆进口情况。

2015 年中国进口大豆 8169.40 万吨，与上年相比增加 14.42%，2014 年中国进口大豆 7140 万吨。

表1-2　2015 年从国外进口大豆一览表

进口国家	进口数量（万吨）	同比增加（%）
巴西	4007.76	25.22
美国	2841.45	-5.37
阿根廷	943.84	57.19
乌拉圭	231.78	-5.09
加拿大	107.11	24.16
俄罗斯	37.35	529.54

2. 食用植物油

2015 年中国进口食用植物油 676 万吨，与上年相比增加 2.2%，2014 年中国进口食用植物油 650 万吨。油菜籽市场在国家取消临储、实行中央财政补贴的影响下，价格正逐步向市场价格靠拢。食用植物油价格继续受到需求疲软、供应整体宽松的制约，表现在各个品种上稍有不同。截止到 2015 年 12 月末，豆油、菜籽油稍有上涨，棕榈油、花生油稍有下跌。华东一级豆油出厂价 5950 元/吨，较 2015 年初上涨 3.5%，湖北四级菜籽油出厂价 8100 元/吨，较 2015 年初上涨 25%，广州 24 度棕榈油销售价格 4450 元/吨，较 2015 年初下跌 9.2%，山东一级花生油出厂价 14000 元/吨，较 2015 年初下跌 13.6%。

3. 油菜籽面临潜在危机

（1）全国油菜籽安全状况。

油菜是我国主要油料作物之一，其种植面积占中国油料作物总面积的 40% 以上，产量占中国油料作物总产量的 30% 以上，居世界首位。我国有冬油菜（9 月底种植，5 月收获）和春油菜（4 月底种植，9 月底收获）两大产区。冬油菜面积和产量均占 90% 以上，主要集中于长江流域，春油菜集中于东北的内蒙古海拉尔地区和西北的青海、甘肃等地区。

2015 年中国油菜籽播种面积 730 万公顷，较上年的 758.8 万公顷减少 3.8%；单位产量为 4.959 吨/公顷，略高于上年的 1.947 吨/公顷，增长 0.62%；2015 年中国油菜籽预计产量 1430 万吨，较上年的 1477.2 万吨减少 3.2%。

（2）油菜籽产区存潜在危机。

安徽是中国油菜籽的主要产区，安徽中部的合肥、滁州、六安又是油菜籽的重点种植地区，当地现在种油菜的很少，以小麦和水稻为主。合肥、滁州、六安三地的油菜籽种植基本上没有了，虽然皖南地区的油菜籽产量有所增加，但是从 2008 年开始算起，到 2015 年，安徽总的油菜籽面积大概减少 60%~70%，油菜籽的年产量从最高峰的约 150 万吨下滑至现在的 50 万吨左右。安徽原来油菜籽的产量可以排到全国第二位，现在退至第三位。

湖北至今仍是国内油菜籽的第一大产区，2008 年，湖北油菜籽的种植面积约 1700 万亩，产量约为 219 万吨；2015 年预计湖北油菜籽种植面积为 960 万亩，产量约 106 万吨，下降幅度超过 50%，与安徽相似。

美国农业部预计中国大陆油菜籽产量下降 5.6%，进口面临不确定因素。美国农业部预计 2016 ~ 2017 年菜籽油产量将达到 1350 万吨，比上年减少 5.6%，播种面积减少到 700 万公顷，减少 4.1%。由此可见，存在不安全因素。

4. 花生及花生油安全分析

在花生较高市场价格的引导下，2015 年我国花生播种面积为 470 万公顷，同比增加 2.11%；花生平均单产为 3.596 吨/公顷，同比增长 0.42%；花生总产量为 1690 万吨，同比提高 2.54%。

2015 年国内花生价格持续保持在 2012 年以来的高位水平，且国家对过去实施政策性收储的品种推进市场化，油菜籽、玉米、小麦、大豆等品种种植收益均出现不同程度的回落，花生作为市场化程度高的经济作物，没有受到政策影响，比较种植效益显著提高，因此，2015 年花生生产流通消费处于安全状态。

预计 2016 年花生播种面积将稳中有升，在不考虑天气因素对单产影响的情况下，国内花生总产量也将相应提高，2016 年我国花生供求形势不会有太大缺口，总体处于相对安全状态。

（五）马铃薯安全状况

1. 2015 年马铃薯成为国家"四大粮食"品种之一

《国家粮食安全中长期发展规划纲要（2008 ~ 2020 年）》明确将马铃薯作为保障粮食安全的重要作物，摆在关系国民经济和"三农"稳定发展的重要地位。同时，规划纲要对马铃薯加工业提出了新的要求。

2. 2015 年我国马铃薯安全的现状

一是 2015 年全国马铃薯价格波动性较大。

2015 年 2 ~ 4 月，马铃薯价格一直维持在 0.3 元/斤左右，比 2014 年同期低 40% ~ 50%，到下半年全国马铃薯平均价格上涨了 49%，种植面积减少系主因，收获季价格大涨，这对于农民来说是顶好的消息。

二是我国马铃薯具有全国范围性、全年生产作业的特点。

马铃薯在全国主产区得到了稳定发展，许多地方出台了相应的发展规划，国家也出台了相应的政策，马铃薯发展进入一个新的历史时期。

三是马铃薯超市加盟店在全国得到

迅速发展。

据《广州蓝皮书：广州商贸业发展报告（2016）》，马铃薯作为一种特色餐饮小吃，越来越受到广州人的喜爱，成为大众化食品。随着马铃薯加工方式越来越多，马铃薯食品的品种也不断丰富。土豆泥、法式薯片、薯条和其他马铃薯加工食品不断丰富居民生活。马铃薯这种风味餐饮小吃更加贴近人均消费百元以下的巨大消费群体。于是马铃薯小吃店得到较快发展。

四是我国马铃薯国际贸易额创新高但是竞争力弱。

我国马铃薯国际贸易额创出新高，但是竞争力弱。2014 年 1~11 月，我国马铃薯及其制品国际贸易进出口额均创新高，其中出口总额为 2.88 亿美元，同比增加 1.27 亿美元，增幅为 78.9%；进口总额为 1.90 亿美元，同比增加 0.21 亿美元，增幅为 12.4%；贸易顺差为 0.74 亿美元。2014 年全年出口额为 2.88 亿美元，出口额为 2.14 亿美元，实现贸易顺差 1.11 亿美元。

2009~2013 年，我国马铃薯及其制品国际贸易顺差不断缩小，甚至在 2012 年和 2013 年连续出现了 2 年的贸易逆差，虽然金额较小，但足以说明这五年

间我国马铃薯及其制品的国际竞争力出现了下滑的趋势，2014 年贸易差额出现了大幅上涨，创了近 6 年的新高。

（六）我国电子商务安全分析

自 1995 年以来的 21 年来，我国电子商务现已经进入第五个阶段，得到了较快发展，各种模式不断涌现，粮食流通企业的各种电商模式创新，粮食加工企业的各种电商模式创新，各种粮商的网上支付模式创新，各种粮商的电商物流与供应链模式创新，粮食网络金融模式创新，"三网融合" +物联网+大数据+云计算+区块链成为粮食电商新创新，总体而言，粮食电商安全，特别是 2015 年出现的粮食众筹模式，使得粮农生产粮食更具有精准性的特点，为促进粮食由数量型发展向数量+质量+品质+品牌发展奠定了基础。

（七）我国粮食财政安全分析

中国加入 WTO 时承诺，价格支持、与农产品现期产量和面积等挂钩的直接补贴等对贸易有较大扭曲作用的"黄箱补贴[①]"不得超过产值的 8.5%，据统计，中国"三农"财政补贴已经接近这条"黄线"，中央财政三农补贴 2013 年为 13799 亿元，2014 年为 15327 亿元，2015

---

① "黄箱政策"是指政府对农产品的直接价格干预和补贴，妨碍农产品自由贸易的政策措施，包括对种子、化肥、灌溉等农业投入品的补贴，对农产品营销贷款补贴等。"黄箱政策"内容包括：农产品价格支持政策；农产品营销贷款政策；按产品种植面积给予的补贴；按照牲畜数量给予的补贴；种子、肥料、灌溉等投入的补贴；对农业生产贷款的补贴。通常用综合支持量来衡量"黄箱政策"的大小，发达国家对农业的"黄箱补贴"占农业产值的 5%，发展中国家为 10%，中国为 8.5%。

年为 17242 亿元，2016 年继续高于这一数字。中央财政补贴涉及深化农村改革、支持粮食生产、促进农民增收的政策措施，涵盖种粮直补、农机补贴、产粮大县奖励等多项支农惠农政策。仅种粮直补、农机补贴两项，补贴资金已超过1200 亿元。

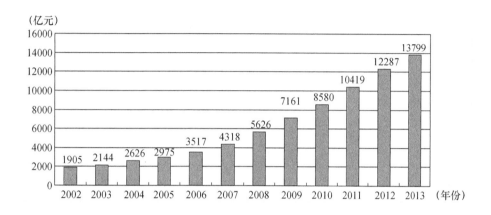

图 1-1　2002~2013 年我国中央财政三农补贴总额

相关数据显示，除了中央财政对三农的支出外，如果加上地方财政对三农的支出，从 2012 年开始，全国财政对三农的投入已连续多年超过 3 万亿元。从全国两会中财政部所做的财政预算报告来看，近三年来，财政农业投入超过 9 万亿元。

随着我国农业转型升级的需要，"三农"投资的变化，将更加科学、有效、符合 WTO 的基本原则及黄箱政策、绿箱政策的要求。

到 2016 年 7 月，2016 年中央财政农业综合开发转移支付资金 383 亿元已按期全部拨付完毕，资金总额比上年增加18 亿元，增长 4.9%。2016 年农业综合开发转移支付资金安排突出以下重点：

一是全面贯彻落实《国家农业综合开发高标准农田建设规划（2011~2020年)》，集中力量建设高标准农田，实现藏粮于地、藏粮于技。

二是扶持农业产业化发展，集中打造优势特色产业集群，促进农村第一、第二、第三产业融合，提升农业综合效益和市场竞争力。

三是加大对贫困地区的倾斜扶持力度，大力支持贫困地区改善农业基础设施，立足资源条件发展农业优势特色产业，促进农业增效农民增收，助力打赢脱贫攻坚战。

（八）我国粮食金融保险安全分析

截至 2015 年末，国家农发行累计投

放各类粮油收购贷款 5737.95 亿元，2015 年累计发放贷款 16895.2 亿元（不含贴现和转贴现），同比增加 2590.9 亿元。

2015 年中央财政提供农业保险保费补贴的品种包括种植业、养殖业和森林三大类，共 15 个品种，覆盖了水稻、小麦、玉米等主要粮食作物以及棉花、糖料作物、畜产品等，承保的主要农作物突破 14.5 亿亩，占全国播种面积的 59%，三大主粮作物平均承保覆盖率超过 70%。各级财政对保费累计补贴达到 75% 以上，其中中央财政一般补贴 35%~50%，地方财政还对部分特色农业保险给予保费补贴，构建了"中央支持保基本，地方支持保特色"的多层次农业保险保费补贴体系。

2015 年，保监会、财政部、农业部联合下发《关于进一步完善中央财政保费补贴型农业保险产品条款拟定工作的通知》，推动中央财政保费补贴型农业保险产品创新升级，在四个方面取得了重大突破：

一是扩大保险范围。要求种植业保险主险责任要涵盖暴雨、洪水、冰雹、冻灾、旱灾等自然灾害，以及病虫草鼠害等。养殖业保险将疾病、疫病纳入保险范围，并规定发生高传染性疾病政府实施强制扑杀时，保险公司应对投保户进行赔偿（赔偿金额可扣除政府扑杀补贴）。

二是提高保障水平。要求保险金额覆盖直接物化成本或饲养成本，鼓励开发满足新型经营主体的多层次、高保障产品。

三是降低理赔门槛。要求种植业保险及能繁母猪、生猪、奶牛等按头（只）保险的大牲畜保险不得设置绝对免赔，投保农作物损失率在 80% 以上的视作全部损失，降低了赔偿门槛。

四是降低保费费率。以农业大省为重点，下调保费费率，部分地区种植业保险费率降幅接近 50%。

2016 年初，财政部出台《关于加大对产粮大县三大粮食作物农业保险支持力度的通知》，规定省级财政对产粮大县三大粮食作物农业保险保费补贴比例高于 25% 的部分，中央财政承担高出部分的 50%。政策实施后，中央财政对中西部、东部的补贴比例将由目前的 40%、35%，逐步提高至 47.5%、42.5%。

第二节　2016 年中国粮食安全评估展望

一、2016 年我国粮食安全的总体预测

（一）夏粮丰收，第二个高产年

根据对全国 25 个夏粮生产省、区、市的调查，2016 年夏粮丰收，是我国第二个高产年。

（1）全国夏粮播种面积 27632.4 千公顷（41448.7 万亩），比 2015 年增加 7.1 千公顷（10.7 万亩），增加 0.03%。其中谷物播种面积 24008.2 千公顷（36012.3 万亩），比 2015 年减少 26.3 千公顷（39.4 万亩），减少 0.1%。

（2）全国夏粮单位面积产量 5039.7 公斤/公顷（336.0 公斤/亩），比 2015 年减少 60.0 公斤/公顷（4.0 公斤/亩），减少 1.2%。其中谷物单位面积产量 5358.3 公斤/公顷（357.2 公斤/亩），比 2015 年减少 59.6 公斤/公顷（4.0 公斤/亩），减少 1.1%。

（3）全国夏粮总产量 13926.0 万吨（2785.2 亿斤），比 2015 年减产 162.1 万吨（32.4 亿斤），减少 1.2%。其中谷物产量 12864.3 万吨（2572.9 亿斤），比 2015 年减产 157.2 万吨（31.4 亿斤），减少 1.2%。

（二）2016 年洪灾影响全年产量

2016 年 6 月以来，长江流域、江淮、西南东部地区洪涝灾害严峻，截至 2016 年 7 月 3 日，全国已有 26 省（区、市）1192 县遭受洪涝灾害，农作物受灾面积 2942 千公顷，受灾人口 3282 万人，紧急转移 148 万人，因灾死亡 186 人、失踪 45 人，直接经济损失约 506 亿元。以下是中国气象频道预报的 2016 年 3 月 21 日以来的灾情。

进入 7 月底，洪灾进一步加深，如河北、湖北、北京等地的洪灾进一步延续，引起较大影响。但从洪涝对 CPI 的影响机理来分析，洪涝对 CPI 的影响有限：一是洪涝对粮食产量的局部影响较大，但由于全国地域辽阔，其他地方粮食丰产，洪涝对全国影响不大；二是蔬菜也是如此；畜禽类疫情由于近年来国家应对能力提高，减少了其影响面；三是运输成本也是如此，此外非食品类正处于与 1998 年类似的消费疲软状态。此外，放储平衡、货币供应相关性降低、猪肉高基数、蔬菜周期短、CPI 食品权重下调等因素，都是减轻洪涝对 CPI 的影响的因素。

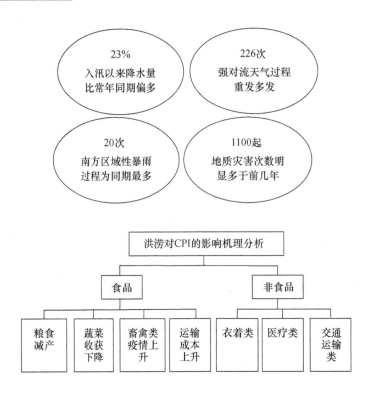

图 1－2 洪涝对 **CPI** 的影响机理分析

（三）早稻减产

据国家统计局数据，2016 年全国早稻产量 3277.7 万吨（655.5 亿斤），比 2015 年减产 91.1 万吨，同比下降 2.7％。2016 年全国早稻播种面积 5619.8 千公顷（8429.7 万亩），比 2015 年减少 95.0 千公顷（142.4 万亩），下降 1.7％。全国早稻单位面积产量 5832.4 公斤/公顷（388.8 公斤/亩），比 2015 年减少 62.4 公斤/公顷（4.2 公斤/亩），减少 1.1％。

二、2016 年我国粮食安全评估

2016 年我国 13 年来首次调减玉米种植面积，调减玉米面积超过 2000 万亩，

当前我国农业结构调整问题突出，主要表现为玉米供大于求、供过于求，安全问题严重。大豆、棉花、油料、糖料等供求缺口增大，安全问题较大。2016 年我国农业结构调整的基本思路："一保"，即保口粮、保谷物；"一减"，即减少非优势玉米；"一增"，即恢复增加优质食用大豆；"一稳"，即稳定粮油糖自给水平。

（一）"去库存"任务仍然十分艰巨

2016 年小麦、玉米、稻米库存量较大，特别是小麦丰收是第二个丰收年景，加大了我国粮食库存量，特别是 2.6 亿吨的玉米库存。2016 年我国玉米种植面积有所调整，2018～2020 年国内玉米种

植面积可能保持在 5.2 亿亩左右的水平，2015 年最高为 5.717 亿亩。

（二）我国粮食转型升级道路十分繁重

许多粮食经营和加工企业经营困难，给转型升级带来一系列的发展不确定性，影响了其转型升级的步伐。黑龙江省种植结构调整实现玉米减和水稻、大豆、小麦、马铃薯、杂粮杂豆、经济作物、饲草饲料作物增的"一减七增"目标。

（三）粮食电商正在不断创新中发展

各类粮食电子商务得到迅速发展，粮食电商众筹模式推动了我国粮食集约化经营，同时带来粮食定制化种植和加工，使粮食产销"精准对接"，促进我国粮食由"种得好"向"种得好、卖得好、卖出好价钱，消费者得实惠、农民得收入"转变。

（四）粮食支撑体系存在许多薄弱点

粮食的财政、金融、保险、储备、信息预警等存在许多薄弱点，相互配套不好等问题仍然存在。

三、2016 年粮食品种的安全状况评估预测

（一）小麦：基本安全或者弱安全

国家粮油信息中心统计，2016 年我国小麦丰收，产量达到 12885 万吨，比上年减产 133.7 万吨，但仍是第二个丰产年。国内小麦价格总体平稳为主，不

同时期略有波动，但拍卖底价仍将是市场价格的"天花板"。

一是 2016 年小麦继续执行最低收购价政策，底价维持不变，政策支撑力度逐渐减弱。

二是政策性小麦库存处于高位，由于近年来托市收购政策的持续实施，加之 2015 年下半年之后托市拍卖成交低迷，政策性小麦库存有所增长，我国小麦库存较高，预计为 5559.7 万吨，占全球库存的 12.23%。

三是小麦供需形势继续改善，供给量继续增加，但因终端需求疲软，下游整体销售情况不佳，加工企业采购积极性下降。

（二）稻谷：基本安全或者弱安全

稻谷是我国口粮的第一大品种，2016 年国家将继续执行最低收购价政策（2016 年生产的早籼稻（三等，下同）、中晚籼稻和粳稻最低收购价格分别为每 50 公斤 133 元、138 元和 155 元），这将为国内稻谷生产提供重要保障。2016 年长江流域、江淮流域、东南流域洪灾，稻谷产量受到影响。

受市场供需进一步宽松及结转库存（水稻库存 3623.40 万吨，约占全球的 13.9%）高位影响，2016 年我国稻米市场总体继续维持偏弱行情，国家政策仍将主导新稻价格走势，陈稻受供应压力增加影响行情难以好转。

据中储粮统计数据显示，2015 年粳稻保护价仍为 3100 元/吨，截至 2016 年 1 月 20 日，黑龙江、吉林、江苏等主产省份承储库点累计收购 2015 年产托市粳稻 1974.18 万吨。同期湘鄂皖赣等南方产区累计收购 2015 年产托市中晚籼稻 1001.51 万吨。

历年来稻谷托市收购价及收购量：

2004 年粳稻保护价 1500 元/吨，托市收购量为零。

2005 年粳稻保护价 1500 元/吨，托市收购量为零。

2006 年粳稻保护价 1500 元/吨，托市收购量为零。

2007 年粳稻保护价 1500 元/吨，黑龙江托市收购量为 238 万吨，吉辽苏皖豫托市收购量为零。

2008 年粳稻保护价 1640 元/吨，黑龙江托市收购量为 517 万吨，吉辽苏皖豫托市收购量为零。

2009 年粳稻保护价 1900 元/吨，托市收购量为零。

2010 年粳稻保护价 2100 元/吨，托市收购量为零。

2011 年粳稻保护价 2560 元/吨，黑龙江托市收购量为 823 万吨，吉辽苏皖豫托市收购量为零。

2012 年粳稻保护价 2800 元/吨，黑龙江托市收购量为 383 万吨，吉辽托市收购量为 5.7 万吨，苏皖豫托市收购量

为 6.3 万吨。

2013 年粳稻保护价 3000 元/吨，黑龙江托市收购量为 1062 万吨，吉辽托市收购量为 110 万吨，苏皖豫托市收购量为 185 万吨。

2014 年粳稻保护价 3100 元/吨，黑龙江托市收购量为 1052 万吨，吉辽托市收购量为 93 万吨，苏皖豫托市收购量为 243 万吨。

2015 年、2016 年粳稻保护价仍为 3100 元/吨。

2016 年关注的主要因素：一是国家出台去稻谷库存的相关政策。二是东南亚大米价格的反弹幅度，以及海关进口、打击走私力度等情况，特别是中泰高铁换大米合同的执行进度。三是国内稻谷生产情况。四是国储水稻拍卖情况。

（三）玉米：供过于求不安全

国内玉米供应充足，临储收购结束后玉米价格将以弱势下滑为主。

一是 2015 年我国玉米总产量增加，随着东北临储收购的启动，国家政策性玉米库存继续增加。截至 2016 年 2 月 5 日，东北临储玉米累计收购 8256 万吨。分省收购数据统计：黑龙江已累计收购 3707 万吨；吉林省已累计收购 2368 万吨；辽宁省已累计收购 689 万吨；内蒙古已累计收购 1492 万吨。加上陈玉米结转库存，目前国家掌握的临储玉米库存再创历史纪录（2.6 亿吨）。

二是国内玉米消费需求将有所回升。受生猪养殖利润转好影响，2015～2016 年度生猪存栏量得到一定程度恢复；玉米价格同比跌幅较大，以及国家加大对进口替代原料的调控力度，也将推动国内玉米消费的恢复。尽管国际玉米替代品种进口优势明显，但由于国家对玉米实行进口配额管理，以及对大麦、高粱等的自动进口许可管理加强，预计后期玉米及替代原料的进口量将下降。

三是部分主产省对玉米购销的政策调控力度加强。吉林省出台政策对 2015 年底前竞拍国储和省储玉米自用加工的企业给予 350 元/吨的补贴，对于 2015 年四季度在省内自购自用的玉米给予 250 元/吨的补贴。

四是大连玉米新合约 1701 基准指导价有所降低（1550 元/吨），也对将来玉米的价格有所暗示。

后期需要重点关注：一是 2015 年产临储玉米收购情况。二是后期临储玉米拍卖政策变化及 2016 年玉米临储政策调整情况。三是玉米及替代原料的进口情况。四是 2016 年玉米主产区玉米播种面积变化情况，尽管国家提出供给侧改革，要调减玉米播种面积，但在 2015 年度玉米种植收益相对较好且农民种植习惯短期难以调整等影响下，预计 2016 年国内玉米播种面积下降的空间有限；除非国

家在东北冷冻区采取减少玉米临储 3000 万吨，把收储费用和仓储费用全部拿出用于大豆补贴，把大豆的种植面积扩大，否则种植结构难以调整。五是国内外宏观经济形势及国内玉米供求形势的变化。六是玉米去库存的情况及相关政策变化情况。

黑龙江省采取"一减七增"的结构调整，如调减玉米种植面积，增加水稻、大豆、小麦、马铃薯、杂粮杂豆、经济作物、饲草饲料作物种植面积。

（四）食用油、大豆：进口率太高不安全

1. 食用油

国内油脂市场与国际市场的联动性将进一步增强，预计后期国内油脂市场将呈现弱势回升走势。

一是全球油脂油料供给压力将成为压制市场价格的主导因素，其中美国及巴西大豆产量预计达到创纪录水平，加拿大油菜籽产量也将出现恢复性增长。二是受宏观经济形势影响，国内油脂及粕类需求预计将保持疲软态势。

2. 花生

预计 2016 年花生播种面积将稳中有升，在不考虑天气因素对单产影响的情况下，国内花生总产量也将相应提高，预计 2016 年我国花生供求形势不会有太大缺口，总体处于相对安全状态。

3. 大豆

2016 年我国进口大豆达到 8391 万吨，再创历史新高。据统计，20 世纪 50 年代末，我国种植大豆面积曾经达到 1.9 亿多亩，2005 年曾经达到 1.4 亿亩，到 2015 年仅为 9756 万亩，比 2005 年减少 4630 亩，大豆进口量达到 8169 万吨，占全球大豆贸易量的 70% 左右。

2016 年随着我国大豆进口量创新高，主产区黑龙江东部地区大豆价格继续走低，市场悲观气氛蔓延。俄罗斯、加拿大大豆对东北大豆的冲击作用较强，黑河一带进口俄罗斯大豆蛋白含量在 39% 以上的毛货价格 3520 元/吨，质量更高一点的价格仅 3550～3580 元/吨，而东北大豆蛋白含量 39% 以上过筛后的价格要达到 3800～3840 元/吨，俄罗斯大豆的优势明显，本土大型加工企业九三以及益海均收购俄罗斯大豆进行加工生产，另外河北秦皇岛金海也用少量俄罗斯大豆进行加工。加拿大大豆转基因以及非转基因品种均进入国内，进口地主要集中在河北、天津以及广东等地，食品加工企业采购居多。

加拿大大豆 2015 年进口总量为 107.11 万吨，俄罗斯大豆 2015 年进口总量 37.35 万吨。由于低价进口大豆持续冲击国内市场，致使国产大豆市场份额进一步遭到挤压，与此同时，国内正常大豆贸易秩序也受到严重影响。目前尚未有迹象显示可能出现新的利好消息及政策，预计国内市场这种低迷格局恐将继续维持。

未来国际大豆市场前景亦不容乐观，2016 年 2 月美国农业部月度报告：全球 2015～2016 年油籽产量预计为 5.27 亿吨，略高于上月预测。其中，大豆产量上调抵消花生、葵花籽产量的下滑。巴西大豆产量未做调整，仍为 1 亿吨。阿根廷大豆产量上调 150 万吨，达到 5850 万吨。

2016 年全球油籽库存预计为 9120 万吨，全球大豆库存量上调 110 万吨，达到 8040 万吨，为创纪录水平，年比增加 4.5%。美国及全球大豆呈现供过于求的格局。

当前东北地区农民余粮质量稍差，水分较高，剩余比例较往年偏多，加之四五月春耕播种前农民资金压力及近阶段东北地区气温逐步回升，后期供应压力将不可忽视。另外受到国家抛储传言影响，中短期市场形势不容乐观，未来价格走势预期仍然是下跌为主。

表1-3 2016 年下半年应关注

1. 南美的天气变化，主要是拉尼娜现象对农作物的影响情况	5. 国储大豆是否拍卖及其拍卖情况
2. 加拿大、俄罗斯非转基因大豆的进口情况	6. 对进口大豆有害生物的检疫监管情况
3. 进口大豆的分销价格	7. 国家公布大豆的目标价格 4800 元/吨，各省实施补贴政策的执行情况
4. 食品大豆用转基因大豆的掺杂情况	

（五）加快马铃薯主粮产品的产业化开发

国家重视马铃薯主粮产品的产业化开发，将其纳入中国主粮"3+1"规划中，并给予相应的产业政策支持、补贴政策支持、加工业政策支持、脱贫政策支持、品牌发展政策支持，避免过度发展出现盲目发展、同质化发展现象。

（六）玉米结构调整进展明显

2016 年全国玉米面积调减 2000 万亩以上，高于农业部原预期 2016 年全国玉米面积调减 2000 万亩的目标，到 2020 年调减玉米播种面积 5000 万亩。2016 年大豆面积增加超过 800 万亩，饲草及青贮玉米面积增加超过 600 万亩，小麦生产布局更加集中，优质品种比例提高；化肥、农药、用水减量增效控害技术大面积推广，黄淮海主产区小麦机收比例达到 98%。养殖业调结构转方式顺利推进，渔业减量增效已经破题，南方水网地区生猪养殖密度呈降低趋势，北方羊、奶牛等草食畜牧业稳步发展。

（七）农业部出台《2016 年全国杂粮生产指导意见》

为了落实农业部粮食结构调整的要求，即调减玉米，增加大豆和杂粮的目标，2016 年 7 月，农业部发布《2016 年全国杂粮生产指导意见》，将全国分为 4 个区，如东北杂粮区、华北杂粮区、西北杂粮区、青藏杂粮区，对不同区的杂粮生产提出了相应的要求。

（八）2016 年应重点关注国际粮食库存

全球粮食价格正经历危机，联合国粮农组织（FAO）的最新数据显示，2015 年，全球粮食价格连续第四年下跌，供需不平衡及美元升值为主要原因。受国际粮价影响，各农业生产国也承受着重大压力。中国三大主粮价格显示出 2015 年以来的下跌之势，其中，玉米是收储及价格变化影响较大品种。从 2014 年整体的情况来看，国际粮价下跌的主要因素：

从市场情况来看，谷物的价格下跌主要受制于阿根廷取消出口关税后玉米种植户的出口竞争力增强，也有更多的小麦出口到国际市场，供应进一步宽松；而肉制品价格下跌则主要因为美国对牛肉进口需求减少，市场竞争加剧，同时欧盟猪肉产量激增也导致了价格回落。

据美国农业部 2015 年 12 月供需报告显示，2015～2016 年度世界粮食供需关系持续宽松，预计世界谷物产量 24.73 亿吨，较上年减少 2800 万吨；消费量约 24.67 亿吨，较上年增加 1300 万吨；期末库存约 5.65 亿吨，较上年增加 614 万吨，库存消费比约 22.9%，高于 17%～18% 的安全警戒线。全球谷物供需继续保持宽松格局，其中小麦、玉米产大于需，大米产需略有缺口。全球玉米期末库存预测数据仍是历史最高纪录，其中过半的库存在中国。

受供需格局整体保持宽松及阶段性天气炒作等影响，2015年以来国际粮价总体呈现先涨后跌走势。2015年上半年由于泰国大米产量降至19年来最低水平，造成全球大米期末库存预期下滑，国际大米价格反弹。由于主产国在小麦、玉米生长关键期出现恶劣天气，威胁到单产潜力及质量，国际小麦、玉米价格有一定的涨幅。2015年下半年随着全球谷物供需形势不断改善，国际粮价震荡回落。对中国经济状况的担忧渐增（人民币大幅贬值及近期中国股市暴跌），加之担心全球经济环境恶化影响贸易和消费，谷物、油菜籽及产品市场可能因此受到冲击。

经合组织和粮农组织编制的《2015~2024年农业展望》报告中也对国际粮价的各个方面做出了预测。该报告指出，随着作物产量提高，生产力增强和全球需求增长放缓等因素应有助于农产品实际价格在未来十年间逐步回落，但仍可能保持在2000年初的水平之上。

当前，各个行业都能够反映出需求的走弱，从国际而言，美国、日本、德国等发达国家经济复苏缓慢，印度、阿根廷等主要发展中经济体，以及包括中国在内的新兴经济体，需求增速放缓的趋势仍会延续。

四、2016年粮食产业安全状况评估

2016年全球粮食产业结构由ABCD四大国际粮商进入ABCD＋FW"六大粮商"新时期，即过去传统的粮食产业结构是ABCD共同主宰全球的粮食市场的经济结构状态，而这种状态在2016年改变了。2016年7月出台的《财富》全球500强表明，全球粮食产业结构已经形成六大主体竞争的格局。如美国的ADM公司（A）、美国的邦吉公司（B）、美国的嘉吉公司（C）、法国的路易达孚（D）、中国的中粮集团（COFCO）、新加坡的丰益国际公司（Wilmar），ABCD公司叫全球四大粮商，中粮和丰益国际是国际新粮商。

按照年营业额（美元计），六大粮商在榜单中的排名如下：嘉吉Cargill（未参加榜单排名）；ADM第112名，营业额677亿美元；中粮第121名，营业额达645亿美元；路易达孚第157名，营业额达557亿美元；邦吉公司第214名，营业额达434亿美元；丰益国际第252名，营业额430亿美元。

表 1－4　2016 年《财富》500 强企业中
粮食企业营业额排名

企业名称	排名	营业额（亿美元）	备注
ADM	112	677	
中粮	121	645	嘉吉未参加排名
路易达孚	157	557	
邦吉	214	434	
丰益国际	252	430	

如果以利润率作为强企业的标准，可以将其排名如下：

表 1－5　2016 年《财富》500 强企业中
粮食企业利润率排名

企业名称	利润率（%）	备注
ADM	2.73	
丰益国际	2.72	
邦吉	1.82	嘉吉未参加排名
中粮	0.41	
路易达孚	0.38	

五、2016 年粮食电商安全评估

2016 年粮食电商安全包括：粮食电商的国家粮食信息平台安全，粮食电商国家粮食储备库安全，粮食电商交易平台安全，粮食电商粮食企业网站安全，归纳起来主要是两大安全，一是国家粮食信息及其粮食储备库安全，二是粮食电商市场的安全。前者主要需要国家信息化、智能化升级改造来实现，后者主要靠市场的运营来实现。目前来看，粮食电商大宗商品交易平台需要加强监管，

粮食电商微粮模式需要进一步规范，以保证其安全性和有效性。

参考文献

［1］2015 年粮油市场回顾及 2016 年展望［EB/OL］. 哈尔滨谷物交易所，2016－02－16.

［2］农业部.2016 年全国杂粮生产指导意见［EB/OL］.农业部网站，2016－07－26.

［3］统计局.2016 年全国夏粮总产量达 2785.2 亿斤［EB/OL］.国家统计局网站，2016－07－12.

［4］马敬桂.我国食品价格机制改革要有新举措［EB/OL］.中国改革论坛网，2016－07－21.

［5］2015 年全国马铃薯价格上涨 49%［R］.中国报告大厅（http：//www.chinabgao.com），2015－06－05.

［6］中商产业研究院.2016 年广州餐饮业回暖：马铃薯加盟店欲风靡全国［EB/OL］.中商情报网，2016－07－28.

［7］我国马铃薯国际贸易额创新高竞争力弱［EB/OL］.农特网，2016－07－27.

［8］吴雯.2016 年中央财政最新农业保险支持政策［EB/OL］.中国三农网，2016－04－01.

［9］鲍仁.农业部追加玉米调减面积至 3000 万亩，高于此前预计的 2000 万亩［EB/OL］.粮油市场报，2016－07－22.

大宗油料生产发展目标

指　标	2014 年	2020 年	2020 年比 2014 年增加
一、面积（万亩）			
油菜籽	11382	12000	618
花生	6906	7200	294
大豆	10200	14000	3800
油茶	5470	7000	1530
合计	33958	40200	6242
二、产量（万吨）			
油菜籽	1477	1620	143
花生	1648	1870	222
大豆	1215	1890	675
油菜籽	200	600	400
合计	4540	5980	1440
三、单产（公斤/亩）			
油菜籽	130	135	5
花生	239	260	21
大豆	119	135	16
油菜籽	36	86	50
四、含油量			
油菜籽	41%	43%	2%
花生	50%	52%	2%
大豆	19.5%	21%	1.5%
油菜籽	25%	27%	2%

第二章　2015～2016年我国稻谷安全现状分析

第一节　稻谷供需安全总体性评估

据国家统计局公告，2015年全国稻谷播种面积约45320万亩，同比减少145万亩，减幅0.32%；产量约4165亿斤，同比增加35亿斤，增幅0.84%。其中早稻播种面积约8573万亩，同比减少119万亩，减幅1.37%；产量约674亿斤，同比减少6亿斤，减幅0.94%。

由于2015年国内农业气候灾害较多，早籼稻生长期间遭遇持续低温阴雨，导致减产较多；东北粳稻育苗期及移栽期遭遇倒春寒，灌浆成熟期又因多次降雨及大风天气出现倒伏，单产不及上年；云南地区水稻因长期低温阴雨寡照，稻谷空瘪率高，预计减产近两成；江苏、江西等中晚稻产区收获期间持续雨雪，对产量有一定影响。

据国家粮食局数据，截止到2016年2月29日，我国粳稻托市收购全面结束。中储粮已累计组织完成2015年度中晚稻托市收购3033万吨，同比增加8%。

政策执行期内，先后有9个省启动中晚稻托市收购，累计完成收购3033万吨。其中，中晚籼稻1019万吨，同比增加50万吨；粳稻2014万吨，同比增加175万吨。

黑龙江省最低收购价粳稻收购于2015年10月10日启动，至收购结束，中储粮黑龙江分公司累计收购2015年最低收购价粳稻1688.6万吨，占全国最低收购价粳稻收购量的83.9%，收购量同比增加186.3万吨。

2015年，在稻谷最低收购价保持高位及物价水平整体略涨的支撑下，2015年我国稻米价格总体高于2014年水平运行，但受宏观经济增速缓慢、市场供需宽松及低价进口米影响，涨幅十分有限。

从全年价格走势来看，大体表现为1～7月平稳趋强运行，政策性收购及销售主导市场；8～10月高位震荡回落，市场供需较为宽松；11～12月平稳略涨，托市收购强力支撑。预计进入 2016 年，在国家政策的强力支撑下，国内稻米市场依然延续平稳趋升的行情走势，但由于市场供需宽松、低价进口米大量充斥，以及全球经济恢复缓慢的制约，全年价格波动幅度较小，稻强米弱的格局依然突出。

据中华粮网监测，2015 年 12 月底，全国主要粮油批发市场二等粳稻交易均价 3036 元/吨，比上月同期跌 39 元/吨，比上年同期涨 42 元/吨；标一东北米平均价 4656 元/吨，比上月同期跌 18 元/吨，比上年同期涨 20 元/吨；三等晚籼稻全国均价 2677 元/吨，比上月同期涨 37 元/吨，比上年同期跌 43 元/吨；标一

晚籼米全国均价 4127 元/吨，比上月同期跌 3 元/吨，比上年同期跌 10 元/吨；三等早籼稻全国均价 2639 元/吨，比上月同期涨 21 元/吨，比上年同期涨 27 元/吨；标一早籼米全国均价 3847 元/吨，比上月同期涨 6 元/吨，比上年同期跌 8 元/吨。另据中华粮网监测，2015 年 12 月中储粮全国稻谷收购价格指数为 151.98，较上月同期跌 1.24%。其中早籼稻收购价格指数 143.98，较上月同期跌 1.38%；中晚籼稻收购价格指数 143.63，较上月同期跌 0.54%；粳稻收购价格指数 164.88，较上月同期跌 1.85%。如表 2 - 1 所示。

表 2 - 1　2015 年 12 月末全国主要粮油市场交易价格

单位：元/吨

原粮/成品粮	地区	价格类型	12 月末	月同期	年初	年同期
早籼稻	江西南昌	收购价	2620	2620	2560	2560
	湖南长沙	收购价	2590	2600	2420	2420
中晚稻	湖南长沙	收购价	2760	2760	2760	2760
	湖北枝江	收购价	2760	2760	2780	2760
	福建福州	批发价	2840	2840	2850	2850
	四川成都	收购价	2760	2760	2760	2760
粳稻	江苏新沂	收购价	3100	3100	3100	3100
	黑龙江建三江	收购价	3100	3100	3100	3100
早籼米	江西南昌	批发价	3780	3730	4020	4020
	广东广州	批发价	3600	3600	3740	3700
	福建福州	批发价	3600	3700	3680	3680
晚籼米	湖南长沙	批发价	4150	4240	3900	3900
	福建福州	批发价	4460	4440	4280	4275
粳米	江苏新沂	出厂价	4020	4060	4090	4090
	上海	批发价	4260	4260	4220	4220
	黑龙江建三江	出厂价	4260	4260	4180	4180
	北京	批发价	4720	4720	4720	4720

资料来源：中华粮网。

据统计，2015 年国家累计向市场投放政策性临储稻谷 10111 万吨（包括专项拍卖），实际成交 533 万吨，成交率为 5.27%，其中粳稻成交率略高于籼稻。分品种看，2015 年国家累计向市场投放政策性临储早籼稻 1846 万吨，成交 70 万吨，成交率为 3.79%；2015 年国家累计向市场投放政策性临储中晚籼稻 3892 万吨，成交 188 万吨，成交率为 4.83%；2015 年国家累计向市场投放政策性临储粳稻 4373 万吨，成交 275 万吨，成交率 6.29%。2016 年，国家将继续向市场投放大量政策性稻谷，但受需求低迷的制约，预计成交量依然保持较低水平。

综合来看，预计 2015 年全国稻谷产量约 4125 亿斤，同比减少 28 亿斤，减幅 0.67%。其中，早籼稻产量约 615 亿斤，同比减少 40 亿斤，减幅 6.1%；中晚籼稻产量约 2120 亿斤，同比增加 2 亿斤，增幅 0.09%；粳稻因播种面积增加较多，产量继续增加，约 1390 亿斤，增加 10 亿斤，增幅 0.7%。

2015 年，受宏观经济放缓影响，国内大米消费持续低迷。其中，因饮食结构调整，我国人均大米消费近年来持续保持略减态势，加之沿海企业出现倒闭潮，集团性大米消费大幅减少，预计稻谷口粮消费总量同比下降；饲料用粮随着散养规模的缩小及玉米价格低迷小幅减少；工业用粮也有所下降。

2015 年国内稻谷总消费量约 3862 亿斤，同比减少 92 亿斤。其中，口粮消费约 3275 亿斤，同比减少 43 亿斤，主要是粳稻价格偏高，在销区被其他品种粮食替代量较大；饲料用粮约 257 亿斤，同比减少 22 亿斤；工业用粮约 215 亿斤，同比减少 26 亿斤。

2015 年，东南亚大米价格持续走低，与国内大米价差进一步拉大。受此影响，我国通过海关进口的大米数量同比继续增加，出口下降。预计包括边贸在内，2015 年我国累计进口大米 525 万吨。由于 2014 年以来，全国海关持续加大了对走私大米的专项打击力度，从云南、广西通过走私进来的大米数量有所减少。据监测，12 月下旬泰国 100% B 级大米报价 371 美元/吨，较年初下跌 56 美元/吨；越南破碎率为 10% 的大米报价 370 美元/吨，较年初下跌 10 美元/吨。

总体来看，2015 年我国稻谷总供给量约 4230 亿斤，总需求量约 3867 亿斤，年度结余 363 亿斤，市场供需进一步宽松。如表 2－2 所示。

在《2014～2015 中国粮食安全发展报告》中，易达研究院孙忠首次提出了如下稻谷安全参数（稻谷总供给量与总需求量之比）指标：

1.05 ＜ 安全 ≤ 1.10

1.00 ＜ 比较安全 ≤ 1.05

0.95 ＜ 不安全 ≤ 1.00

0.90 ＜ 危机 ≤ 0.95

表 2 - 2　2012～2015 年稻谷供需平衡对比情况

单位：亿斤

年份	本年供给			本年需求								本年结余
		产量	进口			国内消费量						
						口粮	饲料用粮	工业用粮	其他	出口		
2015	4230	4125	105	3867	3862	3275	257	215	115	5		363
2014	4253	4153	100	3965	3954	3318	279	241	116	11		268
2013	4217	4122	95	3976	3962	3309	269	250	134	14		241
2012	4183	4086	97	3948	3941	3236	340	276	89	7		235

资料来源：中华粮网。

据此，我们计算出：

2015 年我国稻谷安全参数 = 2015 年我国稻谷总供给量/2015 年我国稻谷总需求量

$$= 4230/3867$$

$$= 1.09$$

计算得出，2015 年我国稻谷安全参数为 1.09，比 2014 年我国稻谷安全参数提高了 2 个百分点。总体评估认为，2015 年我国稻谷供需状况属于安全级。

但是 2015 年中国粮食产量在取得"十二连增"的同时，粮食收储面临新的矛盾。特别是中国对稻谷、小麦实行托市收购政策，对玉米实行临储收购政策，库存居高不下，呈现出生产量、进口量、库存量、成本量"四量齐增"的现象。

社会经济飞速发展，居民对稻米消费质量提出了更多要求，但我国稻谷的生产和消费在品种、区域供求、国际国内两个市场的利用等方面存在的结构性矛盾，仍然没有得到缓解，甚至从某种意义上还表现出一定的强化现象，存在一定程度的不安全。

第二节　我国稻谷品类及区域平衡性安全评估

国家统计局数据，2015 年我国粮食产量 62144 万吨，比上年增加 1441 万吨，增产 2.4%。其中，夏粮产量 14112 万吨，增产 3.3%；早稻产量 3369 万吨，减产 0.9%；秋粮产量 44662 万吨，增产 2.3%。全年谷物产量 57225 万吨，比上年增产2.7%。其中，稻谷产量20825万吨，增产0.8%；小麦产量13019万吨，增产3.2%；玉米产量22458万吨，增产4.1%。

由于统计口径的区别，中华粮网认为2015年全国稻谷播种面积约4.55亿亩，同比增加230万亩，增幅0.5%。其中早籼稻播种面积约8380万亩，同比减少73万亩，减幅0.86%；中晚籼稻约2.36亿亩，同比增加8万亩；粳稻约1.36亿亩，同比增加295万亩。

2015年全国稻谷产量约4125亿斤，同比减少28亿斤，减幅0.67%。其中，早籼稻产量约615亿斤，同比减少40亿斤，减幅6.1%；中晚籼稻产量约2120亿斤，同比增加2亿斤，增幅0.09%；粳稻因播种面积增加较多，产量继续增加，约1390亿斤，增加10亿斤，增幅0.7%。如表2-3所示。

表2-3　2010～2015年我国籼稻与粳稻产量表

单位：万吨

年份	籼稻产量	粳稻产量	籼稻产量与粳稻产量比例
2010	13536.1	6040	2.24
2011	13460.09	6640	2.03
2012	13598.59	6825	1.99
2013	13541.22	6820	1.99
2014	13622.7	7020	1.94
2015	13675.0	6950	1.97

资料来源：根据国家统计年鉴相关资料整理。

我国地域辽阔，气候多样，稻谷种植地理分布特征明显。籼稻具有耐热、耐强光的习性，一般粒形细长，米质黏性较弱。主要集中于我国华南热带和淮河以南亚热带的开阔地区，包括湖南、湖北、广东、广西、江西、福建、贵州、重庆、四川、安徽等。

粳稻具有耐寒、耐弱光的习性，粒形短圆，米质黏性较强。分布范围广泛，从南方的高寒山区、云贵高原到秦岭、淮河以北的广大地区均有栽培，包括云南、江苏、浙江、黑龙江、吉林、辽宁等。

由于我国地域特点及分布在各地区的人们生活习惯的原因，籼稻的产量及消费人群、消费量总是大于粳稻的相关指标。一般来说，我国籼稻产区难以生产出粳稻，粳稻产区也难以生产出籼稻，二者在地理位置、稻谷品种、消费习惯方面具有相关性、一致性和相对稳定性。虽然近年来，吃粳稻的消费者数量呈现上升趋势，但仍然稳定在一定的区间内。

我们以籼稻与粳稻产量的比例系数来分析稻谷品类及区域平衡性状况。具体定义如下：

2.5＜危机

1.9＜安全≤2.5

1.5＜比较安全≤1.9

1.0＜不安全≤1.5

危机≤1.0

籼稻与粳稻产量的比例系数处于

1.5~2.5 区间时，表明我国稻谷生产及籼稻与粳稻的品种比例处于比较安全、安全的状态。

当比例系数≤1.0 或 >2.5 时，属于危机状态。比例系数 >2.5 时，可能是出现了籼稻严重过多或粳稻严重减产的情况，一旦粳稻严重减产，消费者就会分流一部分出来消费籼稻或其他粮食，影响总体的粮食安全。

同样，比例系数≤1.0 时，可能是出现了粳稻严重过多或籼稻严重减产的情况，一旦籼稻严重减产，消费者就会分流一部分出来消费粳稻或其他粮食，影响总体的粮食安全。

经过核算，2015 年我国籼稻与粳稻产量的比例系数为 1.97，表明我国在稻谷品种的生产方面，籼稻与粳稻的产量比例处于比较理想而安全的状态。

但是，由于我国稻谷主产区与主销区不一致、南北方气候差异巨大，加上人口众多，居民主食消费习惯不一，稻米生产者与消费者所在区域不能完全同步。另外，随着人们生活水平的提高，人口流动性加强，居民对稻米品种的消费习惯处于动态变化中。多种因素影响，我国稻米生产、供应存在区域性不平衡、品种之间的不平衡、优质稻与普通稻之间的不平衡，这一矛盾现象将在较长时间内长期存在。

第三节　我国稻米进口安全评估

中国曾经是世界第四大大米出口国。1998 年，我国大米出口量占全球市场份额的 14%。2000~2011 年，我国大米进口量很少，占世界大米贸易量（3500 万吨左右）的比例不超过 3%。

2011 年开始，受越南等国进口米价格持续下跌，且明显低于国内价格的影响，我国大米的进口量明显增加。2012 年开始发生质的突破，2015 年进口量达到历史最高。如图 2-1 所示。

近年来，中国逐步由大米净出口国变成了大米净进口国。据海关总署数据显示，2015 年 12 月中国进口大米 39.55 万吨，环比增加 24.51%；1~12 月累计进口大米 334.99 万吨，同比增加 31%。12 月出口大米 2.79 万吨，环比减少 2.09%；1~12 月累计出口大米 28.59 万吨，同比减少 31.77%。如表 2-4 所示。

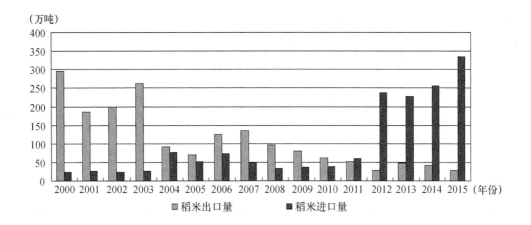

图 2 - 1 2000～2015 年我国大米进出量变化

资料来源：根据海关相关资料整理。

表 2 - 4 2000～2015 年我国稻米净进口量统计表

单位：万吨

年份	稻米出口量	稻米进口量	稻米净进口量
2000	295	24	-271
2001	186	27	-159
2002	199	24	-175
2003	262	26	-236
2004	91	76	-15
2005	69	52	-17
2006	124	73	-51
2007	134	49	-85
2008	97	32.97	-64.03
2009	79	36	-43
2010	62	38.82	-23.18
2011	51.57	59.78	8.21
2012	27.92	236.86	208.94
2013	47.85	227.11	179.26
2014	41.9	255.7	213.80
2015	28.59	334.99	306.40

资料来源：根据海关相关资料整理。

按出米率 65% 计算，2015 年我国大米总供给量为 13747.5 万吨，总消费量为 12567.75 万吨。

在《2014～2015 中国粮食安全发展报告》中稻米进口安全参数（净进口量占当年国内总供给量之比）的定义为：

1.0% ＜安全≤2.0%

2.0% ＜比较安全≤2.5%

2.5% ＜不安全≤3.0%

3.0% ＜进口危机≤3.5%

2015 年我国稻米进口安全参数＝净进口量/当年国内总供给量

＝306.40/13747.5

＝2.23%

计算得出 2015 年我国稻米进口安全参数为 2.23%，我们对 2015 年我国稻米进口安全状况评估为"比较安全"。

相比 2014 年的稻米进口安全参考 1.57%，安全级别下滑 0.66 个百分点。主要原因是 2015 年我国进口米数量比 2014 年增加 31%，增幅过大；同时由于早籼稻减产，全年稻谷总供给量由上年的4253亿斤下降至4230亿斤。

据海关统计，2015年我国共进口大米334.99万吨，较上年增加79.27万吨，涨幅31%。2015年1～12月，中国大米进口国（地区）前六位分别为越南（179.42万吨）、泰国（93.14万吨）、巴基斯坦（44.26万吨）、柬埔寨（11.18万吨）、老挝（5.237万吨）、缅甸（1.32万吨）。如表2-5所示。

表2-5 2005～2015年我国稻米进口
主要来源国统计

单位：万吨

年份	国别	数量
2015	越南	179.42
	泰国	93.14
	巴基斯坦	44.26
	柬埔寨	11.18
	老挝	5.237
	缅甸	1.32
2014	越南	124.96
	泰国	72.78
	巴基斯坦	40.67
2013	越南	147.7
	泰国	32.65
	巴基斯坦	41.6
2012	越南	154.46
	巴基斯坦	57.96
	泰国	19.93
2011	泰国	34.5
	越南	23.38
	巴基斯坦	0.87
2010	泰国	32.11
	越南	5.61
	老挝	0.68

续表

年份	国别	数量
2009	泰国	33.61
	老挝	1.7
	越南	0.29
2008	泰国	32.05
	老挝	0.43
	日本	143.5
2007	泰国	45.56
	越南	2.65
	老挝	0.44
2006	泰国	68.96
	越南	3.55
	老挝	0.43
2005	泰国	47.93
	越南	4.15
	缅甸	0.05

资料来源：根据海关相关资料整理。

2012年我国进口的越南米占总进口大米数量的65.90%，2014年所占比例为48.87%，2015年为53.56%。2012年我国进口巴基斯坦大米占总进口量的24.72%，2014年所占比例为15.90%，2015年为13.21%。2012年我国进口泰国大米占总进口量的7.48%，2014年所占比例为28.46%，2015年为27.80%。

从进口国（地区）看，2015年我国的进口大米主要来自越南、泰国、巴基斯坦、柬埔寨及老挝等国家，其中从越南进口大米的数量占我国进口总量的53.56%，而泰国米以接近27.80%的比例位居第二。第三位为巴基斯坦米，约占总进口量的13.21%；其他国家（地区）占5.5%左右。

值得关注的是，受泰国政府出售巨额库存影响，本年度泰国米价格下跌明显，进口利润的增加令其到港数量显著回升。

2016 年 1 月，我国进口大米 28.71 万吨，较上年同期增长 16.47 万吨，增幅达 134.59%，仍保持高速增长态势。但要注意的是，随着汇率变动与国际米价上涨，目前越南米进口利润已经下降。

在《中国粮食安全发展报告 2014～2015》中稻米进口来源国占比参数（该国进口量占当年进口总量之比）定义为：

很安全 ≤ 25%

25% < 安全 ≤ 30%

30% < 比较安全 ≤ 40%

40% < 不安全 ≤ 50%

50% < 进口危机 ≤ 60%

2015 年我国稻米进口来源国占比参数（来源国泰国）＝该国进口量/当年进口总量之比

＝93.14/334.99

＝27.80%

2015 年我国稻米进口来源国占比参数（来源国巴基斯坦）＝该国进口量/当年进口总量之比

＝44.26/334.99

＝13.21%

同理计算得知，2015 年我国稻米进口来源国占比参数（来源国泰国）为 27.80%，属于安全。我国稻米进口来源国占比参数（来源国巴基斯坦）为 13.21%，属于很安全，均与 2014 年安全级别一致。

由上计算得知，2014 年我国稻米进口来源国占比参数（来源国泰国）、2014 年我国稻米进口来源国占比参数（来源国巴基斯坦）分别为 28.46%、15.90%，分别属于安全、很安全。

2015 年我国稻米进口来源国占比参数（来源国越南）＝该国进口量/当年进口总量之比

＝179.42/334.99

＝53.56%

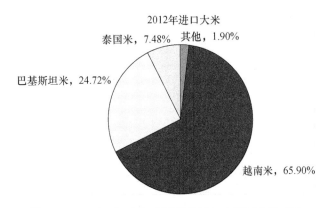

图 2-2　2012～2015 年我国稻米进口来源国占比对比

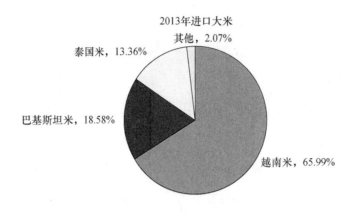

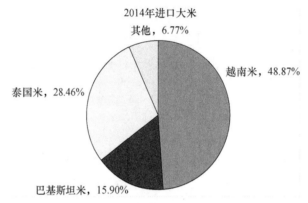

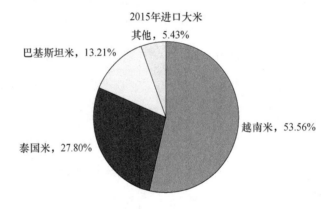

图 2 - 2 2012~2015 年我国稻米进口来源国占比对比（续）

资料来源：根据海关相关资料整理。

2015 年我国稻米进口来源国占比参数（来源国越南）为 53.56%，高于上年参数 4.69 个百分点，属于进口危机。

2015 年我国进口稻米来源国一半以上数量集中在越南，而且以中低档价格为主，主要弊端是：不利于"调剂国内大米品种结构"；大量低端进口米进入国境，冲击国内稻谷市场，影响我国当前正在进行的去库存进程；不利于国别间的贸易平衡。虽然我国新的粮食安全战略指出，可以合理、适度地利用国际市场资源，但过于集中在某一进口国，显然对我国的粮食安全是不利的。

从进口国别及品种搭配角度，我们继续将2015年我国稻米进口来源国占比状况评估为"不安全"。

需注意的是，近期国际米价呈现低位反弹态势，受国内早籼米持续回调和人民币汇率变动影响，大米进口利润出现下降，预计2016年全年进口量不及上年。海关进口数据显示，2016年1月我国大米进口量为28.72万吨，同比增幅达134.59%。

第四节　2016年我国稻米市场基本形势

综合考虑粮食生产成本、市场供求、国内外市场价格和产业发展等各方面因素，经国务院批准，2016年生产的早籼稻（三等，下同）、中晚籼稻和粳稻最低收购价格分别为每50公斤133元、138元和155元。其中，早籼稻最低收购价每50公斤比上年下调2元，是粮食最低收购价政策出台以来的第一次下调；中晚籼稻和粳稻最低收购价格保持不变。"两稳一降"体现了"确保谷物基本自给、口粮绝对安全"的战略底线，也有利于继续稳定国内稻米市场信心，防止稻米市场大幅波动。

近年来稻米比价相对较高，不但高于玉米、小麦，也高于大豆、棉花等作物。可以说，2015年三大粮食作物中，种稻效益是最好的。预计2016年稻谷生产总体上仍然可能较好，但各品种之间会有所微调。

受政策调控影响，预计东北将减少玉米耕种面积，增加粳稻种植面积，粳稻产量可能进一步增加。早籼稻在需求萎缩和最低收购价下调的双重打压下，面积可能小幅下降；中籼稻种植面积可能有所增加。

随着人们生活水平的提高，我国的粮食消费进入更高层次的升级换代阶段，人均口粮正逐步下降，也导致大米需求不足。据有关方面预测，2015～2016年度我国国内稻谷消费量将减少至18950万吨左右，较2014～2015年度降低178万吨。其中，稻谷饲用消费量900万吨，较上年度下降120万吨；工业消费1020万吨，较上年度下降40万吨。随着更多国家瞄准中国大米市场，预计大米进口仍将保持较高水平，对国内稻米市场继续构成压力。

美国农业部供需报告显示，由于产量增加，2015~2016年度全球大米供应预测数据上调180万吨。印度大米产量预测数据上调300万吨，而印度尼西亚的产量数据下调100万吨，因为季风降雨糟糕，稻米播种面积减少。2015~2016年度全球大米消费预测数据上调60万吨，仍是历史最高纪录。由于供应增幅超过消费增幅，因而全球大米期末库存预测数据上调120万吨，为9050万吨。

近年来大米加工企业的利润空间不断缩减，甚至出现亏损，停产、半停产现象比较多。预计"稻强米弱"现象仍将继续存在，在稻谷最低收购价基本保持稳定的支撑下，托市预案启动的可能性仍较大。产量高、进口高及库存高的"三高"现象预计仍将持续。2016年稻米市场仍保持弱稳定，供给和需求两侧的改革预计难以取得实质性突破。2016年我国稻谷安全评估总体比较乐观。

第五节　保障我国稻谷安全的政策建议

当前我国粮食出现阶段性"高仓满储"和"卖粮难"的现象是多种因素造成的，"供应严重过剩"只是短期内呈现出的表象。长期来看，我们粮食供给品种结构、地域之间、特殊时段"紧平衡"的格局没有改变。

从表面上看，"三高"现象是由于粮食太多了、仓容不够，但真实原因是市场客观因素在发挥作用。包括：

（1）农民市场意识不强，长期以来养成了过多依赖政府、依赖政策性收购的习惯。

（2）粮农对交售的粮食质量把控不严，市场对之投"拒收票"。

（3）行政引导上过于看重产量数量

的连年增长，对结构性失衡认识不够。

（4）粮食种植结构简单，优质品种规模及数量严重不足。

为此，我们提出如下对策与建议：

（1）粮食调控政策改革进程中，"价补分离"不能局限于收购环节，而要适用轮换出库环节，建议在政策粮出库方面积极探索、大胆尝试。提前核算各地区相关品种的仓容缺口，按照"让市场在资源配置中起决定性作用"的要求，核定有限的、一定数量的政策粮，按市场价格销售出库，由此导致的价差亏损由财政承担。即：由市场管的价格交给市场，由政策管的价差补贴交给政府。取得经验后再大范围推广。

（2）从优化供给侧结构出发，鼓励"优质、优价、优效益"地开展粮食品种的种植、收购、储备和经营，避免"低质、低效、无市场销路"产品的盲目扩张。

（3）在推进优质大米工程的举措中，将南方优质籼米推广计划与推进东北粳米增产计划同步进行，主动促进南、北方优质大米品种的良性平衡。

（4）政府要积极引导，加强管理，有效解决部分地区稻谷品种多、滥、杂的问题。建议有条件的地区尽量做到"一县一品"，部分条件有限的做到"一乡一品"或者"一村一品"，实现连片规模种植。

（5）发挥种粮专业合作社、种粮大户、粮食加工龙头企业和粮食购销企业的作用，签订产销合同，引导农民按市场需求种植。

（6）加强供给侧改革，完善中央储备粮和地方储备粮的收购、储存和轮换机制，探索和建立因地制宜、因销制宜、随市场而动的机制体制。允许适当收购优质稻品种进入储备，缩短储备轮换周期，由原来的三年一轮换调整部分指标为二年一轮换或一年一轮换，部分指标作为动态储备，以更好地适应市场要求，促进顺价轮出，减轻国家及各级财政压力。

（7）在仓容紧张出现卖粮难时，对没有纳入政策性收购执行主体的其他粮食企业，应该按照《粮食流通管理条例》和《粮食安全省长负责制》的要求，责成其建立最低库存制度，促使它主动入市收购，农发行对其给予必要的收购资金支持。农发行、粮食部门和地方政府共同进行监督督促。充分发挥社会粮食企业的既有优势，改变粮食收购完全由中央收储企业和国有粮食部门负责的状况。

（8）统筹进行粮食生产和粮食市场调控，避免因体制机制、部门分工原因导致供应端（生产环节）与销售端（收购、仓储、加工环节）的脱节。不建议国家再次拿出大量财政资金"撒胡椒面"似的一哄而起。重在政策、舆论支持，发挥市场的积极导向作用。

参考文献

［1］中储粮完成2015年度中晚稻托市收购3033万吨［EB/OL］. 新华社，2016－03－02.

［2］2015年国内稻米市场分析［EB/OL］. 中国食品工业网，2016－01－11.

［3］预计2015年我国稻谷总消费量约3862亿斤（2015年12月）［EB/OL］. 中华粮网，2016－01－14.

［4］洪涛，傅宏. 中国粮食安全发展报告2014~2015［M］. 北京：经济管理出版社，2015.

［5］龚锡强. 从世界最大大米出口国地位

之变看粮食政策［EB/OL］. 中华粮网，2015 -
01 -21.

［6］2015 年 1～12 月中国累计进口大米 335
万吨［EB/OL］. 中商情报网，2016 -01 -27.

［7］郑红明. 稻米市场弱稳定去库存化或
加力［N］. 粮油市场报，2016 -02 -08.

［8］2015～2016 年度全球大米期末库存
［EB/OL］. 中华粮网，2015 -04 -24.

第三章　2015～2016年我国小麦安全评估

第一节　我国小麦供需安全总体评估

一、我国小麦生产形势

统计数据显示，从2009年起，我国谷物总体转为净进口。2012年我国小麦、玉米、稻谷和大米等谷物进口量大幅增加，净进口同比增长3.1倍，主粮进口实现常态化。基于此，2013年的中央经济工作会议中首次提出"要做到口粮绝对安全"。2015年"十三五规划建议"亦提到要"确保口粮绝对安全"。作为重要的口粮品种，小麦安全至关重要。

小麦是中国居民尤其是北方居民几千年来的基本口粮，小麦产量占我国粮食产量的近20%，小麦的生产形势直接关系到国家粮食与食物安全，关系到农业增效与农民增收，小麦产业是国民经济的重要组成部分。在我国，主要种植的是冬小麦品种，占全部品种的90%以上。我国小麦生产经历了发展期、萎缩

期、恢复增长期，当前处于相对稳定期。从2004年起，我国逐步提高了对农民的补贴，尤其是2006年取消农业税政策的实施以及开始执行托市收购政策，农民种粮积极性得到有效提高，对促进小麦增产起到关键作用。

2006～2010年，我国小麦连年丰收，供大于求，每年都有结余，但近几年我国小麦生产也出现了一些问题。近年来，气候变化的影响日益明显，据中华粮网数据，2011年以来因大旱、收获期降雨等因素影响，已出现多次不同程度的减产。2015年产量虽持平略增，但属于恢复性增产。近年来黄淮局部地区病虫害问题日益严重，由于在收获时期南方冬麦区遭遇较大范围降水，江淮、黄淮流域小麦大面积出现芽麦和萌动粒情况。其中，安徽大部、江苏中部及中北部、河南南部及中南部、湖北北部等多地小麦呈现容重偏低、不完善粒比例较高、

赤霉病粒比例升高等情况。个别地区的不完善粒占比高达 50% 甚至更高，相关区域的不完善粒占比也多在 20% 以上。相对来说，华北地区冬小麦质量保持稳定。2015 年国内小麦行情一直呈弱势运行态势，尽管其间受政策性收购支撑、天气导致交通不便等原因让小麦价格出现阶段性回升，但整体下行的趋势维持不变。

据农业部农情调度信息，2015 年小麦种植面积稳中略增。2016 年部分地区冬小麦播期偏迟，群体偏少，个体偏弱，加之 2015 年冬至 2016 年春冻害频发，穗分化进程延缓，苗情是近五年来较差的一年。据全国农作物病虫测报网监测和专家会商，受强厄尔尼诺影响，预计 2016 年小麦赤霉病等主要农作物病虫发生将明显重于常年。麦收前天气状况及苗情演变是决定 2016 年冬小麦最终产量的决定因素。

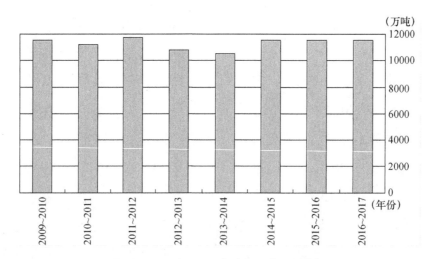

图 3-1　2009~2016 年我国小麦产量情况

资料来源：中华粮网。

二、我国小麦消费形势

随着经济的发展和人民生活水平的提高，人们对小麦的消费结构也在发生变化。小麦的消费量有增有减，维持在 1 亿~1.25 亿吨水平，近几年波动幅度相对较大。

根据数据统计，2007~2015 年，我国小麦消费量占三大主粮消费总量的比例一直稳定在 23.3% 左右，是继稻谷、玉米之后当前我国第三大主要粮食消费品种。在 1996 年以前，小麦一直是我国第二大粮食消费品种，1996 年之后才被玉米超越。

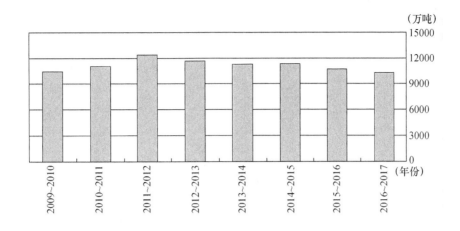

图3-2 2009～2016年我国小麦消费情况

资料来源：中华粮网。

根据用途我国小麦消费可以分为制粉消费、饲料用粮、工业消费、种用消费和损耗。从2007～2008年度至2015～2016年度，我国小麦口粮消费量整体趋势以缓慢增长为主，2012～2013年度以来口粮消费量有所减少。近年来，饲料用粮数量也发生较大变化，导致饲料用粮所占比重有所调整。自2007～2008年度开始，随着国际上寻找替代能源的兴起，玉米品种逐渐增加了工业原料属性，导致国内玉米价格大涨，小麦替代量也不断增加，在比价优势的促使下，饲用小麦占当年消费总量的比例从2007～2008年度的8.08%升至2011～2012年度的16.81%，又因价差变化跌至2015～2016年度的7.49%。工业用粮由2007～2008年度的875万吨增加到2015～2016年度的1025万吨，占当年小麦消费总量的比例由2007～2008年度的8.08%上升至2015～2016年度的9.59%。另外种子用粮等其他用粮数量保持在500万～625万吨，占比在5%左右，总体相对稳定。

在国内经济增速放缓、居民收入增速放慢以及前些年消费透支等因素的叠加影响下，当前国内消费增速也呈放缓趋势。随着国内经济的持续发展，居民收入和生活水平不断提高；在消费总支出中，生存型消费占比不断减小，发展型和享受型消费占比逐渐增加。

早期的农产品消费增长主要侧重于数量，后期的农产品消费增长更加注重质量、品种、品牌。国内居民膳食结构已由数量温饱型向质量营养型转变，消费结构升级将使得国内居民由以往的注重"数量"转变为更注重"质量"，食物消费结构发生重要变化。总的趋势是

表 3-1　2007~2015 年我国小麦消费用途结构表

单位：万吨

年份	口粮		饲料用粮		工业用粮		其他		合计
	数量	占比（%）	数量	占比（%）	数量	占比（%）	数量	占比（%）	
2007~2008	8010	78.45	825	8.08	875	8.57	500	4.9	10210
2008~2009	8025	78.44	810	7.92	895	8.75	500	4.89	10230
2009~2010	8040	78.52	800	7.81	900	8.79	500	4.88	10240
2010~2011	8100	73.17	1300	11.74	1050	9.49	620	5.6	11070
2011~2012	8200	68.91	2000	16.81	1075	9.03	625	5.25	11900
2012~2013	8125	70.44	1750	15.17	1050	9.1	610	5.29	11535
2013~2014	8350	73.41	1300	11.43	1175	10.33	550	4.84	11375
2014~2015	8325	73.19	1400	12.31	1100	9.67	550	4.84	11375
2015~2016	8300	77.68	800	7.49	1025	9.59	560	5.24	10685

资料来源：中华粮网。

从低层次消费转向高层次消费，消费的农产品更加丰富和多样化，对加工食品以及其他高价值产品的需求快速增长，消费的附加值增加。国家统计局统计数据显示，1990~2012 年，农村居民人均粮食消费由 262 公斤下降到 164 公斤，其中小麦消费也由 80 公斤下降到 52.33 公斤。

三、我国小麦中长期供需形势展望

据中华粮网数据，自 2011~2012 年开始我国小麦市场供不足需，直至 2014~2015 年度因恢复性增产扭转为产需平衡有余，因小麦、玉米价差扩大导致小麦饲用需求下降，随后几年整体供大于求的局面逐渐明显，年度结余量不断增加。

2016 年 4 月发布的《中国农业展望报告（2016~2025）》中预测，未来 10 年，中国小麦生产将保持稳定发展态势，供需形势由宽松转为基本平衡。生产方面，缓慢增长。预计"十三五"期间，小麦种植面积稳中有降，到 2025 年小麦面积预计比 2015 年年均减幅 0.1%；产量增速放缓，预计 2025 年比 2015 年增长 2.0%，年均增长 0.2%，明显低于过去 10 年 2.6% 的增速。消费方面，稳步上升。展望期间，中国小麦消费将整体呈现稳步增长的态势，预计到 2025 年年均将增长 1.0%，增速总体高于产量增长。其中口粮消费、饲料消费、工业消费将持续增长，年均增速将分别达到 0.4%、3.1% 和 3.7%；损耗量和种子用量年均略降 0.1%。贸易维持净进口格局。虽然国内小麦供需不存在缺口，但以品种调剂为目的的小麦进口依然会存在，未来10年中国小麦年均进口量将在200万吨左右。同期，由于我国小麦出口优势不明显，年均出口量将稳定在20万吨左右，展望期间小麦贸易仍将维持净进口格局。

表3-2 2009～2016年小麦供需平衡表2009年7月～2016年6月

单位：万吨

年份	本年供给			本年需求							出口	本年余缺
		产量	进口			国内消费量						
						口粮	饲料用粮	工业用粮	其他			
2015～2016	11825	11550	275	10700	10685	8300	800	1025	560		15	1140
2014～2015	11680	11500	180	11390	11375	8325	1400	1100	550		15	290
2013～2014	11155	10490	665	11395	11375	8350	1300	1175	550		20	-240
2012～2013	11080	10790	290	11765	11725	8225	1800	1150	625		40	-760
2011～2012	11965	11690	275	12465	12425	8175	2500	1125	625		40	-500
2010～2011	11295	11200	95	11075	11070	8100	1300	1050	620		5	220
2009～2010	11650	11510	140	10565	10475	8050	850	950	625		90	1085

资料来源：中华粮网。

表3-3 2015～2025年中国小麦供需平衡表

单位：万吨

类别 \ 年份	2015	2016	2017	2018	2019	2020	2021	2022	2023	2024	2025
生产量	13019	13010	13063	13115	13168	13191	13226	13238	13251	13265	13279
进口量	275	274	238	220	201	214	213	251	283	276	254
消费量	11966	12027	12187	12348	12494	12630	12752	12880	13011	13141	13263
口粮消费	8510	8536	8578	8622	8658	8690	8711	8739	8767	8795	8816
饲料消费	1100	1069	1116	1163	1207	1249	1291	1335	1384	1435	1488
工业消费	1376	1444	1515	1584	1650	1713	1773	1829	1885	1937	1986
种子用量	459	459	458	458	457	457	457	456	456	455	455
损耗	521	519	520	521	521	521	521	520	519	519	518
出口量	20	20	20	20	20	20	20	20	20	20	20
结余变化	1307	1237	1094	967	855	755	667	589	503	379	250

资料来源：《中国农业展望报告（2016～2025）》。

第二节 我国小麦区域性及品种、品质安全评估

一、我国小麦区域性特点

小麦按播种季节可分为冬小麦和春小麦。我国冬小麦秋播夏收,面积约占小麦总面积的90%以上,主要分布在长城以南,岷山、唐古拉山以东的黄河、淮河和长江流域。冬小麦生育期较长,且不同地区生长期差异较大。春小麦春播秋收,面积约占小麦总面积的不到10%,主要分布在长城以北,岷山、大雪山以西。中华粮网预计,2015年全国小麦播种面积约3.63亿亩,同比减少33万亩,其中冬小麦增加51万亩,春小麦减少84万亩。根据农业部发布的《关于进一步调整优化农业结构的指导意见》(农发〔2015〕2号),华北地区要适度调减地下水严重超采地区的小麦种植,选育推广耐旱节水作物;西北地区在年降水量300mm以下的旱作地区继续实施压夏扩秋,适度调减小麦种植面积,扩大马铃薯、牧草种植面积。在此政策背景下,上述地区小麦种植面积面临减少趋势。以河北省为例,2015年冬小麦种植面积在全国小麦生产中的排名已经从第三位下降到第四位,落在了安徽之后。

国内小麦生产成本刚性增长,特别是流转地地租上涨较快,一些种粮大户根本无法获得合理利润,不得不放弃承包,缩减小麦面积。地租过高阻碍了土地流转速度和规模化经营,既不利于科技推广应用,也不利于提高小麦的生产能力。

我国小麦分布地区极为广泛,由于各地气候条件、土壤类型、种植制度、品种类型、生产水平和管理技术等方面存在差异,所以地区间分布不均,且形成了明显的种植区域特征。根据自然资源条件和小麦产业发展特点,我国主要小麦产区可划分为黄淮海、长江中下游、西南、西北和东北5个优势区。2015年河南、山东、安徽、河北、江苏、四川、新疆、陕西、湖北9省(区)的小麦播种面积占全国总面积的85%,以冬小麦为主,占全国总产量的90%以上。

表 3 - 4   2015 年全国小麦播种面积

单位:万亩

地区	小麦	冬小麦	春小麦
全　国	36313	33868	2445
河　南	8100	8100	
山　东	5448	5448	
安　徽	3665	3665	
河　北	3618	3609	9

续表

地区	小麦	冬小麦	春小麦
江　苏	3235	3235	
四　川	1745	1745	
新　疆	1695	1164	531
陕　西	1628	1628	
湖　北	1590	1590	
甘　肃	1241	915	326
山　西	1031	1030	1
内蒙古	846		846
云　南	657	657	
贵　州	378	378	
宁　夏	292		292
黑龙江	219		219
天　津	195	178	17
青　海	181		181
浙　江	135	135	
重　庆	125	125	
北　京	87	87	
上　海	66	66	
西　藏	57	43	14
湖　南	46	46	
江　西	18	18	
辽　宁	9		9
福　建	3	3	
广　西	2	2	
吉　林	1		1
广　东	1	1	

资料来源：中华粮网。

目前国内已形成黄淮海、长江中下游和大兴安岭沿麓三大优质专用小麦产区，其中黄淮海麦区是国内最大的中强筋小麦生产基地，主要包括河北、山东、河南大部、江苏和安徽北部、陕西关中、山西中南部等；长江中下游主要包括江苏、安徽两省淮河以南，湖北北部，河

南南部等地区，是优质弱筋小麦生产的重点区域；大兴安岭沿麓是优质硬红春小麦主产区。

据了解，近年来我国优质麦的种植面积和产量有减少趋势。由于自2006年以来实施托市收购政策，"政策市"导致小麦优质优价未充分体现，农民更倾向于以高产为主要目标，忽略了专用小麦的品质，导致所生产的专用小麦品质低下。同时，受我国土地制度决定的种植模式限制，加上气候影响，优质小麦品种退化，以及因国内小麦种植和市场需求没有形成有效对接，农民收获小麦时做不到分品种单收、单打及单储等因素影响，符合面粉加工企业采购标准的不多，品种结构性矛盾困扰面粉加工企业，弱筋小麦与强筋小麦供应偏紧，且品质仍有待提升。

二、我国小麦品种结构特点

从2007年全球粮食危机以来，国内研发和推广小麦品种的重点更多地放在产量上，有些忽视品质，导致全国优质小麦播种面积和产量大幅下降。从我国小麦品种结构来看，近年来，我国科研机构培育的优质强筋小麦品种很多，但相对于需求，推广种植形成规模的品种仍然不足；优质弱筋小麦在我国只有豫皖苏三省沿淮以南和鄂北局部地区适宜

规模种植，面积和产量不足全国小麦的10%，其产需矛盾突出，进口依赖性强。2015年我国小麦抽样送检的质量状况总体稳定，但优质麦的结构出现明显变化，强筋、弱筋类品种样品占比少，我国目前优质小麦品种主要是传统的中筋和中强筋品种。2015年检测达标小麦中，强筋小麦仅占3%，弱筋占1%。主要原因是2010年我国小麦产业政策变化后，强筋和弱筋作为面包和蛋糕专用小麦，一方面由于产量低于中筋品种，农业部门推广积极性下降；另一方面由于不能优质优价，农民种植积极性下降。2010年以后，强筋和弱筋小麦的送检达标比例越来越小。

随着生活水平的提高，人们对主食产品多样化、优质化、营养化的市场需求不断增加，对优质专用小麦需求越来越大。目前国内的面粉消费仍主要为挂面、馒头和饺子等，这一层面的面粉主要是价格竞争，食品专用面粉的产量不到面粉总量的20%。近年来，面制主食品工业化的开发快速发展，小麦加工副产品的综合利用方兴未艾，小麦粉的营养和安全越来越受到重视。粮食加工业发展规划（2011~2020年）指出，重点发展适合传统食品专用粉，今后相当长的时间，我国面粉工业将以安全、营养、方便、专用型产品为发展方向，优化产品结构；提高优、新、特产品比重，重点发展适合中国人消费习惯的蒸煮类、速冻类、油炸类食品专用粉，满足饮食和传统主食品工业化需求；到2020年，专用粉品种达到50个以上，产量在小麦粉总量比重中达到40%以上。我国小麦种植由数量为大到兼顾质量之道路，仍任重而道远。

三、我国小麦质量状况

小麦质量受环境的影响较大，虽然其适应能力较强，但也必须在最适宜的自然条件下，才能保证品质。

2015年我国小麦质量参差不齐，因受天气影响，安徽、江苏等地小麦质量受到影响，不完善粒偏高，多以三等小麦为主，不乏三等以下小麦。在多雨年份，赤霉病是我国部分冬麦区小麦重大灾害性病害，主要高发区为江苏、安徽、湖北及豫南等地，危害不仅导致产量大幅下降，而且严重影响品质。小麦赤霉病近年来的多次大规模暴发更是对粮食生产造成了较大影响。小麦赤霉病又名麦穗枯、烂麦头，不仅在一般年份可造成5%~15%、流行年份造成20%~50%以上的严重减产，而且感病小麦出粉率低、面筋含量少，更为严重的是感病小麦含有镰刀菌毒素等有害物质，会危害人畜健康，导致小麦失去食用和饲用价值。2016年4月，全国农技中心结合未来天气趋势等因素综合分析，2016年全国小麦中后期病虫总体呈重发态势，程度重于常年，接近上年，小麦赤霉病、穗期蚜虫呈大发生态势。此外，其他病虫害如条锈病、白粉病、纹枯病及蚜虫、吸浆虫等均有大规模发生可能。

因质量原因导致的质差小麦毒素超标问题，近年来也时有发生，主要包括黄曲霉素、玉米赤霉烯酮和呕吐毒素。黄曲霉毒素主要污染的作物有花生、玉米、大米、小麦等；玉米赤霉烯酮主要污染的作物有玉米、小麦、大米、燕麦等；呕吐毒素主要污染的作物有小麦、大麦、玉米。从以上信息可以看出玉米、小麦是黄曲霉素、玉米赤霉烯酮和呕吐毒素污染最为常见的作物。通常情况下受到污染的农作物，不是在储存过程中受到霉菌的污染，而是在田间的时候已经受到霉菌毒素的污染，尽管在加工过程中会将霉菌杀死，但是霉菌毒素却存留在了加工产物及副产物中，继而对动物以及人类的健康造成潜在的威胁。面粉加工企业已对赤霉病、呕吐毒素等卫生指标严格要求。

第三节　我国小麦进口安全评估

中国作为世界上最大的发展中国家，小麦的人均消费水平低于多数发达国家，但是随着中国城镇化水平逐年提高，人们对小麦消费的质量要求不断提高，这与中国优质小麦产量不足、结构不合理不符。加上当前中国小麦加工业总体规模小、竞争能力弱、国际地位低，蕴含了巨大的发展潜力。随着我国小麦消费的稳步增加，对于优质麦的进口需求也不断增加。20世纪90年代中期国内粮食出现阶段性的供大于求，导致小麦的进口从1996年开始下滑。随后国家对农业生产结构开始进行战略性调整，国内粮食年度新增供给逐年下降。累积的国内小麦产量下降使得2004年中国小麦进口量出现较大增长。2004～2008年连续五年小麦的全国进口量下滑，直至2009年，小麦的进口量开始大幅回升。我国小麦进口量大幅增加的原因除了国内外粮价倒挂因素之外，品种调剂方面的需求增加也是很重要的原因。

从我国小麦进口国别来看，近年来我国小麦对美国、澳大利亚及加拿大市场的进口依赖度很强，而中国市场对于小麦进口量的变化给美、加、澳三国带来的影响并不大，该三国小麦出口不依赖于中国市场，所以其对于小麦出口价格的变化，中国只能接受。由于国内外粮食价差持续扩大，我国小麦的国际竞争力在减弱，特别是优质强筋、弱筋小麦。随着国内人民生活水平的提高和生活方式的转变，饼干、糕点的消费量将

有很大增长，国内弱筋面粉产需矛盾突出，进口依赖性强的问题始终制约着产业下游面粉工业和烘焙、速冻食品工业的发展。

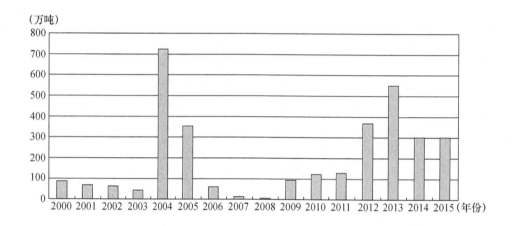

图3-3　2000~2015年我国小麦进口情况

资料来源：海关数据。

表3-5　中国进口小麦分国别统计数据

单位：吨

年份 国家	2010	2011	2012	2013	2014	2015
美国	129526	434878	645108	3820396	863277	602849
澳大利亚	760066	637075	2425235	611418	1390797	1255078
加拿大	283593	172250	401500	866794	410855	991922
哈萨克斯坦	45538	4620	200094	90914	251117	117899
法国	0	0	11950	114999	54700	4997
其他	0.053	0.04	4752	2531	1276	0.372

资料来源：海关数据。

以2013年为例，当年我国进口小麦数量在近几年中数量较大，全年共进口小麦550.7万吨。美国小麦到岸税后价与国内优质麦销区价的价差，由之前的每吨52元增至当年的409元。优质专用

小麦进口量的增长对国内麦市造成一定影响，对沿海用粮企业采购国产小麦的需求产生冲击，也对国产小麦相关品种产生冲击。目前，国内优质强筋小麦种植区主要分布在河北、河南北部冬麦区，

以及东北、新疆等地的春麦产区。同时，一些优质强筋小麦替代品的种植区主要分布在江苏北部和河南南部地区。据有关市场机构测算，当前国产优质强筋小麦的总量在350万~450万吨，市场需求量在600万~800万吨。国内优质强筋小麦产不足需现象比较明显，每年均需要进口优质强筋小麦来弥补供给缺口，主要进口品种为美国春小麦和加拿大小麦。在进口小麦作为补给需求的同时，因价格优势，进口小麦及小麦替代品也开始冲击国产小麦市场。进口小麦和大麦（主要为法国软小麦）大部分流入到了沿海地区制粉企业和饲料企业，挤占了国产小麦尤其是普麦及其副产品的市场份额，造成国产小麦及其制品销售不畅与库存庞大。

综观近年来的小麦进口量，即便2012年以来进口数量有所增加，但是仍旧未能达到配额总量。即便是配额总量，在小麦产量中的占比也不足5%。所以从量的角度看，进口小麦并不足以改变我国小麦市场整体的供需平衡格局，对国内市场影响也十分有限。同时，在我国水土资源约束趋紧、生态环境压力较大的背景下，适当进口外国粮有利于降低农业发展强度，增加可持续发展能力，从长远确保粮食安全。

第四节　我国小麦政策安全评估

2016年实施多年的临储收储政策正式取消，对当前玉米市场造成巨大的影响。我国小麦托市收购政策自2006年以来，已连续实施10年，这期间农民确实得到了实惠。虽然2016年小麦托市收购政策继续实施但经过10年的实施，也到了难以为继、危如累卵的时候。小麦托市收购底价2014~2016年3年未改变，均为1.18元/斤。

据统计，2015年国家临储小麦拍卖市场累计投放粮源数量（含1月6~8日国家政策性粮食专场交易）5321.5575万吨，实际成交637.434万吨。其中，2015年4月28日之前成交496.275万吨，占比达77.9%。2016年以来，国家临储小麦累计成交数量61.801万吨，同比减少527.42万吨。其中，江苏累计成交48.71万吨，安徽7.94万吨，河南2.5万吨。

截至2015年5月下旬，国家临储小麦剩余库存数量为3830万~3930万吨，同比高1900万~2000万吨，剩余库存数量同比持续攀升。其中，2015年产国家临储小麦库存量2079万吨，2014年产库

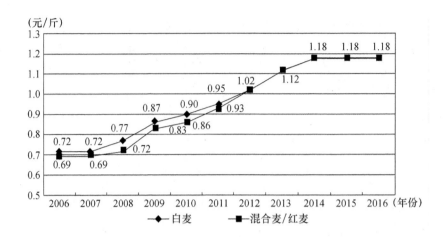

图 3-4　2006~2016 年白麦及混合麦/红麦托市收购底价一览

资料来源：根据中华粮网数据整理。

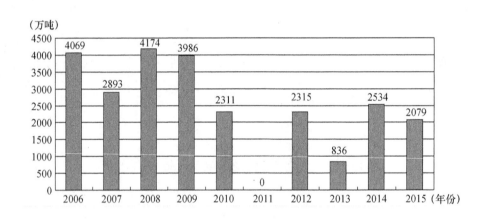

图 3-5　2006~2015 年国家临储小麦库存量情况

资料来源：根据中华粮网数据整理。

存量 1800 多万吨。从国家临储小麦主要区域分布情况来看，江苏地区剩余库存量 793 万吨，同比高 486 万吨；安徽地区 917 万吨，同比高 380 万吨；河南地区 1831 万吨，同比高 890 万吨；湖北地区 200 万吨，同比高 56 万吨。国家临储小麦剩余库存数量同比大增，使得江苏、安徽以及河南等主产区夏粮收购仓容较为紧张。

据中华粮网预估数据，截至 2016 年 6 月底国内小麦库存在 8640 万吨，库存消费比为 80%，库存供应整体处于过剩状态，但程度低于玉米。库存数量高企及产量增长大于需求消耗对现有仓容构成压力。但鉴于当前小麦供需基本平衡有余，供需矛盾相对较弱，而托市政策带来的价格高企矛盾更为突出，麦强粉弱明显，下游消化困难，产业链发生明显的不利影响。

第五节　我国小麦总体安全评估及政策建议

一、2015～2016 年我国小麦总体安全评估

预计"十三五"期间我国小麦供需基本平衡有余，口粮供需形势在绝对数量上安全有保障，但因小麦、玉米价差改变，饲用需求量下降影响整体供需结构。同时，国家政策性小麦消化缓慢，库存持续高位，加上新小麦陆续上市，国内小麦市场供应充足。小麦政策改革迫在眉睫，但改革速度及方式备受关注。

据调研，2015～2016 年我国小麦生长期间不利天气频繁发生，病虫害、夏收期间降雨等问题的出现，不利于小麦收购、仓储及质量保障。当前我国小麦进口并不是因为国内不够，而是以品种需要调剂为主，但从进口国别及品种搭配角度，存在一定的不安全因素。

初步预估，2015～2016 年我国小麦市场供需相对宽松，整体安全形势比较乐观，但需关注小麦质量、进口麦冲击以及政策变化风险。

二、保障我国小麦安全的政策建议

（一）夯实基础 提高中国小麦综合生产能力

未来中国小麦增产的着力点应在重点产区、关键举措上，立足于发挥区域比较优势，充分挖掘各地区小麦增产潜力，在努力提高区域发展水平的基础上，实现全国小麦总体生产水平的稳定。在种植区域方面，既要重视河南、河北、山东等传统优势产区，又要注重和扶持安徽、江苏等新兴优势产区，同时挖掘北方春麦的生产能力。

加强对小麦基本农田和水资源的保护，加大小麦主产区农业生产基础设施建设，促进中国小麦生产发展。突出科技创新，加快创新小麦科技研发体制机制，加大提高小麦单产、种植环境改造等科技研发投入，提高重大病虫害预警能力。进一步完善相关补贴政策，重点加大对小麦生产者和主产区的扶持力度。

（二）不断优化品种结构保障质量提升国际竞争力

在关注小麦稳产增产的同时，还要

关注小麦品种结构和加工质量，积极发展优质专用小麦。根据市场需求，提高小麦质量水平，加强小麦的国际竞争力和国内市场的抗冲击能力。确保小麦食用质量安全、防止有毒有害粮食流入口粮市场，需做到严把小麦收购入库及销售出库检验关，日常粮食库存检查防止霉变发生，政府部门对企业储粮质量状况进行抽查监督，同时有毒有害的粮食需做好封存、定向处理及全程监管。

《中国食物与营养发展纲要（2014~2020年）》指出，在重视食物数量的同时，更要注重品质和质量安全，加强优质专用新品种的研发与推广，提高优质食物比重，实现食物生产数量与结构、质量与效益相统一。合理布局现有各类型优质小麦品种的推广面积，着手现有品种，适当提高优质小麦尤其是强筋和弱筋小麦的种植面积，更好地适应国内需求结构升级的新常态，是下一步粮食结构调整的重要内容。选育推广适应本地条件的优质高产专用小麦品种，并做到统一品种不混杂，方便加工企业收购；配套相应的优质高产栽培技术措施，实施良种良法，提高种植效益，带动农民种植意愿；实行规模化经营方式，引导农民合作社、种粮大户等新型主体连片种植优质小麦；鼓励用麦企业与产地农户建立稳定的产销关系，按照优质优价原则依约收购优质小麦。这样，既利于

企业摆脱优质原料不足的困境，又推动了小麦品种结构的调整。

当前中国进口小麦主要以澳大利亚、美国、加拿大为主，为避免"共振效应"的发生，应有意识地分散小麦进口，降低对这些国家的过度依赖，转向与中国地理条件、气候条件差异较大的法国、哈萨克斯坦等国进口一定比例的小麦，形成多元化、产量波动互补型的进口来源渠道。

（三）小麦托市收购政策改革需循序渐进

小麦是我国重要口粮品种，现阶段不宜效仿玉米推行"市场化收购"，现行托市收购政策短期内继续延续，应避免引发口粮价格大幅波动，逐步合理动态调整小麦最低收购价格水平，并综合多方面因素考虑，积极借鉴玉米改革过程中的经验方法，推进小麦最低收购价政策稳步向目标价格制度过渡。

每年确定适宜的目标收购品种和数量，收购数量以外的粮食，应进入市场流通。理顺国家托市后原粮与成品粮之间的价格传导关系，降低粮油贸易和加工业的不确定风险，弥补最低收购价格上升对粮食加工企业造成的损失；也可以有效减少仓储压力，避免出现新粮难入库的情况。

为了避免粮食加工企业无粮可用的局面，应鼓励和引导粮食加工企业积极

入市收购，对加工企业按照不同收购方式实施不同形式的补贴。

参考文献

［1］韩长赋.全面实施新形势下国家粮食安全战略［J］.求实，2014（19）.

［2］卢彦超.我国口粮安全战略分析与对策［J］.河南工业大学学报，2015（3）.

［3］曹慧，钟永玲.小麦进口急剧增加，国内优质麦供应任重道远［J］.中国食物与营养，2010（12）.

［4］黄季焜，杨军，仇焕广.新时期国家粮食安全战略和政策的思考［J］.农业经济问题，2012（3）.

［5］农业部种植业管理司.2013中国小麦质量报告［R］.农业部网站，2014.

［6］胡学旭，周桂英，吴丽娜等.中国主产区小麦在品质区域间的差异［J］.作物学报，2009，35（6）.

［7］李国祥."十三五"我国谷物及口粮安全形势与对策思路［J］.粮食问题研究，2015（5）.

第四章   2015～2016 年我国玉米安全评估

第一节   2015～2016 年我国玉米安全现状

一、我国玉米生产情况

（一）国内玉米种植面积及产量增加较快

2015 年我国玉米种植面积继续增加。根据国家统计局数据，2015 年我国玉米种植面积为 38116.6 千公顷，较上年度增加 994 千公顷，增幅约 2.7%。2015 年玉米总产量为 22458 万吨，较上年度增加 893 万吨，增幅约 4.1%。

近年来，受玉米种植比较收益较高的影响，我国玉米种植面积持续增加，

特别是黑龙江地区，玉米种植面积增幅较大。根据国家统计局数据，2015 年国内粮食种植面积为 11334.1 万公顷，较 2004 年增幅为 11.5%。其中玉米种植面积占粮食播种面积的比例从 2004 年的 25.0% 增加到 2015 年的 33.6%；豆类种植面积占粮食播种面积的比例从 2004 年的 12.6% 降至 2015 年的 7.8%。从粮食产量来看，2015 年国内粮食总产量为 62143.5 万吨，与 2004 年相比增幅为 32.4%。其中玉米产量增幅为 72.4%；豆类产量减幅为 28.9%。玉米种植面积增加的一定比例是通过挤压其他同类作物的种植面积而实现的。

表 4-1   国内玉米播种面积与产量

单位：千公顷，万吨

年份	面积	产量	年份	面积	产量
2004	25446	13029	2005	26358	13937

续表

年份	面积	产量	年份	面积	产量
2006	28463	15160	2011	33542	19278
2007	29478	15230	2012	35030	20561
2008	29864	16591	2013	36318	21849
2009	31183	16397	2014	37123	21565
2010	32500	17725	2015	38117	22458

资料来源：国家统计局。

（二）2016 年玉米种植面积及产量将下降

在国内供给侧改革推动之下，针对国内玉米高库存的状况，调整玉米种植结构成为去玉米库存的重要工作。2015 年 11 月农业部发布《农业部适于"镰刀弯"地区玉米结构调整的指导意见》，明确提出力争到 2020 年，"镰刀湾"地区玉米种植面积稳定在 1 亿亩，比目前减少 5000 万亩以上。受 2016 年玉米价格形成机制及收储制度改革的影响，2016 年玉米种植比较收益将大幅下降，预计非镰刀弯地区玉米种植面积也将出现调整。因而 2016 年国内玉米种植面积会出现一定幅度的下降，国内玉米产量也会开始回落。

二、2015 年我国玉米消费现状

2000 年之后，玉米品种除主要保持饲料用粮的特性之外，其工业用粮的属性也日益明显，国内玉米消费一度出现连续多年快速增长。但随着全球经济放缓及中国经济进入新常态，近年来国内玉米消费增幅放缓的迹象比较明显。

（一）受多种因素影响，2015 年国内玉米消费放缓

全球经济放缓及国内经济进入新常态是影响国内消费的一个主要因素。就玉米品种来说，还有其自身的原因。2015 年国内饲用玉米用量出现较大幅度回落，其主要原因有：

一是畜禽存栏处于较低位置。根据农业部门数据，2015 年以来国内生猪存栏量与能繁母猪存栏量月同比都处于多年来的最低位置。2015 年 12 月 4000 个监测点生猪存栏量约 3.83 亿头，同比 2014 年 12 月增长 -9.0%，维持在较低位水平；能繁母猪存栏量则连续下降至约 3798 万头，继续创下 28 个月以来最低水平。2015 年 12 月生猪存栏量和母猪存栏量低位意味着饲料现实消费水平的降低。

二是其他进口饲料原料替代玉米数

量较高。受国内外玉米价差及玉米与其他进口饲料原料价差的影响，2015年国内玉米及其他饲料原料进口均出现大幅增加。根据海关数据，2015年国内累计进口玉米为473万吨，同比增幅82%；2015年累计进口高粱为1070万吨，同比增幅85%；累计进口大麦1073万吨，同比增幅98%。当前受多种因素影响，国际市场玉米价格仍然处于相对低位，进口压力依然较大。

三是因为工业玉米消费量仍处于低位水平。玉米工业消费不振主要是由于全球及国内经济放缓所致。另外，国内木薯干的进口量增加也对工业玉米消费有一定的替代作用。根据海关数据，2015年我国累计进口木薯干920万吨，同比增加约7.4%，维持高位水平。

（二）2016年玉米消费将回升，但增速受限

2015年国家首次将东北临储玉米收购价格从2014年的2240元/吨（吉林省）下调至2000元/吨，从而预示着国内玉米价格形成机制改革的开始。2016年国家加快了玉米价格形成机制改革的进程，东北玉米退出临时收储，玉米价格将完全实行市场化定价，玉米价格将进一步回落。虽然2016年初，生猪及能繁母猪存栏维持低位限制了国内饲用玉米消费的提升，但生猪养殖高利润的现状预计将会刺激补栏量的回升，有利于

后市饲用玉米消费的提高；2016年产玉米的市场化定价在当前环境下意味着国内玉米价格将进一步靠近市场，一定程度上将会减少玉米及其替代品的进口，有利于玉米消费；而去库存背景下政策性陈粮的销售逐渐向市场价靠拢也意味着玉米消费量的增加。因此，2016年国内玉米消费会增加，但受制于经济环境的制约，增幅会受到一定的限制。

三、2016年我国玉米供需形势分析

历史上我国曾是全球最主要的玉米出口国之一。根据海关数据，1992年、1993年、2000年、2002年和2003年我国玉米出口量都曾超过200亿斤，其中2003年更是超过了320亿斤。之后随着国内经济的发展，居民生活水平的提高，对肉、蛋、奶等畜产品摄入量的提升，国内饲料养殖业出现了较快的发展，国内饲用玉米需求量增长较快。而2003年之后，随着玉米工业属性强化，国内玉米深加工出现了快速增长，国内玉米供需形势开始由之前的宽松期转向偏紧格局。供需偏紧格局在2009～2010年及2010～2011年表现尤其明显。

之后，由于玉米种植比较收益提高，国内玉米播种面积及总产量开始持续增长，国内玉米供应状况出现明显好转。特别是由于国家在东北产区连续执行临

时收储政策，东北产区玉米种植面积出现了较大程度的扩张，国内玉米总产量开始迭创历史最高水平。而与此伴随的是近年来全球经济放缓及国内经济进入新常态，以及人口老龄化及中央"八项规定"等多种因素影响，国内玉米消费出现滞缓。另外，由于国际玉米价格受多重因素影响处于低位水平，国内外玉米价差推动了玉米及其饲料原料替代品进口的大幅增加，国内玉米供需出现阶段性过剩，国内玉米库存水平持续攀升。依据中华粮网数据，截止到 2016 年 4 月中旬，国家临储玉米库存已超过 2.6 亿吨。

根据中华粮网一季度供需数据，预计 2015～2016 年度玉米新增供给量约为 4526 亿斤，需求总量约 3581 亿斤，年度结余约 945 亿斤，国内玉米市场继续保持供需宽松格局。2016 年，国家取消玉米临储收购政策，实行"市场定价，价补分离"。同时，根据国家供给侧结构性改革的总体要求，2016 年要引导农民适应市场需求调整种养结构，适当调减玉米种植面积，其中"镰刀湾"地区要实现 1000 万亩玉米种植面积调减。因而 2016 年国内玉米播种面积将会出现较大幅度回落。但预计 2016～2017 年度，国内玉米仍将维持供需宽松局面。

表 4－2 玉米供求平衡表 2014 年 10 月～2017 年 9 月

单位：亿斤

年份	期初库存	新增供给		年度需求							新增结余	期末库存
		产量	进口		国内消费量					出口		
						口粮	饲料用粮	工业用粮	其他			
2016～2017	4476	4380	4350	30	3708	3703	285	2400	920	98	5	672	5148
2015～2016	3531	4526	4490	36	3581	3580	280	2300	900	100	1	945	4476
2014～2015	2322	4461	4351	110	3252	3251	275	2020	860	96	1	1209	3531

注：2017 年数据为预估数据。

资料来源：中华粮网。

四、我国玉米及其替代品进出口分析

根据 WTO 的贸易规则，在我国承诺的配额内，对进口玉米实行 1% 的低关税；超出配额的进口则要实施 65% 的关税。近年来，我国玉米进口配额基本上维持在 720 万吨的水平。历史上我国曾经是全球最主要的玉米出口国之一，但从 2010 年我国玉米开始出现净进口以来，当前已经成为全球最主要的玉米进口国之一。但是，近年来我国玉米进口量增加的主要原因不是因为消费量增加，而是由于国内外玉米价差导致进口玉米具有较大价格优势。特别是从 2013 年下半年开始，价格因素已成为我国玉米进口量增加的主要原因。根据海关统计，2015 年我国玉米进口量达到 473 万吨，较 2014 年增幅约 82.0%。

虽然玉米进口量的增加对当前较为宽松的国内玉米市场形成了一定影响，但由于玉米进口有配额的限制，玉米进口量仍在配额限定的范围之内。而与玉米有替代关系的高粱、大麦等饲料原料的大量进口则对国内玉米市场形成了较大的冲击。根据海关统计，2015 年我国累计进口高粱 1070 万吨，较 2014 年增加 92.3%；累计进口大麦 1073 万吨，较 2014 年增加 92.1%；累计进口 DDGS 682 万吨，较 2014 年增加 25.6%。这些替代

品大幅增加的主要原因一方面是进口价格较国内玉米具有较大优势；另一方面是由于这些饲料原料无配额限制。这些饲料原料进口的大幅增加对国内玉米形成了较大替代，对国内玉米消费形成了明显冲击。

2016 年国内玉米价格形成机制及收储制度改革开始提速，整体思路是"价补分离"的原则，将由市场供求决定价格。国内玉米价格形成机制的变化将从根本上改变国内外玉米价格扭曲现状，从而对后期国内玉米及其他饲料原料的进口形成抑制。预计 2016 年国内玉米及其他饲料原料的进口量将出现一定幅度下降。

表 4-3　中国玉米及其他饲料原料进口量

单位：万吨

年份	2009	2010	2011	2012	2013	2014	2015
玉米	8	156	175	521	327	260	473
高粱	2	9	2	9	108	578	1070
大麦	174	237	178	253	234	541	1073
DDGS	64	316	169	238	400	541	682

资料来源：根据国家海关数据整理。

五、我国玉米安全评价

（一）玉米自给水平

玉米自给水平较高。如果将粮食自给率定义为国内产量与消费量的比率，则根据中华粮网数据，预估 2014～2015 年度及 2015～2016 年度国内玉米自给率分别为 133.9% 和 125.4%，玉米自给率都处于高位水平。一方面，说明近年来

国内玉米生产能力得到较大提升，国内玉米供应没有问题。但另一方面，背后却存在这样的问题：一是近年来玉米产量的增加更多的是依赖种植面积的扩大而实现；二是由于流通机制存在问题，玉米产量增加成为国内玉米高库存的原因之一，不但形成沉重的财政负担，也与谷物基本自给的粮食安全观相悖，形成了一定的资源浪费。

（二）玉米库存水平

玉米库存总量较高。从玉米库存消费比情况来看，根据中华粮网数据，预估 2014～2015 年度末和 2015～2016 年度末玉米库存消费比分别为 98.6% 和 120.9%，都处于异常高位水平。由于国内玉米价格形成机制的原因，一方面导致国内玉米种植面积持续增加，玉米总产量增加较快；另一方面导致国内外价差倒挂，玉米出口基本处于停滞，玉米库存消化能力弱化。因而说明我们的国内玉米库存处于非正常状态。

玉米库存结构不合理。主要表现在政策粮库存占比较大，部分玉米库存保管期限较长。根据中华粮网数据，截止到 2015 年 9 月末仅临储玉米库存占全部玉米库存的比例预计超过 80%。在这些临储库存中，有相当比例的临储库存为 2013 年及以前年份生产的。政策粮库存占比较大的主要原因是近几年东北临储收购量较大所致。而政策性玉米库存的

长期保管或将为玉米质量安全埋下隐患。

（三）玉米及其替代品进口

玉米进口量占产量和消费量比例都不大。根据中华粮网数据，2014～2015 年及 2015～2016 年我国玉米进口量占当年度总产量比例分别为 2.5% 和 0.8%，占当年度总消费量的比例分别为 3.4% 和 1.0%。虽然近年来国内外玉米价差较大导致玉米进口量增加，但由于国内玉米进口有配额限制，玉米进口占国内产量和消费量的比例都较小。玉米进口总体比较稳定，并未对国内玉米形成明显冲击。

玉米进口来源国多元化格局明显。2010～2013 年美国玉米基本占国内玉米进口总量的 90% 以上。但近两年美国玉米进口所占比例开始降低，2014 年从美国进口玉米量占全部玉米进口量的比例降至 39%。2015 年乌克兰取代美国成为我国最大玉米进口来源国。根据海关数据，2015 年 1～12 月我国累计进口玉米量为 473 万吨，其中从乌克兰进口量为 385 万吨，占全部进口量比例为 81.4%；从美国进口玉米量为 46 万吨，占全部进口量比例为 9.8%。

玉米替代品进口对国内玉米市场形成较大冲击。根据海关统计，2015 年我国仅进口高粱和大麦数量合计达到 2145 万吨，较 2014 年增幅达到 91.5%。而高粱和大麦作为饲料原料对玉米具有较强

的替代作用。再加工 DDGS 及木薯的大量进口，对国内玉米消费形成了较强的替代，对国内玉米市场形成了明显的冲击。这些玉米替代品与国内玉米相比具有明显的价格优势，再加上无进口配额限制，导致进口数量大幅增加。

第二节　我国玉米安全存在的问题

一、我国玉米缺乏持续增产的长效机制

近年来，我国玉米产量的增加很大程度上是由于政策收购而导致玉米种植比较收益较高，玉米通过挤占其他农作物的种植面积实现的，特别是东北产区表现的更加明显。尽管当前粮食的供给侧改革对玉米品种而言"去库存"成为一项重要的任务，但从长远来看，我国的玉米生产能力仍需要不断加强。随着我国玉米定价机制市场化的推进，国内玉米种植面积将恢复常态，保持玉米生产能力需要从扩大种植面积转向依靠科技投入、依靠耕地的生产能力来实现，提高玉米单产水平将成为提高玉米综合生产能力的重要手段。

加、玉米临储库存规模的扩大，还是玉米加工企业的艰难处境及玉米和其他饲料原料进口的迭创纪录，整个玉米产业链的诸多问题无不与玉米价格形成机制有直接关系。虽然近年来我国玉米产业健康发展一度得益于东北临储玉米收购政策的顺利推进，但当前各种矛盾的累积已经开始由量变向质变演化，至今已成为影响我国玉米产业健康发展的最大阻碍。高产量、高政策收储量、高库存量等各种问题的矛头都直指定价机制。牵一发而动全身，玉米价格形成的市场化改革无疑将成为解决当前玉米产业链各种矛盾的最关键一环。让玉米价格由供需决定，让玉米价格反映供需关系才能从根本上解决当前玉米产业的诸多问题。

二、我国玉米价格形成机制与市场脱节严重

近年来无论玉米种植面积的持续增

三、我国玉米物流体系建设仍然存在短板

近年来，随着我国玉米产区加工能

力的提高，玉米主产区消费能力得到明显提升。但由于对肉蛋奶消费的持续增加，广大销区市场玉米缺口仍在进一步扩大，在"北粮南运"的格局中，玉米品种最为突出。近年来，随着我国粮食物流通道建设的提速，我国粮食物流体系得到了较大的发展，但仍然存在许多问题。突出表现在原粮跨省散运比例仍然较低，仍以包粮运输为主，特别是铁路散粮车因回空问题而尚未实现在全国范围内运营，玉米物流成本难以进一步降低。另外，东北粮食入关和西南、西北流入通道能力仍然不足。我国粮食物流体系建设仍有许多工作要做。

第三节　完善我国玉米安全的政策建议

一、加快玉米价格形成机制市场化改革

当前玉米产业的诸多原因大多与国内玉米价格形成机制息息相关，价格信号失灵是玉米产业多种问题产生的根本原因。因此，加快玉米价格形成机制改革成为解决这一问题的关键。应贯彻既要保护种粮农民利益，又不扰乱市场的原则，积极稳妥地向市场化目标推进。2016年最主要的是要贯彻好玉米"市场定价，价补分离"的改革原则，由市场形成价格，对种粮者建立并完善收入保障体系。这样可以充分调动玉米产业各级主体的积极性，避免市场对政策收购的依赖。也只有这样才能将国内玉米市场与国际市场更好地衔接起来，建立正常的国内国际玉米贸易体系。

二、多措并举，加快临储玉米去库存进程

玉米去库存是国内玉米供给侧改革的一项重要内容。在当前国内经济进入新常态的背景下，去库存化面临着较多的困难。需要创新模式，采取多种手段。提升玉米消化能力是去玉米库存的重要手段。但需要注意的是在国内粮食价格形成机制及收储制度变革之下，之前实施的临储粮食"顺价销售"模式事实上已难以为继，在整体玉米价格形成市场化改革的背景之下，改革临储玉米销售模式势在必行，并且宜早不宜晚。在临储玉米库存投向市场的过程中，相关决策部门应该加强市

场调研工作，遵循贴近市场又不过度打压市场的原则，创新手段，多措并举，降低玉米库存。

三、调整粮食种植结构，强化粮食生产能力

粮食库存的形成除了总量上的问题之外，更多的是生产结构与消费结构出现了脱节。因而在消化陈库存的同时，调整种植结构是避免新库存累积的重要手段。2015 年 11 月，国家农业部已发布了关于"镰刀弯"地区玉米结构调整的指导意见。力争到 2020 年，"镰刀弯"地区玉米种植面积稳定在 1 亿亩，比目前减少 5000 万亩以上。需要注意的是，粮食生产能力关系国家粮食安全。调整农业及粮食结构不是简单的加减运算，核心是围绕当前国内的需求结构而进行，是为了更好地利用有限的资源去满足国内更高的食品需求。总体来讲，供给侧改革是为了更好地满足需求侧。因而，调整粮食种植结构与强化粮食生产能力是一致的，粮食生产能力需要继续强化。

四、提升粮食加工企业转化能力

提高粮食加工企业转化能力主要是指提升粮食加工产业链的长度和宽度。

一方面是向粮食精、深加工方向延伸，提升粮食加工产业的效率；另一方面是拓展更多的粮油加工产品，提升粮食转化能力，继续将粮食加工产品向国民经济各行业延伸。我国粮食加工产业近年来在加工产能长期过剩及经济放缓背景之下经营出现了一些困难。随着国内粮食价格形成机制改革的加快，特别是随着粮食加工产业集中度的提高，国内粮食加工产业将迎来一个新的发展时期。

五、加强监管，保证玉米及其产品质量安全

玉米作为饲料主要原料，直接关系食品安全，因而加强对玉米质量的监管有着重要的意义。保证玉米及其产品的质量安全，一是要提升玉米种子安全，特别是要严格玉米种子审定及推广工作，从源头上杜绝未经过安全审定的品种流入到生产环节；二是要在流通环节对玉米及其产品的质量进行监控，特别是对于转基因玉米消费要继续加强监控及指导工作；三是要加快清理和整合现行食品安全相关标准，加强食品安全监管信息化建设的顶层设计，尽快实现安全电子追溯，健全、提升包括玉米在内的国内食品安全体系。

六、打造跨国粮商，构建全球产业链体系

跨国粮商对全球乃至具体国家的粮食安全发挥着重要的作用，因而，在我国粮食安全体系构建中，打造跨国粮商应当成为国家粮食安全的重要部分。当前包括玉米品种在内的我国粮食生产仍然存在分散经营、粮食流通、加工企业小散乱的特点，在参与全球粮食资源的分工中处于非常不利的地位。而我国在当前及未来仍将是全球粮食的主要消费国，因而构建跨国粮商对我国粮食安全而言具有更重要的意义。在全球未来国际农产品市场预计保持阶段性过剩的情况下，要抓住有利的国际市场时机，积极扶持更多的覆盖全产业链跨国企业，在全球市场进行布局、竞争，提升我国粮食安全水平。

参考文献

［1］国家统计局关于 2015 年粮食产量的公告［EB/OL］. 国家统计局网站，2015 - 12 - 08.

［2］2015 年生猪供应减少 0.7 亿头［EB/OL］. 中国养猪第一网，2015 - 12 - 31.

［3］2015 年 1～12 月我国农产品进出口［EB/OL］. 华储网，2016 - 02 - 22.

［4］东北临储库存玉米达 2.5 亿吨［EB/OL］. 网易，2016 - 03 - 10.

［5］预计 2015～2016 年度国内玉米总产量达 4491.6 亿斤（2016 年 4 月）［EB/OL］. 中华粮网，2016 - 05 - 04.

［6］2015 年我国进口玉米 473 万吨［EB/OL］. 中华粮网，2016 - 01 - 25.

第五章 2015～2016年我国马铃薯安全分析

第一节 2015年我国马铃薯安全的回顾

一、2015年我国马铃薯种植面积达到1.2亿亩

据统计，2010年，甘肃、贵州、内蒙古3省区马铃薯种植面积均在900万亩以上，四川、云南2省各约750万亩，重庆、陕西、宁夏、黑龙江4省区也都在300万亩以上。根据农业部《马铃薯优势区域布局规划（2008～2015）》，2015年我国马铃薯种植面积将达到1.2亿亩，种薯需求量将超过1500万吨。

二、2015年马铃薯成为国家"四大粮食"品种之一

马铃薯属茄科多年生草本植物，块茎可供食用，是全球第三大重要的粮食作物，仅次于小麦和玉米。马铃薯与小麦、玉米、稻谷、高粱并称为世界五大作物。马铃薯主要生产国有中国、俄罗斯、印度、乌克兰、美国等。中国是世界马铃薯总产最多的国家，马铃薯产业的发展日益受到世界各国的关注，未来10年，全球马铃薯产量将以每年2.02%的速度递增，预计到2020年全球马铃薯生产量将从目前的3亿吨增加到4亿吨以上。

据《中国粮食安全发展报告2014～2015》的2015年中国马铃薯安全报告显示，马铃薯耐抗逆、适应性广、生长周期短、营养价值高和产业链长，已成为我国脱贫致富、西部开发的重要支柱产业，主要的蔬菜和出口创汇高效作物，食品和工业淀粉加工的重要原料，为增加我国粮食产量、促进农民增收，做出了巨大贡献。随着耕地面积的减少、水资源短缺压力日益增加、大宗粮食作物比较效益降低以及膳食结构的改变，马

铃薯对保障我国粮食安全的重要性日益凸显。维护粮食安全为马铃薯加工业创造了良好的发展空间。

《国家粮食安全中长期发展规划纲要（2008～2020年）》明确将马铃薯作为保障粮食安全的重点作物，摆在关系国民经济和"三农"稳定发展的重要地位。同时，规划纲要对马铃薯加工业的发展提出了新的要求。

三、2015年我国马铃薯安全现状

一是2015年全国马铃薯价格波动性较大。

2015年2～4月，马铃薯价格一直维持在0.3元每斤左右，比2014年同期低40%～50%，到下半年全国马铃薯平均价格上涨了49%，种植面积减少系主因，收获季价格大涨，这对于农民来说是顶好的消息。

二是我国马铃薯具有全国范围性、全年生产作业的特点。

下面是我国西南地区马铃薯周年生产表。

表5-1　西南地区马铃薯周年生产表

月份	1	2	3	4	5	6	7	8	9	10	11	12
冬作马铃薯		收获	收获								播种	
小春马铃薯	播种				收获							
早春马铃薯		播种				收获						
大春马铃薯			播种							收获		
秋作马铃薯								播种				收获

三是马铃薯超市加盟店在全国得到迅速发展。

据《广州蓝皮书：广州商贸业发展报告（2016）》，2015年广州住宿餐饮业首次突破千亿元大关，同比增长9.8%。在餐饮业整体趋稳回暖背景下，马铃薯作为一种特色餐饮小吃，越来越受到广州人的喜爱，成为大众化食品。

随着马铃薯加工方式越来越多，马铃薯食品的品种也不断丰富。土豆泥、法式薯片、薯条和其他马铃薯加工食品不断丰富居民生活。2015年广州市餐饮业人均消费构成中，50元以下占33.6%，50～100元占42.8%，100～200元占16.5%，200元以上占7.1%。人均消费百元以下的大众化消费占比近80%。马铃薯这种风味餐饮小吃更加贴近人均消费百元以下的巨大消费群体。

马铃薯小吃店得到较快发展，得益于广州餐饮业大环境向好的有利时机，一家马铃薯小吃店在广州城开始生根发芽，其专注于推广并开发特色马铃薯小吃。马铃薯小吃店现有的马铃薯产品包括芝士系列口味、果木烟熏焗口味、蒲烧鳗鱼口味、日式口味和泰式海鲜口味等，同时搭配健康饮料，口感正好配合马铃薯小吃。该饮料采用优质水果搭配优质乳类或茶类精心调配而成，充分利用了水果的特点创造出美味可口的饮品。

店内产品采用优质马铃薯、搭配辅助材料（肉类、蔬菜类）烹调而成，产品纯手工制作，无机器操作，能够让制作的每份产品都带有浓浓的香而细腻的味道，让消费者口感饱满而回味无穷。相对于其他马铃薯食品如薯条、薯片等，该店所开发马铃薯产品不使用油炸，食用更健康，让消费者花最少的金钱，品最美的食物。

2015 年马铃薯连锁加盟风靡全国有三个方面的原因：马铃薯食品受众广；所需原材料相对成本低，投资成本小，资金回笼快；在广州同类型马铃薯小吃店较少。

马铃薯作为全球第四大粮食作物，受到广大消费者的喜爱，在 2015 年期间休闲餐饮拥有 21.8% 的营收增速。

四是我国马铃薯国际贸易额创新高，但竞争力弱。

我国马铃薯国际贸易额创出新高，但是竞争力弱。2014 年 1～11 月，我国马铃薯及其制品国际贸易进出口额均创新高，其中出口总额为 2.88 亿美元，同比增加 1.27 亿美元，增幅为 78.9%；进口总额为 1.90 亿美元，同比增加 0.21 亿美元，增幅为 12.4%；贸易顺差为 0.74 亿美元。预计 2014 年全年出口额为 2.88 亿美元，出口额为 2.14 亿美元，实现贸易顺差 1.11 亿美元。

（1）出口额波动上升。近年来我国马铃薯及其制品出口额快速增长，从 2009 年的 1.54 亿美元增长到 2014 年的 3.25 亿美元（预估值），年均增长率 16.1%，出口增长趋势明显，但波动较大，近 6 年来呈现出"两低一高"的特点。

（2）进口额稳步上升。相对于出口额的较大幅度波动，进口额呈现的特点是快速稳步上升，可以近似看作是两年一个台阶式地增长，从 2009 年的 0.63 亿美元逐年上升到 2014 年的 2.14 亿美元（预估值），年均增长率为 27.7%，远高于出口额的增长速度，但增长趋势有所缓和。

（3）贸易顺差呈下降趋势。国际贸易理论表明，一个国家或地区某种商品的国际贸易差额在很大程度上表明了该国该产品的国际竞争力情况。从我国马铃薯及其制品国际贸易差额来看，近 6

年来我国马铃薯制品国际竞争力总体呈现下滑趋势。2009~2013年，我国马铃薯及其制品国际贸易顺差不断缩小，甚至在2012年和2013年连续出现了2年的贸易逆差，虽然金额较小，但足以说明这五年间我国马铃薯及其制品的国际竞争力出现了下滑的趋势，2014年贸易差额出现了大幅上涨，创了近6年的新高。

（4）当前我国马铃薯产后损失较大，达到15%~20%，这也是我国马铃薯竞争力弱的表现之一。

第二节　2016年我国马铃薯安全的展望

一、国家重视马铃薯主粮产业化

2016年2月23日，我国农业部正式发布《关于推进马铃薯产业开发的指导意见》（以下简称《意见》），明确提出"加快马铃薯主粮产品的产业化开发，选育一批适宜主食加工的品种，建设一批优质原料生产基地，打造一批主食加工龙头企业，培养消费者吃马铃薯的习惯，推进马铃薯由副食消费向主食消费转变、由原料产品向加工制成品转变、由温饱消费向营养健康消费转变，培育小康社会主食文化，保障国家粮食安全，促进农业提质增效和可持续发展"。

2016年7月23~25日，以"马铃薯产业与中国式主食"为主题的2016年中国马铃薯大会在张家口市召开。来自农业部、中国作物学会等的国内马铃薯产业技术和市场专家齐聚张家口，围绕马铃薯的品种选育、消费与市场及马铃薯主食化等领域开展专题研讨。张家口是国内重要的马铃薯科研育种基地和种薯繁育基地，常年种植面积160万亩，产量240万吨左右，均占河北省种植面积和总产量的60%以上。

2016年6月24日，湖北恩施州政府编制了《恩施州马铃薯产业"十三五"发展规划（2016~2020年）》，结合国家产业政策，结合恩施州马铃薯产业发展需求，结合恩施州马铃薯产业发展的实际，提出了"提升现代马铃薯产业体系，强化现代马铃薯科技支撑体系、夯实现代马铃薯生产体系、完善现代马铃薯经营体系"规划任务，明确了马铃薯种植、加工、流通等各产业环节的区域布局，设计了科技创新平台建设、脱毒种薯繁育体系建设、标准化生产示范基地建设、马铃薯主食加工推进、市场流通体系建设等。

二、马铃薯 2016 年种植面积及土豆种植补贴政策

（一）关于马铃薯产业开发国家政策

到 2020 年，马铃薯种植面积扩大到 1 亿亩以上，平均亩产提高到 1300 公斤，总产达到 1.3 亿吨左右。目前，我国的马铃薯种植面积在 8000 万亩以上，主要分布在西南、东北、西北等地区，面积和产量均占世界的 1/4 左右。我国已成为马铃薯生产和消费第一大国。

到 2020 年，优质脱毒种薯普及率达到 45%，适宜主食加工的品种种植比例达到 30%，主食消费占马铃薯总消费量的 30%。2015 年 1 月，农业部将马铃薯与水稻、小麦、玉米并列为中国四大主粮，预计 2020 年 50% 以上的马铃薯将作为主粮消费。此次农业部出台的《意见》，则将目标定为了 30%。此次《意见》的发布对象是北京、河北、内蒙古、黑龙江、上海、浙江、江西、湖北、广东、四川、贵州、陕西、甘肃、宁夏等省、自治区、直辖市农业（农牧）厅（委、局）。这意味着，马铃薯产业开发将以这 14 个省（区、市）为重点。下一步，我国将利用南方冬闲田、西北干旱半干旱地区和华北地下水超采区，因地制宜扩大马铃薯生产。

不容忽视，2015 年以来，广西按照国家"马铃薯主粮化"要求，发展马铃薯种植 100 万亩，产量达 150 万吨，相当于增加粮食 60 万吨，助农增收 30 亿元。同时马铃薯工业化也在加快进程中。目前广西已经成为全国最大的冬种马铃薯生产基地。

（二）发展马铃薯加工业

按照《意见》中提出的规划，马铃薯是粮经饲兼用作物，既要开发主食产品，使马铃薯逐渐成为居民一日三餐的主食；又要拓宽马铃薯功能，广泛用于饲料、造纸、纺织、医药、化工等行业，实现营养挖潜、加工增值。

马铃薯产业化发展将带来巨额的经济效应，单位是百亿元级的。目前我国马铃薯 1 亿多亩的种植面积意味着我国年生产将超过 1 亿吨，按照计划将其中 30% 即 3300 万吨马铃薯进行加工，也就是说，未来四年产业发展需要投入至少 50 个亿元级项目，再加上马铃薯全粉加工成面粉、面条、馒头等项目的投入，产业化发展可以带动百亿元级市场。虽然产业化前景不错，但目前我国马铃薯加工业并不发达，尤其是食品加工和全粉加工才"崭露头角"。

（三）马铃薯产业化促进农民脱贫致富

《意见》提出：推进马铃薯产业开发是带动脱贫致富的有益探索。农业部提

出把马铃薯作为主粮产品开发，引导农业产业化龙头企业、农民合作社与农户建立更紧密的利益联结机制，让农民在马铃薯产业开发中分享增值收益，带动农民增收和脱贫攻坚。指导意见重在"开发"二字，而非"种植"。也就是说，在第一、第二、第三产业的融合中实现增值、增收。所以，要通过马铃薯脱贫致富，不能只靠种得好，更要做好产品。对于农民而言，如果力量不足，还是建议专攻种植，但一定要与合作社、农业企业"联结"起来，把马铃薯变为产品。如果有些实力，可以自己做"开发"。从2016年开始，我国开启了新一轮种植结构调整，"镰刀弯"地区调减5000万亩玉米种植面积，而马铃薯就是作为"镰刀弯"地区玉米结构调整的理想替代作物之一。

（四）种马铃薯国家有补贴

既然马铃薯变主粮了，在补贴上会享受到"主粮待遇"。政府目前已出台了一些优惠政策。例如，中央财政对马铃薯实施脱毒种薯扩繁和大田种植补贴，每亩补贴100元，补贴对象为农民、种植大户、家庭农场、农民合作社或企业；农产品产地初加工补助资金从2014年的6亿元增加到2015年的10亿元，增长了67%，主要用于马铃薯和果蔬储藏保鲜，其中1亿元专门用于支持马铃薯主食产品开发。未来的马铃薯补贴会不会

更多？有关部门将完善马铃薯生产扶持政策，落实农业支持保护补贴、农机购置补贴等政策；鼓励各地对马铃薯加工企业实行用地、电、水、气等价格优惠；加大对马铃薯生产的投入，支持种薯生产、储藏设施建设、标准化生产技术推广、市场与信息服务等环节；积极探索马铃薯产业信贷保障和保险机制，引导金融机构扩大对马铃薯主食产业的信贷支持力度，增加授信额度，实行优惠利率。

三、马铃薯由种得好向卖得好转型

2015年粮价低、种粮不赚钱，改种马铃薯后，应避免马铃薯种植面积和产量的大幅度提高带来的问题，2015年"马铃薯主食产品开发"提出后不要盲目扩大种植规模，因为许多合作社的销售渠道主要还是传统的餐桌菜食，南方的加工企业对于鲜薯的需求规模仍较小、订单较少，如果农户盲目扩种可能导致供过于求的局面。

此次扩种是国家层面的主导。扩种的马铃薯，许多也用于再加工、做成产品。马铃薯产业化发展的关键难题在全粉加工环节，比如面粉每吨成本为4000元，而马铃薯全粉每吨需要1万～1.2万元。如何解决成本偏高的问题，将是今后的重点。加工企业少且实力弱、加工能力不足、深加工跟不上等一系列问题，

是马铃薯产业开发亟待解决的问题，需开足马力打响"加工战"。

四、马铃薯种植规模

2016 年我国继续推进马铃薯主粮产品加工的进程，但仍然处于打基础的一年，政策对消费的拉动作用并不能充分凸显。马铃薯主食产品将继续研发和推向市场，主食加工企业以及全粉加工企业的投资力度将继续加大，对市场产生的影响仍集中在战略面，实际拉动消费增长暂时不明显。"荷兰十五"品种已成为马铃薯市场风向标，2015 年的占有率不断增加，2016 年"荷兰十五"将是种植户扩种品种的首选，而"夏波蒂"面积预计变化不大，"克新 1 号"近两年价格均较低，种植面积将继续缩小。山东产区种植面积增加，建议谨慎种植；内蒙古、河北产区种植户连续两年亏损，

种植面积或呈继续缩减态势，建议种植户可维持目前种植面积、谨慎扩种。

五、马铃薯主食产品已达 240 多种

目前已经形成包含马铃薯主食、马铃薯休闲食品、地方特色马铃薯食品等六大系列的 240 多种产品，为马铃薯主食消费提供了更为丰富的选择。2016 年全国马铃薯主食加工产业联盟举行了 2016 年度马铃薯主食加工"十大企业、十大主食、十大休闲食品、十大特色小吃"评选活动。

六、马铃薯安全状况较好

我国马铃薯产量、质量、品种结构状况均好，市场价格波动相对较大，需要注重其机制建设及其信息引导。

第六章　2015～2016年我国大豆安全现状评估

第一节　2015年我国大豆安全现状

大豆是我国传统的粮食油料兼用作物。大豆既具有较高的营养价值，在人们日常膳食结构中占有重要比重，又具有较高的综合加工利用价值和养地价值。发展大豆生产，对于提高居民的营养水平、促进国民经济发展具有重要意义。

自20世纪90年代以来，为满足国内需要，我国逐渐放开国内大豆市场。根据WTO准则，2001年以后，我国大豆市场大门被彻底打开，随着国际贸易的深入开展，国内外资金进驻大豆压榨行业，形成了国企、外资、民营三足鼎立的局面，并使大豆加工行业处在了高度竞争的环境之中。

作为主要的油料作物，大豆的种植虽然不会直接影响到国家的粮食安全，但随着国产大豆产量的逐年降低，以及进口大豆冲击国内，并逐渐主导市场价格，中国在国际大豆市场上已经丧失了话语权。

虽然2014年国家取消大豆临储改为目标价格补贴，但实施效果并不明显，在当前"去玉米增大豆"的新形势下，国产大豆将迎来新的发展机遇。

一、2015年我国大豆生产现状

大豆起源于我国，我国栽培大豆已有5000年的历史。1953年以前，我国大豆生产一直居世界首位。美国大豆生产20世纪才开始迅速发展，最早是作饲料用，第二次世界大战后作为油用，目前美国年大豆种植面积4亿亩以上，约占世界大豆栽培面积的50%，远远高于其他国家，而且单产水平较高，平均亩产240公斤左右。巴西从20世纪60年代开始发展大豆，目前种植面积近1.3亿亩，单产120公斤，为第二大豆主产国。我国目前大豆种植面积约1亿亩，单产约80公斤左右，为第三大豆主产国。此外，阿根廷、墨西哥等国也有大面积种植。

20世纪90年代中期我国放开大豆进口市场以后，便注定了大豆加工行业产能必然过剩。由于全球大豆播种面积连年增加，国际大豆价格持续走低，同时转基因大豆低廉的成本、超高的出油率使其优势明显。尽管我国自2007年开始对大豆、菜籽、棉花实行临储政策，但国家对于玉米、小麦、水稻三大主粮的支持力度更高，并且随着国际油脂油料走向过剩、价格低迷，国内各种油料的种植收益下降明显。2008年开始，我国大豆、菜籽等种植收益逐渐降低，已经远远低于小麦、玉米等的种植收益。国产大豆种植面积随之不断减少。

由于国内大豆产量无法满足国内需求，最近几年我国的油脂油料进口量持续增长。2014年，中央一号文件明确规定对大豆实施目标价格直补政策，改变了实行了六年之久的国家临时收储政策，并且制定了4800元/吨的大豆目标价格，规定低于此价格将补差价给农民。此项政策意在保护国产非转基因大豆，阻止东北大豆面积继续下滑。而2015年出台的补贴细则显示，补贴标准将根据目标价格与市场价格的差价和各个地区大豆产量测算，补贴时依据实际种植面积进行拨付和发放，同年5月最终确定的补贴标准为60.5元/亩。

表6-1　2012~2015年国内大豆种植面积一览表

单位：万亩

地区	种植面积			
	2012年	2013年	2014年	2015年
全国	9531.84	9391.41	9135.74	8490.76
河北省	206.32	205.34	204.87	192.27
山西省	249.36	246.75	236.83	227.54
内蒙古自治区	1034.41	968.38	974.31	879.43
辽宁省	196.97	192.73	190.53	173.31
吉林省	410.68	403.44	397.15	366.15
黑龙江省	3336.79	3352.50	3236.81	3029.93
江苏省	362.30	355.03	347.11	343.86
安徽省	1299.41	1284.93	1276.93	1222.36
山东省	224.23	213.20	210.78	213.34
河南省	622.75	603.88	592.62	588.77
其他地区	1588.62	1565.23	1467.80	1253.80

资料来源：中华粮网卫星遥感。

从2015年国产大豆播种情况来看，黑龙江大豆面积依然在减少，市场预估播种面积至少减少20%，局部地区甚至更多。安徽及河南地区因2014年大豆减产，甚至部分田地出现绝收；行情持续不佳，极大地挫伤了农户的种植积极性，当时预计两地大豆播种面积也会出现一定减少。湖北等地因早熟大豆比较受市场关注，近两年价格偏高，播种面积略有增加。近年来，国产大豆种植面积持续萎缩，产量连续下降。虽然2014年东北三省及内蒙古自治区开始实行大豆目标价格补贴，但实际并未对大豆种植起到明显促进作用，2015年全国大豆种植面积仍继续减少，产量也将同步下降。据中华粮网数据显示，2015年全国大豆产量约198亿斤，同比减少35亿斤。

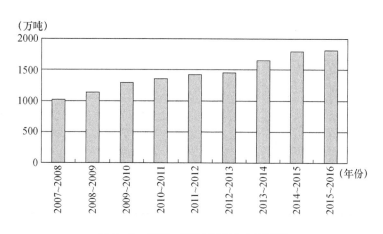

图6-1 2007～2016年国内大豆产量

资料来源：中华粮网；2015～2016年为预估值。

二、2015年我国大豆消费现状

我国大豆分布很广，除青藏高原和内蒙古牧区高原以外，均有大豆栽培。其中大豆主要产区集中在东北三省、黄淮海平原以及长江中下游地区。2015年以来，国内大豆压榨企业亏损的空间居多，并且亏损空间在100元/吨左右。国内养殖行业不够景气，豆粕等其他饲料产品需求不旺；虽然豆油受到原油市场支撑及企业策略的影响，上半年表现良好，但无法挽回油厂亏损的局面。2015年进口大豆数量依然偏多，6～7月是南美大豆大量进入中国的时期，在油厂开工普遍不高的情况下，有较大部分流入分销市场，给分销及国产市场造成不好的影响。

不过，随着人口增长、居民消费水平提升以及油脂行业新建产能的增加，国内大豆消费量仍将保持增长态势，但增速较上一年度继续放缓。综合测算预

计，2015～2016 年国内大豆消费量 1758 亿斤，较上年度增加 18 亿斤；其中压榨

量约 1588 亿斤，较上年度增加 8 亿斤。

表6-2　大豆供需平衡表 2013 年 10 月至 2016 年 9 月

单位：亿斤

年份	本年供给			本年需求					本年余缺
		产量	进口	国内消费量				出口	
						压榨量	其他		
2015～2016	1808	198	1610	1763	1758	1588	170	5	45
2014～2015	1800	233	1567	1745	1740	1580	160	5	55
2013～2014	1649	242	1407	1606	1602	1457	145	4	43

资料来源：中华粮网。

2015 年大豆产量继续减少基本成为事实，国产大豆供应量减少的担忧一定程度上支撑了当前国产市场，在余粮少及分销大豆数量偏低的情况下，国产大豆弱势运行，预计在下游需求持续无改善的环境下，国产大豆难以走出瓶颈。

三、2015 年我国大豆进出口现状

自 2001 年我国加入 WTO 后，随着国内大豆种植效益减少及国际大豆价格持续走低，国际大豆开始大量涌入国内市场。从 2000 年开始，我国大豆进口量突破万千吨级别，到 2015 年，我国大豆年进口量已经飙升至 8000 万吨以上；而年度出口量从 2000 年的 210 万吨下降至 2015 年的 12 万吨左右。2015 年我国大豆的进口量和出口量分别达到了历史最高点及最低点。

表6-3　1998～2015 年我国大豆进出口数量

单位：吨

年份	进口总量	出口总量
1998	3196723	172245.1
1999	4318633	206022.4
2000	10418775	2100000
2001	13937000	250000
2002	11315700	270000
2003	20742398	267000
2004	20177679	318837
2005	26590240	396454
2006	28269884	379004
2007	30821433	456468
2008	37435536	466076
2009	42551649	346557
2010	54796821	153058.1
2011	52634081	199022.9
2012	58380595	308801
2013	63402421	202301.2
2014	71398215	198044
2015	81740000	122482

资料来源：国家海关总署。

分国别来看，我国大豆的主要进口来源国为美国、巴西和阿根廷，2015 年

来自巴西、美国的大豆进口量分别占据了我国大豆进口总量的49%和34%。

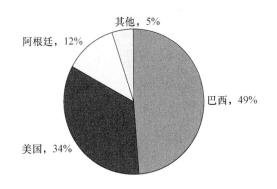

图6-2　2015年我国大豆进口来图情况

资料来源：海关总署。

据海关总署公布数据显示，2015年中国共进口大豆8174万吨，年增14.4%；出口大豆12.2万吨，年减38.4%。2015～2016年全球大豆供应过剩、价格低迷的市场格局仍将延续，为满足国内大豆加工和消费需求，进口大豆数量将继续增加。

总的来讲，我国大豆早已失去了在国际市场上的话语权，净进口量是国内大豆产量的8倍以上，而占国内大豆消费总量的比重也已经超过91.5%，对外依存度严重偏高。

第二节　2016年我国大豆安全形势分析

一、基本面将长期处在供不应求阶段

2016年4月，农业部在农业展望大会上发布了《2016～2025中国农业展望报告》，报告中提出，2016年大豆面积将恢复性增长至10320万亩（688万公顷），产量为1203万吨，同比增长3.6%。"十三五"期间，由于技术进步、种植结构调整等原因，油料产量呈稳中有增态势，而大豆进口年均增长率将由"十二五"时期的11.6%降至"十三五"时期的1.0%。预计"十三五"期末（2020年）

油料产量将达到4970万吨；油籽进口量为9193万吨，其中大豆进口量为8391万吨，比上年增长2.7%。

未来10年，中国大豆种植面积将恢复性增长，产量稳步增加，消费量平稳增长，进口量仍将保持高位，但增速明显放缓。受种植成本支撑和国产大豆品牌化发展稳步推进的影响，国产大豆将走出独立行情，预计未来10年国产大豆价格将稳中有涨。

产量稳步增加。未来10年，玉米临储政策有望逐步调整到位，东北产区大豆目标价格补贴政策将进一步完善，"粮豆轮作"补贴有望试行，引导大豆种植面积合理恢复的作用将逐步发挥，再加上国产大豆深加工产业的稳步发展也将进一步提升大豆需求，预计中国大豆种植面积将恢复性增长。在优化田间管理、育种科技发展等因素推动下，大豆单产将有所提高。面积增加和单产提升将促使大豆产量稳步增加。

消费量稳定增加。未来 10 年，中国大豆消费量将稳步增长。其中，居民收入水平上升、中国城镇化率提高以及全国 7000 万人口脱贫计划的实施，会拉动肉、蛋、奶和食用植物油消费需求增加，带动大豆压榨加工消费量增加。此外，对大豆蛋白、组织蛋白、大豆卵磷脂等产品的需求也促进大豆食用深加工消费量增加。展望期间，大豆种用消费量随种植面积扩大而稳中略增，损耗量逐年增加，但保持在消费总量的 1%~1.2%。未来 10 年中国大豆产需继续趋紧，缺口逐年小幅扩大。

进口增速趋缓，出口平稳增长。未来 10 年，受产不足需和国际大豆低价优势影响，中国对国际市场大豆仍将保持较旺盛的需求，大豆进口量保持高位。但由于进口量基数大，年度进口量增速将趋缓。预计展望期内年度大豆进口增速为 0.8%，远低于上个 10 年 12.5% 的年均增速。中国大豆出口将保持稳定，年度出口量 20 万吨左右。

从改革开放至今，我国大豆生产能力增长了 1 倍左右，但消费需求增长了约 10 倍，从目前来看，国内生产能力的增速赶不上消费的增速，中国需要依靠进口大豆来满足国内消费需求。从未来 10 年我国大豆的生产和消费趋势分析，国内大豆产不足需将是个长期趋势，单纯从这个角度出发，现在的大豆产消比极低，属于极度不安全。

二、关于大豆进口损害中国大豆生产和豆农利益

中国大豆进口从 1995 年开始增加，2000 年突然放大，从 1999 年的 432 万吨猛增到 1042 万吨，即进口量与国内产量之比从 30% 一下提高到 68%，引起国人关注。2001 年 12 月中国加入 WTO，2003 年，大豆进口量突破 2000 万吨，相当于国内产量的 1.35 倍，引发了"大豆进口损害中国大豆生产和豆农利益"的业界观点和社会舆论，主张控制大豆进口的呼声高涨。此后，大豆进口量依然一路上升。

1995~2015 年是中国大豆进口迅速增加的 20 年，进口量从 30 万吨上升到 5480 万吨（年均增加进口 363 万吨），但无论从种植面积还是产量来考察同期的中国大豆生产，都是中国大豆生产发展最好的 20 年。即使在大豆进口扩张和外资油脂企业大规模进入两项因素并存的

2005～2010 年（年均增加进口 564 万吨），中国大豆总产量和种植面积也分别维持在 1500 万吨和 920 万公顷上下，波动值在正常的农业生产波动范围内。至此能看到的是，中国大豆生产经过一段时期的发展后维持在一个相对稳定的水平上，但并没有出现下降。2010～2013 年，中国大豆进口量从 5480 万吨上升到 6338 万吨，但年均进口增加量下降到 215 万吨。这一时期，中国大豆生产却出现了明显的滑坡现象，总产量和种植面积分别下降了 19.1% 和 17.8%。开始时，人们普遍将这三年大豆生产滑坡归咎于大豆进口，而后来越来越多的人认识到，是高比较效益的竞争作物水稻和玉米的种植面积替代了部分大豆种植面积。

从大豆价格和亩收益考察，国家农产品成本收益调查数据显示，2005～2012 年，每公斤大豆价格一路上升，从 2.66 元上升到 4.82 元，主产品收入扣除物耗和服务费用后的亩收益（含人工费）从 255.63 元左右增加到 488.73 元。因此，大豆生产的亩收益是上升的，豆农利益并没有受到损害，但与同期玉米亩收益比较，2010 年后，玉米亩净利润要比大豆高 60% 以上，甚至在有的年份超过 1 倍。显然，2010 年后中国大豆生产滑坡并不是因为大豆价格和收益没有上升，而是因为竞争作物具有更高的收益。国家大豆产业技术体系经济研究室 2012

年和 2013 年对大豆生产滑坡最明显的黑龙江的农户调查结果显示，农户减少大豆种植面积是因为转种了具有更高收益的水稻、玉米等竞争作物，农户不仅没有利益受损，反而在种植结构调整中获得了更高的收益。

三、关于中国大豆产业安全

产业安全是近几年国内最热门的话题之一，大豆产业安全是农业产业安全讨论中的热点。国内对大豆产业安全的担忧立足于两点：一是认为大豆进口冲击了国内大豆生产和豆农利益；二是认为外资控制了中国大豆加工行业。

前面对大豆生产环节的讨论实际上已经间接从大豆生产和豆农利益的视角提供了本文对中国大豆产业安全问题的看法，这里着重从加工环节的角度进行讨论。外资植物油加工企业借中国加入 WTO 的机会，开始加速从大豆进出口贸易环节进入加工环节。2004 年，很多国内植物油加工企业投机国际大豆交易失败，严重亏损，经营困难或倒闭，外资油脂公司趁机大规模收购兼并国内油脂企业和新建加工厂。进入统计的规模以上植物油加工企业总数中，外资企业所占比重从 2003 年的 2.23% 上升到 2008 年的 7.28%。2008 年，外资植物油加工企业的油料处理能力、油脂精炼能力和产品销售收入分别占到全国同类指标的 29.4%、39.0% 和 54.7%，这一状况引起了国内对中国大豆产业安全的普遍忧虑，很多人认为，外资控制了中国的食用植物油加工业。

中国企业的一大特点是善于学习和在竞争中成长，经过 2004～2010 年这段时期的学习、仿效和转型，国内食用植物油加工企业在经营理念、运作方式、企业规模、技术装备、工艺水平、产品质量、营销能力等方面都有了脱胎换骨的变化。在人们对中国大豆产业安全的担忧中，国内食用植物油加工企业逐渐展示出了强劲的发展。更为可喜的是，在与外资油脂企业的竞争中，国有和民营企业不仅在国内市场上不断壮大，而且正以跨国油脂企业巨头为竞争目标迅速向大型化、操作和监控自动化、整体化、国际化发展，以中粮集团为代表的中国食用油脂企业正发展成国际食用油脂行业中不可小觑的竞争者。

目前来看，中国食用植物油加工企业在经过了学习成长期后正显示出强劲的竞争力。在大豆进口增加和与外资企业竞争的过程中，国内食用植物油加工企业发展迅猛，延长产业链，丰富食用植物油品种，扩大行业规模，升级技术工艺，呈现一片兴旺发展的景象；消费者的食用植物油需求和下游行业的需求得到了满足，农民增收，直接和间接促进了就业人员增加、国家税收增长。

中国大豆产业总体上处于历史上最好的时期，并不像社会舆论中广泛流传的那样"岌岌可危"。分产业链环节来考察，中国大豆生产在经过一段时间的持续发展后，目前正受到竞争作物的影响而有所下滑，但大豆及其产品的消费、贸易、加工等环节正处于前所未有的繁荣状态。经过 21 世纪以来的发展，中国大豆产业除了原料生产格局没有发生重大变化外，加工格局、贸易格局和流通格局都已经发生了巨大的转变。

目前的数据和事实不仅不能支持大豆进口损害中国大豆生产和豆农利益以及外资企业垄断中国大豆产业的观点，反而显示出中国大豆产业链在大豆进口和外资进入的背景下强劲成长、大豆主产区农民在产业结构转变中获利、广大消费者在充足供给和竞争中获益、国内食用植物油加工企业在向外资企业学习和竞争中发展壮大的景象。

第三节 2016年我国大豆安全存在的问题及政策建议

一、国内大豆安全存在的问题

（一）国内大豆进口数量较大，对外依存度高

我国曾经是大豆主要出口国，出口量曾一度居世界首位。然而1992年以来，中国大豆出口量开始减少，直到今天。中国大豆进口量在20世纪80～90年代中期一直较低，平均进口量每年只有20万吨。1989～1991年的进口量每年仅有0.1万吨。但是1996年，这一状况发生了根本性的转变，当年大豆进口量111.4万吨，出口量19.3万吨，进口首次超过出口，我国开始成为大豆净进口国。

从国内大豆进出口形势和关于大豆进口安全两节内容中我们可以发现，国内大豆的进口数量十分庞大，而且在较长时间内仍将保持继续增加的态势，国外企业纷纷介入我国的大豆加工业领域。这些外企以控股和参股的形式不断进行低成本扩张，基本垄断了我国油脂加工市场，导致我国大豆产业遭遇重创。

（二）国内需求快速膨胀，但供给不足，导致进口需求刚性

20世纪90年代中期以来，尤其是中国加入世界贸易组织以后，中国大豆进口的急剧增加以及国内大豆产业的迅速变化使大豆成为中国备受关注的农产品。从中国放开对油料市场的管制开始，在国内市场居民大豆制品消费及饲料工业豆粕消费迅猛增长的同时，国内大豆生产只实现了缓慢增长，因此中国开始大量进口大豆，并且大豆进口的增长速度远远超过了国内大豆产量的增长速度。然而在供不足需的同时，中国的国产大豆却被大豆加工企业冷落，国内大豆种植者面临着销售乏力的问题。在供求力量不平衡的作用下，短期内中国大豆进口增加的形势无法逆转，中国大豆消费已经严重依赖进口。

（三）中国大豆产业补贴政策并不明显，进口大豆成本优势明显

生产成本是决定产品价格竞争力的首要因素。按完全的生产成本比较，我国大豆生产成本远高于美国、巴西和阿根廷等大豆主产国生产成本，我国农业补贴的种类还非常有限，农业结构调整补贴等在我国还是空白，补贴办法也比较简单，补贴范围和价格支持力度有限。

而进口大豆的生产、出口获得出口国多种补贴和支持。以美国为例，其大

豆补贴政策十分灵活，既有对收入的补贴，也有对价格的补贴，既考虑价格高位时的补贴，又考虑价格低位时的补贴，各种补贴方式的综合运用大大增强了美国大豆的产业竞争力。目前美国政府为大豆生产者提供的补贴方式有商业贷款项目、直接补贴、以价格或收入为基础的反周期补贴和平均作物收入补贴等多种形式。

（四）大豆国家储备机制缺失

在我国，小麦和大米等粮食作物基本供应充足，只有大豆供应严重缺乏，有70%的量需要依靠进口。但是长期以来中国一直没有把大豆视为粮食作物，而是视为油料作物。最新一轮世界食品价格上涨，与中国大豆消费需求不断增长直接有关。在大豆价格和全球价格保持联动的基础上，价格就很难独善其身。这种联系在国内没有充足的大豆储备的条件下将会格外的被动，愈发地受制于人。

（五）国内种植效益不稳定，豆农种植积极性受挫

由于近年来国外廉价大豆的大量进口，我国大豆主产区豆农收益受到较大的冲击。在进口低价大豆的打压下，国产大豆收购价格连年走低。大豆销售价格持续降低，种植大豆的比较效益不断下降，主产区的农民面临严峻的生存危机。

二、国内大豆产业发展政策建议

（一）调整优化区域布局

实施《全国种植业结构调整规划》，完善《大豆优势区域布局规划》，引导资金、技术、人才向优势区域集中。东北春大豆和黄淮海夏大豆优势产区，要调整优化结构，因地制宜调减玉米，扩种大豆。"镰刀弯"地区要调减非优势区玉米种植，推行玉米与大豆轮作，扩大大豆种植面积，构建合理轮作体系。

（二）大力推进科技创新

加大对大豆科技创新的投入，加快选育突破性品种。组织开展协作攻关，集中力量攻克技术瓶颈，集成组装高产高效、资源节约、生态环保的技术模式，推进大豆生产全程机械化。在东北、黄淮海地区选择一批县，开展绿色高产高效创建试点，创建一批亩产200公斤以上的典型。

（三）强化大豆政策扶持

在总结大豆目标价格改革试点经验的基础上，统筹考虑保护农民利益、与玉米收储制度改革衔接等，完善大豆目标价格政策，合理确定目标价格，提高政策的科学性和精准性。提早公布年度目标价格水平，稳定收益预期，引导农民科学安排生产。开展耕地轮作制度试点，支持东北冷凉区和农牧交错区推行

玉米大豆轮作，探索建立用地养地结合的轮作制度。

（四）建立优质大豆保护区

根据资源禀赋、区位优势、产业基础，加快建立东北优质大豆保护区。保护种质资源，开展资源调查搜集与开发利用，实施野生大豆原生境保护。保护生产能力，加强农田基础设施建设，改善生产条件，巩固提升产能。保护生产主体，落实扶持政策，培育大豆生产新型经营主体，完善社会化服务，提高规模种植效益。

（五）加强大豆市场调控

加强分析预警，建立大豆供需信息发布机制。健全大豆进口信息发布制度，引导市场投资预期。强化进口大豆监管，严格执行检验检疫标准。把握大豆进口的时机、节奏，稳定国内大豆价格。

（六）科学引导健康消费

采取多种形式引导市场消费行为，提倡健康生活方式，鼓励居民合理食油、用油，厉行节约，杜绝浪费。广泛宣传大豆食品的营养功效和保健功能，扩大国内优质大豆消费市场，为促进大豆生产发展营造良好环境。

参考文献

［1］2015 年中国食用油产业发展报告［EB/OL］. 百度文库，2016.

［2］中华粮网国内粮油市场年报［R］. 2016（12）：29－34.

［3］2016 年 1 月国内粮油市场月报［R］. 2016（1）：24－29.

［4］2016～2025 中国农业展望报告［EB/OL］. 中国农村网，2016－04－22.

［5］2015 年我国大豆行业发展现状分析［EB/OL］. 中国报告大厅，2015－07－08.

［6］全国种植业结构调整规划（2016～2020 年）［EB/OL］. 农业部，2016－04－28.

［7］农业部关于促进大豆生产发展的指导意见［EB/OL］. 农业部，2016－04－05.

［8］杨树果，何秀荣. 中国大豆产业状况和观点思考［J］. 中国农村经济，2014（4）.

［9］中国大豆安全研究［EB/OL］. 论文网，2016.

［10］我国大豆产业进口现状及政策等建议［EB/OL］. 百度文库，2016.

第七章 2015～2016年我国菜籽及菜籽油安全评估

第一节 2015年我国菜籽及菜籽油安全现状

一、我国菜籽生产情况

油菜是我国主要油料作物之一，其种植面积占中国油料作物总面积的40%以上，产量占中国油料总产量的30%以上，居世界首位。我国分为冬油菜（9月底种植，5月收获）和春油菜（4月底种植，9月底收获）两大产区。冬油菜面积和产量均占90%以上，主要集中于长江流域。春油菜集中于东北内蒙古海拉尔地区和西北青海、甘肃等地区。

2015年中国油菜籽播种面积730万公顷，较上年758.8万公顷减少3.8%；单位产量为4.959吨/公顷，略高于上年的1.947吨/公顷，增长0.62%；2015年中国油菜籽产量1430万吨，比上年的1477.2万吨减少3.2%。

2015年我国油菜籽产量下降的主要原因，还是油菜种植比较收益较低所致。占我国油菜籽产量90%偏上的夏收油菜和冬小麦基本处于同一生长期，由于油菜种植收益和同期生长作物小麦相比较低，小麦机械化程度高且收益好，油菜处于竞地劣势，农民更倾向于种小麦而不是油菜。2015年国家不再实施临储收购，除四川外，其他主产省油菜籽的收购价普遍大幅低于2014年的国家临储收购价格。考虑到人工成本，农民油菜种植已处于负收益。由于油菜种植收益继续大幅下降，市场预计2016年油菜籽产量将因种植面积的减少而大幅下降，更多原种植油菜的土地将转种小麦或别的经济作物。

表 7-1　1990 年以来我国油菜籽产量

单位：万吨

年份	产量	年份	产量	年份	产量
1990	696	1999	1013	2008	1210
1991	744	2000	1138	2009	1366
1992	765	2001	1133	2010	1308
1993	694	2002	1055	2011	1343
1994	749	2003	1142	2012	1401
1995	978	2004	1318	2013	1446
1996	920	2005	1305	2014	1477
1997	958	2006	1097	2015	1430
1998	830	2007	1057	2016	1400

资料来源：《统计年鉴 2015》。

二、我国菜籽油消费情况

菜籽油是我国主要食用油之一，也是世界上第三大植物油，和豆油、葵花籽油、棕榈油一起并列为世界四大油脂。菜籽油除直接食用外，在工业上用途也很广，可以制造人造奶油等食品，还可以在铸钢业中作为润滑油。一般菜籽油在机械、橡胶、化工、塑料、油漆、纺织、制皂和医药等方面都有广泛的用途。近年兴起的生物工程，使菜籽油转化为生物柴油的比例逐年增加，成为石油、柴油的理想替代品。

我国一直是世界最大的菜籽油消费国，消费量占世界总消费量的 26% 左右。在食用油的大家族里，北方主要消费大豆油，南方的长江流域以菜籽油为主，随着棕榈油的大量进口，菜籽油滑落到大豆油、棕榈油之后第三的位置，近年来花生油、玉米油甚至葵花籽油的份额都在快速上升。2001 年以前，菜籽油在我国植物油消费总量中居第一位，其后，随着大豆、豆油、棕榈油进口量的增加，菜籽油国内消费量已退居第三位。2007 年我国菜籽油消费量约 410 万吨，占植物油消费总量的 19%；2014 年我国菜籽油消费量占比预计达到 23% 左右。尽管菜籽油在中国植物油市场的消费量比重不大，但由于菜籽油是最有利于健康的食用油之一，而且我国居民向来具有消费菜籽油的饮食习惯，因此，未来我国菜籽油的总消费量将继续保持稳步增长的态势。

三、我国菜籽及菜籽油供需形势

据有关数据显示：2014～2015 年，我国油菜籽新增供给量预计为 1931 万吨，较上年度增加 50 万吨，其中国内油菜籽产量预计为 1477 万吨，油菜籽进口量预计为 454 万吨。预计该年度油菜籽榨油消费量为 1870 万吨，较上年度增加 130 万吨，其中包含 1360 万吨国产油菜籽及 510 万吨进口油菜籽。该年度油菜籽供需缺口为 29 万吨。

2015 年，我国油菜籽新增供给量和年消费量 6 年来首次减少，在国内油菜籽压榨产能持续提高的背景下，预计国内油菜籽压榨产能的开工率将较 2014 年 24% 的国内油菜籽压榨产能开工率进一步降低，创下近几年新低。另外，如此过剩的产能将继续使 2015 年国内油菜籽供需基本面呈紧平衡状态。

2015 年，我国菜籽油新增供给量预计为 752 万吨，其中菜籽油产量预计为 689 万吨，进口量预计为 63 万吨。该年度菜籽油国内消费量预计为 630 万吨，较上年度增加 5 万吨。年度菜籽油供需结余量预计为 122 万吨。

2015 年，国内菜籽油仍然供大于求基本面偏松，但供给较上年同比减少 5.18% 而需求同比增长 7.93%，国内菜籽油处于快速去库存状态。可以说，2015 年国内几大植物油品种中，菜籽油的商业库存最低，基本面最好，这也是 2015 年菜籽油在熊市中较豆油和棕榈油抗跌，并成为投机资金阶段性多菜籽油空豆油或棕榈油的原因。

四、我国菜籽及菜籽油进出口现状

2015 年我国油菜籽进口量为 447 万吨，较 2014 年的 508 万吨减少 12%，减

幅为 12%。2015 年我国菜籽进口量下降的主要原因，一是年内大多数时间压榨亏损，且国内外植物油市场一直处于熊市，企业进口积极性下降。二是 2015 年国产油菜籽价格大幅下跌，与进口油菜籽到港成本基本接轨，进口油菜籽的优势下降。不过，国内油菜籽压榨产能严重过剩，东南沿海地区完全依靠进口油菜籽开机，企业的无序竞争和开机需求使得国内油菜籽进口保持在历史高位水平。

海关数据显示，2015 年我国累计进口菜籽油 81.5 万吨，较 2014 年 81 万吨基本持平，处于 5 年来的低位水平，主要原因一是 2015 年油菜籽进口量仍处较高水平。二是 2015 年国内菜籽油较豆油一直处于竞价劣势，其价格和需求受到压制，而国内外菜籽油价格多数时间处于倒挂状态，贸易商进口利润为负。三是 2014 年融资性进口的菜籽油已受到抑制，使得 2014 年我国菜籽油进口量较 2013 年减少近一半，但这也使得 2015 年国内菜籽油进口量受金融因素影响较小，总量相对稳定。

第二节　2015~2016 年我国菜籽及菜籽油安全存在的问题

从 2015 年我国菜籽供求形势分析来　看，我国菜籽油供应在国内生产和国际

进口方面相互补充，国内消费需求有一定程度放大，整体供需余缺有限，市场价格在可以接受的范围之内波动，短期菜籽油相对安全，但是我国菜籽油供需安全仍存许多问题，主要有以下几点：

一、2015年国产油菜籽商品量大幅下降

受政策发生重大调整影响，2015年起国家不再实施菜籽（油）临时收储政策，贯彻落实粮食安全省长责任制，由地方政府负责组织各类企业进行油菜籽收购。失去政策支撑后在市场作用下，国产油菜籽收购价在5月下旬至6月下旬大幅下跌，由5100元/吨下跌到3400元/吨，跌幅达33.33%。统计显示，截至2015年9月30日，四川、湖北等9个主产区各类粮食企业收购新产油菜籽160万吨，比上年同期减少188万吨，减幅达到54%。往年在6~7月国产油菜籽集中上市期，往往会出现企业大量收购的高峰，前两年虽然因国产油菜籽实际产量下降，企业为规避风险减少自营收购，使得国产油菜籽收购高峰期较短但也出现，2015年却自始至终没有出现，也侧面反映了这一点。主要是2015年国产油菜籽价格太低，农民更愿意自留。

二、2015年主产区油菜籽贸易商普遍亏损

据调研数据，往年主产区油菜籽贸易商七挣三赔，而2015年却是三挣七赔。主要是由于贸易商政策灵敏度不够，油菜籽压榨企业在政策不明朗观望时，贸易商却根据往年经验，认为在油菜籽已收获而企业没有开秤前是收购好时机，可以得到大幅低于托市价的收购价，短暂保存后卖给企业挣取价差，但2015年临储政策不再实施，国产油菜籽收购价急跌，这部分油菜籽贸易商很受伤。

三、国际市场对国内影响增强

2015年国产油菜籽市场化以后，国产油菜籽价格已与进口油菜籽价格接轨，而2015~2016年国际市场油菜籽基本面偏紧，进口油菜籽价格稳在3300元/吨以上，未来也是易上难下，进口油菜籽对国产油菜籽的下拉作用有限。由于我国油菜籽压榨产能严重过剩，国产油菜籽远不能满足压榨需求，而且，国内油菜籽产量将在近两年的基础上可能进一步下降，减少的部分产量和市场需要进口油菜籽来填补，随着国产油菜籽收购市场化，国产油菜籽与进口油菜籽价格快速接轨，国际市场对国内市场的影响更为明显。

四、菜籽收购政策交由省级负责，短期市场波动增加

为进一步完善油菜籽价格形成机制，充分发挥市场在资源配置中的决定性作用和政府宏观调控作用，从2015年起国家不再实施菜籽（油）临时收储政策，贯彻落实粮食安全省长责任制，由地方政府负责组织各类企业进行油菜籽收购。对湖北、四川、湖南、安徽、江苏、河南、贵州等油菜籽主要产区，中央财政将适当予以补贴，支持地方采取鼓励加工企业收购、补贴种植大户，做好油菜籽生产工作。各主产省中，除四川省对国标三等按2.3元/斤（相邻等级按差价0.02元/斤掌握）进行收购的企业给予0.25元/斤的补贴外，湖北、江苏、安徽等主产省均在对油菜籽种植农民实行直补的基础上，实行市场化收购。

受政策发生重大调整影响，2015年国内油菜籽收购价在5月下旬至6月下旬大幅下跌。从政策明朗前的5100元/吨下跌到明朗后的3400元/吨，跌幅达33.33%。主国是国内菜籽油和菜籽粕市场处于熊市，国产油菜籽压榨利润亏损，且企业不看好后市，失去政策支撑后在市场作用下国产菜籽价格直线下跌。不过8月下旬，国内植物油市场见底回升，油厂压榨利润略有好转及国产油菜籽供给减少后，国产油菜籽价格回升至3600元/吨偏上。

五、菜籽油去库存对短期市场形成一定压力

相对中央取消临时收储政策，菜籽油库存的抛售对市场影响更强，菜籽油市场短期形势正在发生着巨大的变化，抛储菜籽油导致国产散装菜籽油在散装市场已经无任何优势，国储菜籽油在引领着菜籽油的市场走势，大量的低价国储菜籽油纷纷涌入市场，受其影响菜籽油市场整体供过于求，并且质量方面相较于豆油也无任何优势，市场菜籽油价格已经全面低于豆油。

第三节　2016年我国菜籽及菜籽油安全的政策建议

菜籽油是国家储备最多的植物油，当前菜籽油市场受政策影响明显，因此，后期稳定政策调控预期，减少政策变动对市场的影响，以市场化为导向，稳定生产，增加科技创新，促进产业发展，合理利用国际进口资源，对我国菜籽油

安全至关重要。

一、稳定我国菜籽种植面积

我国是世界上最大的菜籽油生产国，同时菜籽油也是我国国产油料里榨油产量最大的油种，占国产油脂的 42%。近年来菜籽油产量波动很大，主要是国内菜籽播种面积和产量变化很大。充分开发利用冬闲田土的主体作物，因种植收益下滑，近几年我国的油菜籽种植面积出现减少，2015～2016 年部分油菜籽种植主产省面积大幅下滑，甚至下降 20% 以上，加上单产下滑，菜籽产量下降明显，因此，在国家取消部分农产品托市政策的同时，鼓励土地集中、家庭农场方式的农作物种植方式，通过各种方式稳定我国菜籽生产，保证产量不出现大幅度滑坡，是维护我国菜籽油安全的基础。

二、增加科技创新，发展双低油菜生产

随着经济发展、居民生活水平的提高，对健康油品的需求日益增加，发展双低菜籽油是适应市场需求的一个途径。双低油菜是指菜籽油中芥酸含量低于 3%，菜饼中硫代葡萄糖甙含量低于 30 微摩尔/克饼的油菜品种，菜籽油中主要的脂肪酸包括油酸、亚油酸、亚麻酸和

芥酸等，双低油菜中的油酸含量达 60%，因而被称为"最健康的油"。双低菜籽菜品种在为脱毒创造有利条件的同时，更显著提高了菜籽油的有益营养成分，故双低菜籽油目前被认为是良好的食用植物油。随着农业结构的战略性调整，增加科技创新，鼓励发展优质产品，以双低油菜生产，优质、高产良种油菜推广为突破口，全面普及双低杂交良种，符合居民消费结构升级趋势，适应食品安全与饮食健康的标准，也为菜籽油产业发展升级提供新的动力。

三、适当合理利用国际进口资源

客观来讲，全部依靠自给已很难维持我国菜籽的需求，因此适当合理利用进口保障我国菜籽安全是必要的。进口油菜籽不仅在成本上占据明显优势，而且在质量、品种方面，进口油菜籽也同样更胜一筹。澳大利亚油菜籽平均含油量为 42.4%，加拿大油菜籽含油量均值也在 42% 以上。而我国每年临储收购以国标三等质量要求为标准，其标准为含油量大于 38%（含 38%）。随着加工产能的再度提高，我国已经正式迈入对进口油菜籽的"高刚需"时期。我国进口油菜籽总量不断创出历史新高，因此，在持续稳定提高国内农业综合生产能力、逐步开放市场的前提下，可加强对进口

的合理调控，减少不合理进口对国内粮食生产的冲击，加快建立长期稳定的进口渠道。要着眼长，深耕细作，深度融合，适度做大国际贸易，与主要出口国利益深度耦合连为一体，与主要油菜籽出口国包括加拿大、澳大利亚、欧盟等国家建立稳定的贸易联系，是保障我国菜籽油安全的重要途径。

四、政策支持，促进菜籽油产业化升级发展

我国油菜籽加工产能过剩，大部分中小加工企业仍比较传统，生产的产品品种相对单一，附加值低，利润低，在市场竞争中处于弱势。因此，在菜籽市场化的进程中，应通过政策支持，促进菜籽油产业化升级发展，淘汰落后产能，整合升级先进产能，深化行业发展，提高深加工能力，使压榨企业走出单纯靠油、粕等低端产品获利的模式，防止企业陷入价格竞争的恶性循环。在主产区按照产业化要求，对油菜籽压榨行业进行规划调整，支持建设标准化生产示范基地，促进优势企业生产，搞好产销衔接，创建知名自主品牌，增加市场活力与竞争力。

参考文献

［1］世界粮油市场月报［EB/OL］. 国家粮油信息中心，2015（12）.

［2］国家统计局.2015 年中国统计年鉴［M］.北京：中国统计出版社，2016.

［3］海关统计月报［EB/OL］. 海关总署，2016－02－15.

［4］2015 年中国菜籽及菜籽油市场分析［EB/OL］. 郑州粮食批发市场，2016－02－15.

第八章 2015～2016年我国花生及花生油安全评估

我国是世界上种植花生的主要国家之一，由于适应地区广，营养价值高，深受居民喜爱，是我国主要的油料作物和经济作物之一，也是重要的特色出口农产品，我国花生产业的发展不但在增加农民收入、保障我国食用油安全、提高国民身体素质等方面具有举足轻重的地位，而且在世界的花生生产中也具有重要的地位。

第一节 2015年我国花生及花生安全现状

一、2015年我国花生生产情况

由于2014年秋冬季花生价格大幅上涨，持续到2015年花生种植期，国内花生价格仍处于2012年以来的高位水平，农民种植花生收益上升，种植花生积极性相应提高。国家粮油信息中心提供的数据显示：2015年我国花生播种面积为470万公顷，同比增加2.11%；花生平均单产为3.596吨/公顷，同比增长0.42%；花生总产量为1690万吨，同比提高2.54%。

表8-1 1985年以来我国花生年产量

单位：万吨

年份	产量	年份	产量	年份	产量
1985	666.4	1998	1188.6	2007	1302.7
1990	636.8	1999	1263.9	2008	1428.6
1991	630.3	2000	1443.7	2009	1470.8
1992	595.3	2001	1441.6	2010	1564.4
1993	842.1	2002	1481.8	2011	1604.6
1994	968.2	2003	1342	2012	1669.2
1995	1023.5	2004	1434.2	2013	1697.2
1996	1013.8	2005	1434.2	2014	1648.2
1997	964.8	2006	1288.7	2015	1644.0

资料来源：《中国统计年鉴》（2016）。

二、2015年我国花生及花生油供需情况分析

数据显示，2014～2015年，我国花

生年度总供应量为 1663 万吨，同比减少 2.29%；我国花生需求总量为 1670 万吨，同比下降 1.18%，供给减速快于需求减速，2014～2015 年度国内花生供不应求。其中用于榨油的花生数量为 780 万吨，同比下降 2.5%；用于食用消费的花生数量为 770 万吨，同比增长 1.31%，油用花生需求数量虽然仍大于食用花生需求数量，但呈油用下降食用上升态势。

2014～2015 年，我国花生油总供应量预计为 260 万吨，基本与上一年度持平；花生油年度需求总量预计为 261 万吨，同比增长 1.95%，需求增速快于供给增速，国内花生油处于去库存状态。国内花生油基本面呈供需平衡略有偏紧状态，供给和需求双双增长，国内花生呈供给平衡略有偏紧状态，这将支持国内花生价格较为坚挺，继续 2012 年以来的高位运行。

2015 年国内花生价格持续保持在 2012 年以来的高位水平，且国家对过去实施政策性收储的品种推进市场化，油菜籽、玉米、小麦、大豆等品种种植收益均出现不同程度的回落，花生作为市场化程度高的经济作物，没有受到政策影响，比较种植效益显著提高，因此，预计 2016 年花生播种面积将稳中有升，在不考虑天气因素对单产影响的情况下，

国内花生总产量也将相应提高，2016 年我国花生供求形势不会有太大缺口，总体处于相对安全状态。

三、我国花生进出口安全分析

海关数据显示，2015 年我国出口花生仁 9.77 万吨，较 2014 年的 10.07 万吨下降 2.94%，处于五年来的最低水平。由于进出口量相对较小，花生相关产品的进出口对我国花生供需安全不构成明显威胁。但值得注意的是，国际花生市场的发展趋势出现竞争格局，美国、阿根廷等国花生竞争力提升，出口波动加剧，更多出口型企业加强国内市场开拓中国花生地位弱化。

海关数据显示，2015 年我国出口花生油 9347 吨，较 2014 年的 9996 吨下降 6.49%，但绝对量在国内花油消费总量中可忽略不计。2015 年我国进口花生油 12 万吨，较 2014 年的 9.2 万吨增长 30.43%。世界花生供给充裕，国际市场花生仁和花生油价格远低于国内，中国加入 WTO 的过渡期已完成，在国内市场需求的带动下，花生仁、花生油的进口将成为常态。不过，在进口过程中花生油技术壁垒相对花生仁要小，因此，花生油进口增速要更快些。

第二节 2015～2016 年我国花生及花生安全存在的问题

一、花生生产成本高，地区间发展不平衡

花生属于劳动密集型农产品，人工成本在总成本中约占 40%，随着城镇化的不断推进，人工成本快速上涨带动农业生产服务收费涨价，花生播种和收获费工的特点已成为花生生产规模及效益增长的重要限制因子，并从根本上削弱了我国花生产业的国际竞争力。此外，化肥、农用机械、农用机油等农资价格普遍上涨，直接抬高了花生的生产成本，且运输成本的不断提高也在一定程度上加剧了农资价格的上扬，助长了花生生产成本的高走势。

花生生产受气候条件、土壤地力、水利条件、耕作制度和栽培技术等因素的影响较大，因此各地区发展极不平衡。从国家统计局 2008～2012 年的数据可以看出，我国花生生产无论是在种植面积上还是在单产水平上区域间发展都极不平衡。从种植面积来看，近几年我国花生种植面积较大的依次为河南、山东、河北、辽宁、广东和四川等，宁夏、西藏、上海、甘肃、天津、北京和新疆等

地种植面积较少，2012 年花生种植面积最大的是河南省，为 100.71 万公顷，而宁夏回族自治区仅为 0.007 万公顷，前者是后者的 14387.29 倍；从单产水平来看，近几年单产水平较高的有河南、山东、安徽、新疆、江苏、河北、天津、湖北、甘肃等地，而云南、宁夏、内蒙古、贵州、重庆等地的花生单产水平较低，2012 年最高的是新疆，为 4894.87 公斤/公顷，最低的是云南，仅为 1536.57 公斤/公顷，二者之间相差 3358.30 公斤/公顷，新疆是云南的 3.2 倍。值得注意的是，河南、山东、安徽近几年的花生单产水平稳步提高，而新疆的花生单产水平尚不稳定。此外，同一地区不同年份之间的种植面积和单产水平也存在一定差异。造成我国花生生产地区间发展不平衡的影响因素除各地区自然条件和生产条件差别外，适宜良种及其配套高产栽培技术推广应用缓慢，以及未实现良种良法相配套等也是重要的影响因素。

二、我国花生生产机械化水平较低

我国花生的耕、种、收仍然以人工

为主，播种和收获两大关键环节的机械化水平较低，尤其是花生收获作业环节的机械化率直接关系到我国花生产业的整体机械化水平，然而 2012 年我国花生的机收率尚不到 20%，而美国高效率的花生作业的机械化代表了世界上最先进的花生作业机械化收获技术，位居全球之首。低下的机械化水平极大地限制了我国花生产业的进一步发展，因此，花生作业机械化收获将是我国花生产业面临的急需解决的重要问题。

三、我国花生行业深加工水平较低

我国对花生的深度开发利用起步较晚，深加工产品少，且加工水平较低。当前我国生产的花生 50%～60% 用于榨油，25%～35% 直接食用和用于食品加工（仅约 10% 用于深加工），3%～5% 用于出口，约 8% 为种用消费，国内消费量占总产量的 95% 以上，深加工水平与美国、加拿大和日本等相比有很大的差距。现阶段，我国花生加工业存在的主要问题是：原料品质低，加工专用性不强；加工企业规模小，生产集中度不高；标准化、产业化程度低；加工设备落后，科研力量薄弱，技术创新能力差；深加工的产品品种少，应用范围窄，大多数产品处于初级加工阶段，产品附加值低。

第三节　2016 年我国花生及花生安全的政策建议

一、加强对花生产业的宏观调控管理

加强对花生产业的宏观调控管理，制定花生产业发展的长期规划和持续稳定的实施政策。支持花生加工企业的发展，重视发挥龙头企业的带动作用，将其纳入有关的行业发展规划，给予相应的支持。从农业财税政策上向花生生产倾斜，完善花生补贴政策，加大花生种植补贴力度和范围。对花生实行直接价格干预和补贴，如种子、肥料、灌溉等农业投入品补贴、农产品营销贷款补贴、休耕补贴等，千方百计降低花生生产成本和风险，保证农民收入。稳定花生生产，结合高产攻关，大力发展单粒精播技术等节本增效技术，实施花生生产标准化技术，推进花生生产机械化进程等。将优良品种、合理施肥、高效防治病虫

草害以及灌溉、地膜覆盖、化学调控等栽培技术措施优化组装，实现良种良法配套，发挥出良种的效益优势。

二、贯彻实施优势花生区域布局规划与结构优化

区域布局规划，可以更好地发挥农业资源的区域优势，为生产者提供生产方向指导，促进花生的优势区域发展。进一步加强优质花生商品基地建设，利用土地流转机制，推进花生的规模生产经营。调整花生生产布局，发展专业化花生种植，立足自然资源条件、耕作栽培制度以及花生产品市场需求，细分油用花生基地、食用花生基地和出口基地。不同种植区要搭配不同类型品种，采取适宜的种植技术。

三、加强花生安全生产与加工管理，提升市场竞争力

食品安全受到越来越多的关注，抓好花生安全生产，大力发展无公害、绿色食品和有机食品花生生产，对提升市场竞争力至关重要。健全花生生产标准化体系，加强标准化体系的宣传和实施力度，规范指导花生生产。加强标准化生产基地建设，实行分类指导，全面推行标准化生产，大力推行标准化无公害（绿色食品）种植，进一步提高花生质量。加强对龙头企业、专业合作组织的指导，鼓励其开展标准化生产，建设标准化生产基地。

四、改革与完善花生市场流通体制，加快花生产业发展

规范市场体制，规范花生营销商、中间商、加工企业等市场主体的行为，营造一个竞争有序的花生市场环境。向广大农民提供花生产销的商品信息，引导农民种植适销对路的花生品种。经销商要建立自己的生产供应基地，与农民签订生产供销合同，在基地建设中，通过建立"企业 + 基地 + 农户"的产销体制，做好订单农业，工作健全和发展壮大农业技术推广队伍、各种花生产业协会组织、各类农村经济组织等，健全花生产业组织，奠定花生产业化发展的组织基础。

参考文献

[1] 国家统计局. 2015 年中国统计年鉴 [M]. 北京：中国统计出版社，2016.

[2] 海关统计月报 [EB/OL]. 海关总署 2016 - 02 - 23.

[3] 潘月红. 中国花生生产现状及发展趋势 [J]. 中国食物与营养，2014（10）.

第九章 2015 年我国粮食电商安全回顾及 2016 年展望

第一节 2015 年我国粮食电商安全回顾

一、我国粮油产品电子商务发展过程

（一）我国农产品电商发展七个阶段

从 1993 年中国引入电子商务概念到如今，电子商务在中国已经走过了 24 个年头，20 多年来经历了引入期、中断期、成长期，正在由"成长期"进入"发展时期"。而从 1998 年第一笔交易到 2016 年也已经有 18 年，2015 年电子商务交易额迅速达到 21.8 万亿元，网上购物交易额接近 4 万亿元。就农产品电子商务而言，经历了七个发展阶段。

第一阶段，1994 ~ 1998 年。1994 年中国农业信息网和中国农业科技信息网相继开通以来，信息技术在农产品电商领域的应用进入引入阶段。

第二阶段，1998 ~ 2005 年。粮食、棉花在网上交易，当时叫"粮棉在网上流动起来"。1995 年郑州商品交易所集诚现货网成立（现在叫中华粮网），1998 年第一笔粮食交易在网上实现。1998 年全国棉花交易市场成立，通过竞卖交易方式采购和抛售国家政策性棉花。

第三阶段，2005 ~ 2012 年。2005 年生鲜农产品开始在网上进行交易，2005 年易果网成立，2008 年和乐康、"沱沱工社"做生鲜农产品交易。2009 ~ 2012 年，涌现了一大批生鲜电商，生鲜农产品能够在网上交易，在当时是一个"革命"，改写了电子商务交易的客体的定义和内容，但是，由于同质化竞争十分激烈，很多企业倒闭。

第四阶段，2012 ~ 2013 年。这一时期褚橙进京、荔枝大战两个重要事件在北京出现，使生鲜农产品电商品牌运营一时成为热点。2012 年底生鲜电商本来

生活"褚橙进京"的事件，2013 年"京城荔枝大战"，许多生鲜农产品电商开始探索品牌运营，顺丰优选、1 号店、本来生活、沱沱工社、美味七七、莆田、菜管家获得资金注入，2013 年初北京"优菜网"曾寻求转让、上海"天鲜配"被"下线"等。

第五阶段，2013～2014 年。这一时期 B2C、C2C、C2B、O2O 等各种农产品电商模式竞相推出，宽带电信网、数字电视网、新一代互联网、物联网、云计算、大数据等大量先进信息技术被采用到农产品电商中来，2013 年微博、微信等工具出现。永辉"半边天网"上线不足百日下线寻求微商模式，同时 90% 的生鲜电商亏损倒闭等。

第六阶段，2014 年。本来生活、美味七七、京东、我买网、宅急送、阿里巴巴、青年菜君、食行生鲜先后获得投融资，农产品电商进入融资高峰期。本来生活、美味七七先后得到融资（美味七七获得亚马逊 2000 万美元入股）；京东上市融资 17.8 亿美元；我买网融资 1 亿美元；宅急送获得 10 亿美元投资，探索生鲜农产品电商物配；阿里巴巴美国上市融资 218 亿美元；青年菜君获得千万美元投融资。以 C2B2F 模式做生鲜的"食行生鲜"宣布获得由天图资本领投，A 轮投资方协立投资以及易浮泽跟投的 B 轮融资，融资额为 1.8 亿元，2014 年进

入上海。2014～2015 年生鲜电商爱鲜蜂已经完成三轮融资。2015 年天天果园获得京东集团的战略性投资数千万美元。2014 年 10 月社区物流与生活服务平台收货宝获得千万美元 A 轮融资。

第七阶段，2015 年以来，农产品电商具有两个特点：农产品电商进入转型升级的新发展时期，如天猫生鲜由 1.0 向 2.0 转型等；农产品电商进入融资和兼并重组高潮时期，阿里巴巴持股苏宁、京东入股永辉超市（直接影响最大）、美团与大众点评合并、去哪儿与携程合并、快的打车和滴滴打车合并等。

（二）我国粮食电商经历了五个发展阶段

第一阶段，1995～2002 年，1995 年郑州商品交易所集诚现货网成立，1998 年 12 月第一笔粮食网上交易。自 1998 年以来，通过中华粮网电商平台参与网上交易的粮油企业已有 3000 多家。

第二阶段，2003～2005 年，2003 年开始，国家发改委利用国债资金，支持重点粮食批发市场信息化建设，2003 年中国（衢州）网上粮食市场建立。

第三阶段，2006 年，2006 年《国家临时存储粮食销售办法》出台，国家有关部门第一次明文许可粮食可以在网上进行流通，安徽等地推出网上粮食交易。

第四阶段，2007～2009 年，2007 年，国家通过中储粮总公司现代电子交

易平台，实现了全年国内小麦市场价格的总体稳定，中储粮总公司网上物资采购平台建立，首次 200 万条塑料编织袋网上采购顺利完成，粮食电子交易平台逐渐成为国家宏观调控的重要载体。

第五阶段，2010 至今，2010 年中国网上粮食交易市场开办早稻网上交易会，至今已连续举办 7 届。目前，全国各地粮食批发市场在积极利用电子交易手段开展地方粮油的购销交易活动的同时，一些粮食电子交易模式不断创新，差异化经营。粮食企业通过建立电子商务在网络销售自己的产品；某些贸易商转型的企业建立粮油类等农产品专业电子商务网站提供高端、精品农产品销售等。

二、我国粮食电商模式创新

近年来，中华粮网、中国网上粮食市场、中国安徽粮食批发市场交易网、中国谷物网、宁波网上粮食市场、台州网上粮食市场、黑龙江中米网、哈尔滨网上粮食交易市场、北京买粮网、京粮点到网、易谷网、易粮网等引起关注。

（一）粮食流通企业电商模式创新

1. 中华粮网、郑州粮食批发市场、河南省粮食交易物流市场、易谷网模式

以中华粮网为代表的电子商务服务平台共举办国家临时存储小麦竞价销售交易会48场，交易总量1368万吨，共成

交 670 万吨，总成交率49%。郑州粮食批发市场积极开发商品粮场际交易新模式，2014 年成交粮油 100 余万吨，成交金额近 30 亿元；河南省粮食交易物流市场联合相关企业专门经营豆粕现货业务，逐步促进上游企业在电子商务盘中挂单、下游企业通过电子商务买单，从而推进豆粕电子商务的发展。2014 年 8 月 27 日，中粮招商局（深圳）粮食电子交易中心有限公司——易谷网成立，该网站以服务粮食产业链企业为己任，利用 B2B、O2O 等多种交易模式，搭建起衔接南北产销区、连通国际市场的粮食空中交易平台，利用云计算、物联网等现代信息科技手段，积极打造国内粮食行业信息中心、结算中心、物流中心、定价中心、服务中心、大数据分析中心。

2. 中国网上粮食市场模式

2014 年 8 月 7～8 日，中国网上粮食市场早稻交易会在江西省上饶市举行。其间举行两场网上交易，网上共竞价交易成交 4.27 万吨粮食，成交额 1.23 亿元，网下洽谈成交 10.45 万吨粮食，成交额 3 亿元。

2015 年 8 月 7 日，由江西省上饶市、抚州市，浙江省衢州市、温州市、台州市、绍兴市柯桥区，福建省宁德市，安徽省马鞍山市 8 市（区）粮食局共同主办的"2015 年中国网上粮食市场早稻交易会"在上饶市举行。当天举行了两场

网上竞价投标，共成交早稻4.38万吨，成交金额1.31亿元。此次早稻网上交易会是上饶与衢州等市第6届联合举办的交易会，也是第5次在上饶举办。

2016年8月5日，第届次中国网上粮食市场早稻交易会在上饶市开幕，来自江西、浙江、安徽、福建等地的146家客商共计460余人参加此次盛会，网上采购量达4.69万吨，成交金额1.32亿元。此次交易会是第6次在上饶市举办。6年来，共网上交易粮食30余万吨，金额7亿余元，参会人数近3000人。成为每年早稻上市之初的信息发布会和价格走势的重要风向标。

3. "我买网"双品牌运营模式

2014年我买网完成B轮1亿美元融资，该笔资金由IDG资本领投，赛富基金继A轮投资后再次追投。2015年获得百度、泰康人寿领投的2.2亿美元融资。2014年我买网预计销售额达20亿元，目前尚未实现盈利。我买网采取"中粮集团""我买网"双品牌运营模式，主要经营粮油、食品、水果蔬菜等，还经营其他产品，如表9-1所示：

表9-1 我买网主要经营产品

粮油米面	海外直采	生鲜水产	水果蔬菜	茶叶	母婴产品
进口食品	厨房调味	果汁饮料	冲调品	酒（我买酒）	奶制品
休闲方便食品	饼干蛋糕	个人护理	美容美妆	家居用品	厨具用品
家纺床品	内衣配饰	家用电器	运动办公		

4. 天津粮油商品交易所

2014年5月9日，天津粮油商品交易所推出了一种崭新的"OPO"电商模式——"找粮网"。这种模式基于绿色产品库，延伸出"委托买""微顾问""微行情""微金融"等新服务。"委托买"是为中小粮油店及超市量身打造的特色服务，基于"永远免费帮买家找到最具性价比的粮油产品"的原则，通过"找粮网"庞大的产品库及粮油企业大数据平台，将小订单汇集成大订单，提高买家的议价能力，为买家提供精准的交易信息及价值帮助。

5. 淘宝网"吉林大米馆"

2014年，吉林东福米业、梅河大米公司和柳河国信米业等8家企业入驻淘宝"吉林大米馆"，2014年网上销售小包装大米超过10万件，共销售大米510吨，销量居全网大米之首。吉林省政府与阿里巴巴签订战略合作协议，合作销售吉林大米。通过参与淘宝"挑食吉林鲜米"等活动，吉林大米一跃升至淘宝

大米网页首页，吉林大米"营养、好吃、更安全"的整体形象得到充分展示，品牌影响得到快速提升。在 2014 年 9 月淘宝网组织的 5 省 6 款大米"秋收新米香"促销活动中，吉林大米（东福有机稻花香）劲销 1.2 万单，名列第一（黑龙江五常大米 5700 单排名第二）。

6. 苏州粮食批发交易市场"良粮网"上线

2015 年 1 月苏州市粮食批发交易市场的"良粮网"上线，涵盖门户网站、交易管理、电子结算管理、会员体系等相关子系统。该电商系统除了为粮食经营单位提供了储备粮轮换、大宗粮食及农产品采购与销售的交易平台外，还在城乡居民与批发市场之间架起了一座桥梁——当地百姓只要上网单击鼠标，就能浏览"良粮网"的最新消息，看到经济实惠的产品、优质的品牌产品，选购到自己需要的放心粮油产品。

7. 盛华宏林粮油批发市场的"盛华宏林购"上线

2015 年 4 月盛华宏林购上线试运行，采取"网上网下一个市场、网上网下一个商铺、网上网下一个商品、网上网下同一个价格"的模式，近期目的是实现粮油、农产品产销对接，实现农产品的产、供、销一体化的交易。远期目标是建设跨行业的全国的电子交易平台、电子商铺，实行网上交易，扩大市场店铺的商品销售，最终要打造成一个服务于全国各类大型批发市场和专业市场的 O2O 的模式。

8. 杂粮电商平台——饭中有豆上线

2015 年 8 月 23 日，山西首家杂粮电商平台——"饭中有豆"在忻州市上线，近几年来忻州被授予"中国杂粮之都"称号，平台围绕家庭厨房服务为核心，开通了 PC 端、手机端、微信商城等多种网上入口，其主要内容有：产地直供、精品馆、团购、今日特惠、健康饮食、供求信息、健康论坛七个模块，发布特色小米、特色杂粮豆、石磨杂粮纯粉、杂粮面条、土特产、大米、小麦面粉、食用油八大系列 100 多个品种。"饭中有豆"目前体验店已开通忻府区、保德、代县三个区域，下一步将开通忻州市其他区域，最终实现全国 1000 个体验店的目标。

9. 中米网及其中国大米产业联盟

2015 年 7 月 17 日，"2015 年东北稻米产业营销高峰论坛"在黑龙江哈尔滨召开，同期举办了中国电子商务协会东北稻米产业电子商务联盟揭牌仪式。与会专家和近 200 家企业代表围绕如何通过"互联网＋大米"，实现东北大米营销模式升级和瓶颈破解进行了深入的探讨，并宣布组建电子商务联盟。

10. 长春市打造"大米白金城"

长春市农产品电子商务交易平台2014年正式上线运营，打造与"汽车城""电影城"相并列的"白金城"（长春松花江大米）。

11. "左权模式"——"田农宝"网上易货贸易

所谓"左权模式"就是拿玉米换手机，用高粱换衣服，不出村就能用地头上的庄稼把吃穿用度全部换回家。该模式是由"田农宝"公司首创的一种"以粮换物"电子商务模式，2015年左权县被列入国家电子商务进农村示范县后，政府主动抛来了合作的"绣球"，并在山西进行推广。

目前田农宝公司在左权县已建起一个运营中心及一个上行下行综合仓储中心，建立了10个乡镇综合服务站以及150多个行政村级服务店，初步实现以农产品搬到网上叫卖为轴心，让农民通过田农宝这个交易平台支现金、换农资、换商品、换服务和缴费用。长期以来，在粮食缺少的时候，粮食很快都能卖出；在粮食供大于求的时候，市场价格不高，由于"卖粮难"，农民就把粮食压在家里。现在有了田农宝，农民卖粮食不愁了。田农宝切实解决了卖粮难和支付难的问题，让老百姓足不出户就分享到了网络经济的红利。除了田农宝模式外，田农宝公司还衍生推出了田农购（第三方电子商务交易）、田农通（第三方物流配送）等生态交易系统。

12. 东方粮仓的众筹模式——品牌农产品"优质优价"

东方粮仓的众筹模式较好地解决了农产品劣币驱逐良币问题。2015年7月，东方粮仓联手民生易贷大胆尝试首次推出"可以吃的理财产品"即"大米理财"。该次大米理财总额500万元，项目期为3个月，项目在民生易贷平台发布融资标的，以东方粮仓在五常市自有园区种植的2015年第一批五常有机稻花香2号为交易标的。五常有机稻花香2号是东方粮仓自主研发培育的有机食品，是优质保真的五常大米。项目到期后，由东方粮仓从原产地直接邮递给消费者。该众筹项目在上线短短5小时内就完成了500万元的销售目标，共有8865个消费家庭参与了该活动。这种全新形式的大米理财在国内尚属首例，首次将"互联网＋农业＋金融"进行有机结合，是对"互联网＋农业"战略的一次新尝试。

13. 国际粮食产业及秦皇岛大宗商品交易中心

2015年12月14日，国际粮食产业及秦皇岛大宗商品交易中心项目合作签约仪式在秦皇岛开发区举行。秦皇岛经济技术开发区管理委员会、亚粮基金管理（北京）有限公司、康普华业（北京）科技发展有限公司、中国外运秦皇岛口岸实业公司、香海粮油（秦皇岛）工业有限公司五家机构共同签署合作协议，联合成立亚粮国际储运（秦皇岛）有限公司、亚粮国际工贸（秦皇岛）有限公司、亚粮泰盛（秦皇岛）大宗商品交易中心股份有限公司三家公司，将依托国家"一带一路"战略，利用"推进国际产能和装备制造合作"等有关政策，致力于亚太地区的粮食安全储备，通过"PPP"及"互联网＋粮食"等方式，打造"从田间到餐桌"的食品安全全产业链。

14. 全国粮食统一竞价交易平台

2016 年 1 月 8 日，"全国粮食统一竞价交易平台"正式上线运行，全国粮食流通工作会议参会嘉宾和代表及全国 27 个省（区、市）粮食交易中心主任见证了这一时刻。全国粮食统一竞价交易平台的上线运行有助于进一步优化粮食流通环节，提高粮食流通效率，降低粮食交易成本，增强企业竞争力；有助于粮食行政管理部门全面准确掌握粮食交易信息，实施更加精准科学高效的市场调控；有助于加快建设统一开放、竞争有序、协同发展的现代粮食市场体系，营造更加公开、公平、公正的市场交易环境。首个交易日，在平台上计划销售国家政策性存储菜油 6.8 万吨，实际成交 3.02 万吨，成交率 44.48%，成交均价

5308 元/吨，成交金额 16050 万元。此外，2015 年 5 月 1 日，晋中"四农宝"农粮电子交易系统正式上线，8.7 万农户上网卖粮。

15. 粮达网成功上线并运营良好

由中粮集团和招商局集团注资 3 亿元携手培育的粮食电子交易平台"粮达网"，是名副其实的名门出身，围绕大宗农粮产品现货交易，立足中间市场打造第三方平台，为买卖双方提供公平、公正的一站式服务。自 2015 年 11 月于深圳前海上线，累计交易量 204 万吨，总额 43 亿元，注册交易商数稳步上升，信息供应链、物流供应链、金融供应链、资产定价供应链"四链合一"的农粮交易平台模式得到了市场认可。2016 年 4 月 27 日，粮达网还开启了一场别开生面的品酒环节，拉开了粮达网正式开启甜蜜事业的序幕。

（二）粮食加工企业电商模式创新

目前，大多数粮油加工企业主要通过第三方电子商务平台进行产品的交易。因为自建电子交易平台需要大批资金，对于绝大多数中小粮油加工企业来说是不易成功。

1. 京粮"点到网"

北京粮食集团于 2011 年投资上线食品类 B2B 电子商务网站"点到网"，2014 年"双十一"当天，"点到网"销售额达 500 多万元，2015 年"点到网"正式

上线运营。主要产品为米面、粮油、食品、酒饮等，打破以往传统商超模式。同时，也促进了新产品快速上市，保证了新产品的成功率。依托京粮集团的研发能力，"点到网"也推出了众多特色产品，如冷冻面团、特色进口食品等，用微波炉稍微加热即可进食，方便快捷。因为地处北京，网站内部还做了一个专属频道，叫作"北京味道"，全面服务北京市民，维护北京市场。除点到网以外，其他线上商城包括京粮食品专营店淘宝商城和京粮商务网。

2. 金龙鱼在知名平台上开通旗舰店

金龙鱼进军电商起步晚，不是自建平台，而是采用与1号店、易迅、京东商城等合作的方式，目前在几大电商的粮油份额与实体店份额比较接近。此外，由于豆油等中低端产品进行线上售卖的利润薄，目前阶段金龙鱼主要瞄准中高端产品如橄榄油等。2013年金龙鱼开通了淘宝旗舰店，发挥传统渠道优势，进展比较顺利。但由于供销体系和传统供销体系需要磨合，为了平衡电商和传统渠道的差异，金龙鱼下一步将朝着"定制化"方向发展，对其定制化产品、规模、组合，最终把优惠回馈给消费者。

3. 西安爱菊粮油"电商＋店商"O2O模式

2014年9月22日，西安爱菊粮油集团全面启动社区电子商务项目——"电商＋店商"O2O模式，依托西安市700多个连锁网点，按照"预约订货、就近取货、验货付款、买退自由"的原则，消费者可以通过网站、手机、预约机和电话订货的方式任意选择爱菊放心产品，订单下达后，客服中心将根据预定时间分两个时间段安排配送。爱菊集团进入电商以爱菊系列米、面、油、主食、豆制品作为核心产品，并以全国各地的名牌副食产品作为补充。

4. 恒大粮油自营平台与第三方平台"双运行"

（1）自营平台。2015年4月15日，恒大粮油产品分别在自营平台恒优米APP、恒优米官方商城以及京东商城、天猫、我买网五大电商平台实现全面上线，构建起了传统渠道、商超渠道与电子渠道的立体化的恒大粮油销售体系。

（2）依托第三方平台。恒大粮油在第三方电商平台：天猫、京东商城、我买网建旗舰店，起到互为补充、最大化整合资源的重要作用。更重要的是，第三方电商平台的成熟运作模式、丰富的"实战"经验，对恒大粮油着力打造的自营电子销售服务平台——"恒优米"能够起到积极的借鉴作用。

5. 易粮网——第一家成品粮B2B交易平台

易粮网是大连粮食批发市场基础上

建设的第一家成品粮 B2B＋O2O 交易平台，它将采购方用户与加工厂、仓库三方通过平台连接起来，然后引入农业发展银行，形成第三方结算关系。2015 年交易额达到 8665.27 万元。

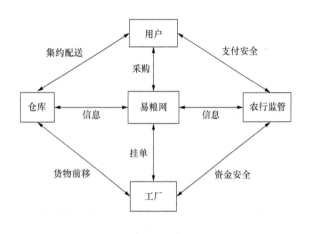

图 9-1　易粮网平台结构

6. B2B 食材配送平台

2015 年我国餐饮业年营收超过 4 万亿元，食材采购规模超过 8000 亿元。中小餐厅有诸多痛点，例如采购量小无法获得议价权，存在采购人力支出以及可能发生的灰色收入支出，采购菜品质量无法保证，等等。针对当前存在的问题，B2B 食材配送平台能够较好地解决相应的问题。

（三）网上支付手段不断升级

粮食作为大宗商品，交易额往往比较大，对资金的安全性、到账速度等要求比普通商品贸易更高，因此解决大额支付问题是中国粮食电子商务发展不可

回避的问题。粮食电子交易市场发展至今，所采取的支付手段经历了从传统的汇票支付到最新的银商通道支付的发展历程。作为电子商务的核心环节，网上支付随着粮食电子商务平台的发展不断优化升级，传统网银这种落后的资金渠道已跟不上现阶段电子商务奔跑的速度，银行和第三方支付机构"快捷支付"的方式应运而生，弥补了网银的不足。未来第三方支付将是促进中国网上支付完善和发展的主要途径和必然趋势，成为粮食电子商务发展的助推器。

如西安爱菊进入电商后，与电信天翼、拉卡拉进行合作，推行"预约订货、就近取货、验货付款、买退自由"的销售模式，消费者可通过网站、手机、预约机和人工预订等随意选购爱菊产品。

（四）移动商务成为粮食电子商务趋势

随着移动通信技术、互联网技术和信息处理技术的快速发展，人们已经不再满足于传统的电子商务活动，而是更加迫切地希望能够随时随地地进行各种商务活动，移动电子商务作为一种新型的电子商务方式，利用了移动无线网络的优点，具有不受时间、地点、空间限制，以及灵活、简单、方便等特点，能显著提高电子商务效率，大大节省客户交易时间。2014 年我国手机用户达到

12.86 亿户，智能手机成为助力电子商务发展的一个重要的因素。各类粮食电子商务平台也紧随时代发展，推出手机客户端、微信公众号等服务，实现粮油咨询实时推送、各类信息自由定制、随时查询。通过利用移动设备的扫描特征、图像、语音识别特征、感应特征、地理化、GPS 的特征，还将逐步实现移动端在线交易等更加智能的移动电子商务服务。

（五）网络金融满足粮食电子商务需求

网络融资模式是利用互联网技术、电子商务与银行业务管理系统结合的产物，目前已经成为我国电子商务行业发展的标志性业务，对我国电子商务业务尤其是 B2B 大宗商品网上交易的支撑作用效果明显，有效解决了长期以来粮食市场电子交易融资瓶颈问题，助力粮食电子商务的快速发展。

2015 年 1 月 9 日，中华粮网完成了粮食行业的第一笔网络融资贷款服务，授信总额度为 3000 万元，首次投放金额 500 万元，实现了全国粮食行业网络银行业务的新突破。

2015 年，地大物博公司全面推出"农产品交易＋互联网金融扶持"计划，向农产品的供应商、分销商提供全方位的交易担保、保险、授信、支付结算、理财、投融资等金融增值服务，同年 9 月将

正式上线技术领先、功能强大便捷的农产品 B2B 大型在线交易服务平台，为交易双方提供全方位的线上线下综合保障服务，创新我国农产品大流通的新模式。

（六）"三网融合"＋物联网＋大数据＋云计算＋区块链成为粮食电商新趋势

随着"三网融合"＋物联网的发展，手机下单、手机销售、手机采购、手机管理、手机发布、手机交流、手机寻找物流都将会实现，并成为一种趋势。智能粮食预订单、智能粮食交易、智能粮食市场、智能粮食支付、智能粮食通关、智能粮食物流、智能粮食仓配一体化、智能快递都将会成为发展趋势。随着"三网融合"＋物联网的发展，移动商务在新一代电商发挥越来越大的作用，微博、微信、微店"三微"营销，也会促进粮食电商进入一个精准营销新阶段。

一些粮油加工企业广泛开展了微信营销，开设微信公众号，将其作为一个展示公司形象与品牌的平台，除了向消费者推送一些了解大米品质的文章外，还适时地推广公司的新品。

未来农产品电商发展趋势将由平台型主导，因其商品品类多，交易规模大，服务能力较强如结算、物流、标准化、信用等，平台越强其获得的交易能力越强，未来粮食行业 B2B 的平台将先"跑起来"。

此外，还可以从不同的角度看交易

模式，如从平台、驱动、市场体系、B2B、粮食电商、淘宝村镇县、生鲜等角度看粮食网上交易模式。

三、我国粮食电商国家政策

（一）粮食电商促进—监管—长期发展政策

1. 促进方面政策

2014年、2015年、2016年中央连续发布的"一号文件"都把农产品电子商务作为重要内容，如《关于促进内贸流通健康发展的若干意见》《物流业发展中长期规划（2014～2020年）》《关于开展电子商务进农村综合示范的通知》《关于进一步加强农产品市场体系建设的指导意见》《关于促进商贸物流发展的实施意见》《关于大力发展电子商务加快培育经济新动力的意见》《关于建立百家百亿市场联系制度的通知》《"互联网＋"流通指导意见》《关于建立百家百亿市场联系制度的通知》《"互联网＋"行动指导意见》等。

2. 监管方面政策

如《关于清理整顿各类交易场所切实防范金融风险的决定》（38号文）、《关于清理整顿各类交易场所的实施意见》（37号文）、《商品现货市场交易特别规定（试行）》《关于网络交易管理办法》《关于整治用网络平台擅自售彩行为

通知》、国家发改委《关于禁止价格欺诈行为的规定》有关条款解释的通知、国务院办公厅《关于运用大数据加强对市场主体服务和监管的意见》等。

3. 长期发展政策

如《关于加快生态文明建设的指导意见》《社会信用体系建设规划纲要（2014～2020年）》等，对促进我国粮食电子商务生态链建设、诚信体系建设具有重要的指导意义。

（二）2015年以来的涉粮电商政策

1.《关于开展电子商务进农村综合示范的通知》

2014年7月24日，财政部、商务部《关于开展电子商务进农村综合示范的通知》，在河北、黑龙江、江苏、安徽、江西、河南、湖北、四川进行综合示范，即在8省56个县开展电子商务进农村综合示范，建立适应农村电子商务发展需要的支撑服务体系，发展与电子交易、网上购物、在线支付协同发展的物流配送服务。2015年发展到26个省市的200个综合试点县，投入财政资金总额37亿元。2014～2015年，商务部、财政部联合在256个县开展农村电商综合示范活动，并将这一活动延续到2016年。

2. 李克强总理阐述我国农业政策和粮食安全

2014年10月15日，李克强总理访问了联合国粮农组织总部，并发表演讲：36

年前中国改革开放从农村开始，30 多年来，中国粮食产量由 3 亿多吨增加到了 6 亿多吨，成功解决了人们基本的温饱问题。以约占世界 9% 的土地和约占全世界人均 1/3 的淡水，养活了全世界约 20% 的人口。

中国还要进一步促进农业高效集约发展。加强生态保护与建设，实施好退耕还林、天然林保护、防沙治沙、水土保持、草原治理等工程，支持农民改良土壤、减少污染、大规模建设高标准农田。通过努力，促进农业资源的永续利用，既满足当代人需要，也为子孙后代留下良田沃土、碧水蓝天。

3. 连续三个中央一号文件都强调农产品电子商务

（1）2014 年中共中央国务院颁布了《关于全面深化农村改革加快推进农业现代化的若干意见》，指出：启动农村流通设施和农产品批发市场信息化提升工程，加强农产品电子商务平台建设。

（2）2015 年 2 月 1 日，中共中央、国务院颁布了《关于加大改革创新力度加快农业现代化建设的若干意见》，指出：创新农产品流通方式，"发展农产品期货交易，开发农产品期货交易新品种。支持电商、物流、商贸、金融等企业参与涉农电子商务平台建设。开展电子商务进农村综合示范。"

（3）2016 年中共中央国务院颁布《关于落实发展新理念加快农业现代化

实现全面小康目标的若干意见》，指出：促进农村电子商务加快发展，形成线上线下融合、农产品进城与农资和消费品下乡双向流通格局。加快实现行政村宽带全覆盖，创新电信普遍服务补偿机制，推进农村互联网提速降费。加强商贸流通、供销、邮政等系统物流服务网络和设施建设与衔接，加快完善县乡村物流体系。实施"快递下乡"工程。鼓励大型电商平台企业开展农村电商服务，支持地方和行业健全农村电商服务体系。建立健全适应农村电商发展的农产品质量分级、采后处理、包装配送等标准体系。深入开展电子商务进农村综合示范。加大信息进村入户试点力度。

4. 网上卖食品得先领证，无证经营最高罚 3 万元

2015 年 8 月，国家食药监总局发布《网络食品经营监督管理办法（征求意见稿）》，根据这份意见稿，网络食品经营者须取得食品经营许可或者备案凭证，这意味着粮食生产者和经营者在网上或在微信圈卖食品也要办证备案了。

5. 国家重视"粮油网络经济"

2016 年 1 月，全国粮食流通工作会议在京召开。会议研究粮食行业"十三五"发展思路，部署 2016 年粮食流通重点工作。会议提出，2016 年突出抓好粮食产业经济发展，加快"互联网＋粮

食"电商平台建设，打造"粮油网络经济"。

四、我国粮食电商总体框架

（一）农产品电商产业链

农产品电商产业链主要分为产前、产中和产后。产前包括农资生产和农资流通。农资生产主要是指 B2C、采购 O2O、代购云农场等；农资流通主要有种苗、农药、化肥、饲料、兽药、农机的流通等，甚至还包括种苗流通商、农药流通商、化肥流通商、饲料流通商、兽药流通商、农机流通商等。产中分为农产品生产和农产品加工。农产品生产是指种植业、渔业、林业、畜牧业、农业服务业等；农产品加工包括初加工农产品和深加工农产品。产后包括最终产品流通、零售终端销售、消费者。最终产品流通是指物流服务；零售终端销售是指贸易商；消费者主要包括 B2B、批发、B2C、零售、直供淘宝、顺丰优选等。

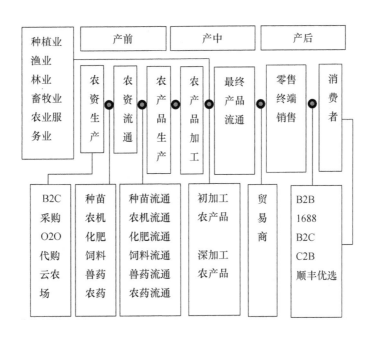

图 9－2　农产品电商产业链

（二）我国粮食电商总体框架

我国粮油产品电商总体框架，应是"借用、引进、培育"，"借用"是指借用我买网、天猫生鲜、京东等一些大型的电商平台。"引进"是指引进具有特色的粮油产品电商和移动电商的人财物资源。"培育"主要是指培育本地粮食电子商务，如粮油电商、社区电商和电商园区等本地电商。在这里"培育"本土电商具有重要意义。

第二节　2016 年我国粮食电商安全展望及趋势

一、2016 年我国粮食电商安全展望

2016 年粮食电商安全包括粮食电商的国家粮食信息平台安全、粮食电商国家粮食储备库安全、粮食电商交易平台安全、粮食电商粮食企业网站安全，归纳起来主要是两大安全，一是国家粮食信息及其粮食储备库安全；二是粮食电商市场的安全。前者主要需要国家信息化、智能化升级改造来实现，后者主要靠市场的运营来实现。目前来看，粮食电商大宗商品交易平台需要加强监管，粮食电商微粮模式需要进一步规范，以保证其安全性和有效性。

二、我国粮食电商安全的发展趋势

（一）规模化趋势

随着电商越来越成熟，农产品电商交易额越来越大。据统计，未来五年我国粮食电商交易额占农产品交易额的 5%，涉外农产品电商交易额将占 1%，农产品移动商务交易额将占 2%。同时我国农资电商、农村日用工业品电商、农村再生资源电商将得到较大的发展，2016 年农村供销合作社、邮政、电信等部门在农村领域的发力，将起到重要的推动作用。

（二）多样化趋势

从平台角度来看农产品电商模式，主要有五种：政府农产品网站、农产品期货市场网络交易平台、大宗商品电子交易平台、专业性农产品批发交易网站、农产品零售网站。

从驱动的角度来看农产品电商模式，主要有供应链驱动型、营销驱动型、产品驱动型、渠道驱动型、服务驱动型五大类型。

从生鲜农产品角度来看网上供应链模式，生鲜电商从最基本的 B2C 模式，后来发展衍生出 F2C（农场直供）模式、C2B（消费者定制）模式、C2F（订单农业）模式、O2O 模式和 CSA（社区支持农业）模式等。从采用的网络工具而言，生鲜电商常用模式有五种：自建电商平台、借助公共平台、委托电商平台代办、合作共建平台（O2O 模式）、"三微营销"（如微博、微信、微店营销）。

从 B2B 角度来看，出现了许多新型的农产品电商模式，如广西糖网、中国

棉花网、中华粮网、泌坤农产品、B2B食材网、美菜、链农、大厨网、小农女、优配良品、菜筐子、饭店联盟、一亩田、中国惠农网等，2014年B2B农产品大宗商品交易平台达300余个，交易额突破15万亿元。2015年B2B农产品大宗商品交易平台达402个，交易额突破20万亿元。

如果从专业电商的角度来看，粮食电商发展模式也是多样的，如中华粮网、中国网上粮食市场、中国安徽粮食批发市场交易网、中国谷物网、宁波网上粮食市场、台州网上粮食市场、黑龙江中米网、哈尔滨网上粮食交易市场、北京买粮网、京粮点到网应引起关注。

从淘宝村的角度看农产品电商模式，2014年主要有淘宝村模式、特色馆模式、O2O模式三种形式，2015年底出现全国780个淘宝村、71个淘宝镇，到2015年又出现了300个亿元淘宝县。以上案例可分为14种模式：

第1种是遂昌模式，走"生产方+网络服务商+网络分销商区"道路；第2种是通榆模式，走"生产方+电商品牌化"道路；第3种是沙集模式，走"加工厂+农民网商"道路；第4种是清河模式，走"专业市场+电子商务"道路；第5种是武功模式，走"园区+龙头+人才+政策+配套"（集散地+电商）的道路；第6种是临安模式，走"科技智慧+生态宜居+文化活力+和谐幸福"的道路；第7种是赶街模式，走"看得到、想要买、买得到"（赶街网+农村电商代购点+农户）的道路；第8种是货通天下模式，走"供应商+平台商+采购商"道路；第9种是桐庐模式，走以选址为中心变成选人为中心的"合伙人机制"道路；第10种是安溪模式，走"网商+制茶大师+魅力茶园+五星茶企+创新创意"道路；第11种是江苏模式，走线下与线上交易齐头并进的道路；第12种是海宁模式，走跨境外贸电商的模式；第13种是博兴模式，走引导青年回乡创业道路；第14种是成县模式，走"农户+网商"的道路。

从市场体系角度来看涉农电商模式，包括网络期货交易市场、大宗商品交易市场、一般网络现货交易市场。网络期货交易市场现有三大期货交易所17个品种，2014年还增加了夜场网络交易。

并非不同的电商就称为模式，笔者认为，成功的模式主要表现为6个方面的特征，即有效性、整体性、差异性、适应性、可持续性、生命周期性。

（三）融合化趋势

O2O融合是发展趋势，是指网上与网下相互融合，形成一个有机的整体，真正解决现在存在的网上渠道资源与网下渠道资源相互冲突、相互矛盾的问题。应推进粮食电商模式创新，如平台模式、

自营模式、"平台 + 自营"模式多样化发展，引导"平台 + 自营"模式主导地位，引导粮食电商发展的趋势。

（四）标准化趋势

随着电商越来越成熟，农产品种、养、加工等全产业链过程的工厂化，农产品电子商务越来越规范，越来越标准，农产品"三品一标"产品占整个电商的比例将超过80%，生鲜农产品电商将实现"三品一标"化，占农产品交易额比例超过60%。

（五）多功能趋势

随着电商越来越成熟，农产品交易平台的功能越来越多样化，交易功能、展示功能、信息功能、外向型功能、上下延伸的供应链功能、融资功能等将更多地表现出来，经过 5 ~ 10 年的努力，冷链物流效应将得到充分发挥：一是成本降低；二是效率提高；三是品质提高；四是给"新农人"带来新的利润增长点。

（六）全渠道趋势

随着电商越来越成熟，网上与网下由相互对立到相互融合，网上渠道更加多样，这里指的是平台、自营、平台 + 自营相融合的多种模式创新。网下渠道指社区店、便利店网络及其电子菜箱、智能菜柜等新型业态涌现。

（七）体系化趋势

网上期货交易、大宗商品交易、各类批发交易、各类零售交易、各类易货贸易等多种方式、多种市场逐渐体系化，期货市场与现货市场形成相互联系、相互融合的关系，而不是"板块化"关系，这样也促使我国大市场形成。

（八）国际化趋势

随着我国经济的一体化，两个市场和两种资源的充分利用，2015 年我国共有 2000 亿美元的农产品进出口，2014 年、2015 年我国谷物及其他品种的粮食进口先后超过 1 亿吨（其中大豆超过7000 万吨）。随着电子商务发展，农产品跨境电子交易将发挥越来越重要的作用，商务部在"互联网 + "流通行动计划中提出在国外建设 100 个海外仓的行动计划。

（九）智能化趋势

随着"三网融合" + 物联网 + 大数据 + 云计算等新技术的应用，移动商务在新一代电商中发挥越来越大的作用，微博、微信、微店"三微"营销，促进农产品电商进入一个精准营销新阶段，智能交易、智能支付、智能物流、智能配送、智能仓储等新的信息技术革命将给我们带来新的机遇和挑战。

（十）区域化趋势

农产品电商是电子商务的皇冠，生鲜农产品电商是皇冠上的明珠。随着经济和社会的发展，生鲜农产品电商的区域化越来越明显，随着区域化电商的发展，也使其越来越有效率。农产品电子商务交易有通过平台建设，进行专业化分工，基地只负责产品生产环节，电商只管发展用户和服务用户，物流外包给专业生鲜物流企业，可以同时解决标准化、产品安全性、冷链物流三大难题，其业务也越来越区域化。

（十一）社区化趋势

随着城镇化和农业现代化加速推进，社区电商将扮演重要的角色，农产品的性价比会很高，比以往传统渠道购买的还要高，生鲜农产品电商更被消费者接受，生鲜电商企业开始盈利，以社区为主力的移动端涉农电子商务占主体，产地直发影响力降低，生鲜电商物流冷链等问题可以得到很好的解决。

（十二）品牌化趋势

我国粮食生产、流通、消费的品牌化趋势十分明显，105万吨的五常大米卖出上千万吨的五常大米现象，应引起人们的高度重视，一方面需要保护"三品一标"粮食产品的品牌效应；另一方面要保护我国优质的粮食产品卖出好的价钱，粮食"既要种得好，还要卖得好、卖出好价钱、消费者得实惠、农民得收入"。要加强粮食区域公共品牌、企业品牌、产品品牌的建设。

（十三）法制化趋势

预计2017年底《电子商务法》即将出台，与之相适应，我国电子商务法律、法规、标准体系将不断完善。同时，国家工商总局、质监总局、商务部、农业部、海关、税收、银行等金融部门加强电商管理，出台《流通领域商品质量监督管理办法》《网络销售商品质量抽检有关规范》《电商企业落实新〈消费者权益保护法〉7日无理由退货指引》等，会提高消费者维权规范化、程序化、法治化。

第十章 2015～2016 年我国粮食金融安全分析

第一节 粮食金融安全的概念

一、研究背景及其重要意义

（1）2013 年中央经济工作会议和中央农村工作会议将粮食安全问题摆在重要位置。2014 年"一号文件"提出了"以我为主、立足国内、确保产能、适度进口、科技支撑"的国家粮食安全战略。

（2）中共十八大报告明确指出，解决好农业、农村、农民问题是全党工作的重心。新农村建设的国家战略有赖于粮食安全保障。确保粮食安全事关国计民生、社会稳定、经济发展，乃至国家安全。为此，探讨粮食金融安全问题，在理论和实践上具有重要意义。

（3）粮食金融化已成为威胁粮食安全的主要因素。自 2010 年以来，我国农产品价格波动幅度增大，"蒜你狠""豆你玩""糖高宗""姜你军"等现象不断出现，粮食作为大宗商品，已成为资本追逐的对象，粮食金融化程度越来越高。

二、粮食金融安全问题研究现状及基本构成

粮食金融安全体系的基本构成如图 10 - 1 所示。

面对粮食产业链（指由粮食产前、产中、产后、加工、流通、消费等环节构成，每个环节又涉及各自的相关子环节和不同的组织载体）的种种问题影响国家粮食安全的现状，只有通过整合粮食生产、流通、加工、消费等环节，优化产业链各环节，构建紧密型的粮食产业链，才能保障国家粮食安全。因此，

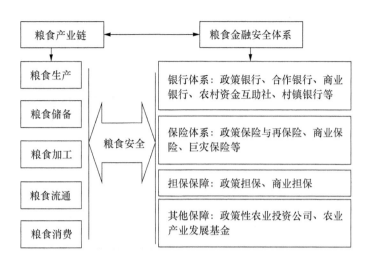

图 10 – 1　我国粮食金融安全体系的构成

我们提出，应该按照粮食生产、储备、加工、流通、消费的过程，从"粮食产业链"的角度构建我国粮食金融安全体系。

需要指出的是，在粮食金融安全体系中，政策性金融（政策性银行、保险、担保等）应当发挥主导作用。与此同时，随着我国粮食市场经营主体多元化（国有、民营、公私合营、外资等）进程的持续推进，我国粮食市场日益走向市场化，因此，除在政策性金融发挥主导作用之外，还必须着力引导商业金融、合作金融支持我国粮食安全战略。总之，鉴于粮食安全的重大战略意义和粮食生产、运输、加工、储备等领域的多元化特征，应当确立"以政策性金融为主导、商业金融、合作金融为两翼"的发展思路，最终构建一个基于粮食产业链的多层次、广覆盖、竞争性的粮食金融安全

体系，为粮食安全提供有力的金融支持和保障。

三、我国粮食金融安全体系

粮食金融安全渗透在粮食产业链的各个方面，并非独立存在并且影响粮食安全，我们特别提出粮食金融安全问题，它是我国金融体系尤其是农村金融体系的一部分。我们将作用于粮食产业链各个环节、为保障粮食安全提供各类金融服务的金融机构作为粮食金融安全问题的主要研究对象。

在整个粮食金融安全体系中，农村金融体系占据主导地位，我国农村金融体系基本框架如图 10 – 2 所示，一方面，中国农业银行进行商业化改革撤离农村市场以后，农村信贷市场上主要由中国农业发展银行（以下简称"农发行"）

和农村信用合作社二分天下；另一方面，农业保险在试点中发展，农业担保等其他金融供给开始。

近年来，围绕粮食安全问题，我国加快了农村金融体制改革，建立了以政策性银行（中国农业发展银行）、政策性

保险为主体，以合作金融（农村信用社、农业合作银行）、商业金融（中国农业银行、邮政储蓄银行）、村镇银行等新型农村金融机构以及农业担保体系为支撑的新型农村金融体系，初步构建了具有中国特色的粮食金融安全体系①。

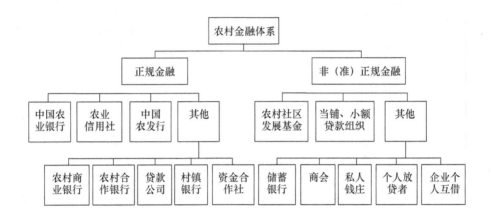

图 10 - 2　我国农村金融体系的基本框架

第二节　2015年我国粮食金融安全回顾

一、我国政策性银行金融粮食安全

我国农村政策性金融体系包括政策性银行、保险、信用社、担保等业务类型。其中中国农业发展银行（以下

简称"农发行"）是直属国务院领导的唯一的农业政策性银行，成立于1994年11月。22年来，随着农发行的发展，其在支持国家宏观调控、保障粮食安全、实现农民增收等方面发挥着越来越重要的作用。

（一）我国政策性银行金融粮食安全的现状

1. 主要业务范围

（1）办理粮食、棉花、油料收购、储备、调销贷款。

（2）办理肉类、食糖、烟叶、羊毛、化肥等专项储备贷款。

（3）办理农、林、牧、副、渔业产业化龙头企业和粮棉油加工企业贷款。

（4）办理粮食、棉花、油料种子贷款。

（5）办理粮食仓储设施及棉花企业技术设备改造贷款。

（6）办理农业小企业贷款和农业科技贷款。

（7）办理农村基础设施建设贷款。支持范围包括农村路网、电网、水网（含饮水工程）、信息网（邮政、电信）建设，农村能源和环境设施建设。

（8）办理农业综合开发贷款。支持范围包括农田水利基本建设和改造、农业生产基地开发与建设、农业生态环境建设、农业技术服务体系和农村流通体系建设。

（9）办理县域城镇建设贷款。贷款使用范围为县域（包括县级市、城市郊区郊县）内的城镇化建设。贷款用途为城镇基础设施、文化教育卫生和环境设施、便民商业设施和农民集中住房（包括农村集中居住区、棚户区、泥草房等）

改造工程建设。

（10）办理农业生产资料贷款。支持范围包括农业生产资料的流通和销售环节。

（11）在已批准业务范围内开展外汇贷款业务；为已批准业务范围内客户办理资本、贸易和非贸易项下的国际结算业务，以及与国际结算业务相配套的外汇存款、外汇汇款、同业外汇拆借、代客外汇买卖等业务。

（12）在设有分支机构的县域（包括县级市、城市郊区郊县）地区办理除居民储蓄存款之外的公众存款业务；办理业务范围内企事业单位的存款及协议存款等业务。

（13）发行金融债券。

（14）代理财政支农资金的拨付。

（15）办理开户企事业单位结算。

（16）办理代理保险、代理资金结算、代收代付等中间业务。

（17）办理同业拆借、票据转贴现、债券回购和现券交易、同业存款存出等业务。

（18）办理经国务院或中国银行业监督管理委员会批准的其他业务。

需要指出的是，2004 年农发行业务范围扩展到农业产业化龙头企业。2006 年银监会批准农发行产业化龙头企业贷款业务范围由原来的粮棉油扩大到农、林、牧、副、渔业整个农业领域，并同

意农发行开办农业科技贷款。2009年中央"一号文件"提出，"要扩大国家粮食、棉花、食用植物油、猪肉储备，2009年地方粮油储备要按规定规模全部落实到位，适时启动主要农产品临时收储，鼓励企业增加商业收储"。同时，文件还明确了一系列扩大农产品出口的政策，明确"对劳动密集型和技术密集型农产品出口实行优惠信贷政策""扩大农产品出口信用保险承保范围"等，这为农发行进一步扩大业务范围、增强保障粮食安全的能力提供了政策依据。此后其业务范围进一步拓宽，并不断完善治贷机制和办贷程序、扎实开展商业性贷款业务。

2. 信贷支农

2004年以来，农发行支农力度不断加大，为确保我国粮食安全发挥了积极的支持作用。2008年贷款增量突破2000亿元大关，2012年其全年累放各类贷款12647亿元；年末贷款余额21851亿元，增加3095亿元，增量为历年之最。截至2016年8月末，农发行各项贷款余额39048.5亿元，比年初增加4638.2亿元，同比多增1483.3亿元；实现各项收入1105.7亿元，同比多增145.9亿元，增长15.2%；实现账面利润193.8亿元，同比多增109.3亿元。扣除贷款损失准备因素，2016年1～8月，实现利润293.8亿元，同比多增39.3亿元，增

长15.5%。

农发行始终把支持粮棉油收购作为业务工作的重中之重，面对粮食丰产、收购资金需求量大和市场复杂多变的形势，其较好地落实了国家粮食宏观调控政策，保护了农民利益，维护了粮棉油市场稳定。截至2015年末，全年累计投放各类粮油收购贷款5737.95亿元，2016年，夏粮收购期间，农发行累计发放各类粮油品种收购贷款1285亿元，支持企业收购粮油1261亿斤。

此外，还有棉花信贷、农业生产资料贷款业务、专项储备贷款、农村流通体系建设贷款业务、农业小企业贷款业务、新农村建设贷款业务、其他农业农村基础设施建设贷款业务。

3. 经营效果

2004年以来，在支持农业农村经济平稳发展、保障粮食增产、农民增收的同时，农发行坚持按现代银行的要求改善经营，取得了显著的经营绩效，资金管理能力显著增强。

一是资金自筹比率提高，存款稳步增长。

2015年末，中国农业发展银行付息负债总额40030.4亿元，同比增加了9976.8亿元。

存款稳步增长。2015年末各项人民币存款余额（含同业定期存款）9364.4亿元，比年初增加3727.9亿元。

二是流动性管理与利率浮动政策管理。

积极构建流动性二级储备体系，适当配置短期高流动性资产并滚动操作，提高资产流动性，有效降低全行头寸占用。充分发挥票据交易双调节作用。

2015 年累计发放贷款 16895.2 亿元（不含贴现和转贴现），同比增加 2590.9 亿元。从贷款期限上看，一年以内（含）的贷款中，执行利率下浮的贷款 128.7 亿元。

4. 信贷管理

2015 年，中国农业发展银行狠抓信贷基础管理，强化风险防控。

一是 CM2006 系统升级工作全面完成并成功上线运行，系统的风险控制、监测检查和查询服务功能更加突出。

二是提出信贷保证支持、重点支持、限制支持和退出的行业、产品、区域与客户，明确对 7 类用途、5 类区域和 10 类客户进行限制，对 7 类客户实施退出。全年退出客户 783 家。

三是强化信贷监测检查工作。重点开展了农村土地类、公益性、地方政府融资平台贷款监测等，适时开展了到期中长期贷款收回、限制退出客户等专项监测工作。全面完成贷款客户风险排查和分类排队工作，对列为限制和退出的 2043 户企业逐户建立台账跟踪监测。

四是客户评级授信工作稳步推进。

全行完成客户评级 29802 户，客户授信 23393 户，AAA 级客户、AA 级（含）以上客户、A 级（含）以上客户占比分别为 4%、29%、92%。

五是认真做好信贷审查审议工作。全年共受理审查各种信贷业务 4066 笔，对其中 3277 笔信贷业务进行了风险提示，提示风险条款 11483 项。调整了报备审查流程，规范了报备范围，配合实施了中长期贷款会商审核制度。全年总行审查信贷项目报备 704 笔，做出风险提示 434 笔，要求分行撤回 11 笔。

5. 经营效益

2015 年实现利润总额 207.84 亿元，增加 67.05 亿元，同口径同比增长 47.62%；净利润 153.39 亿元，同口径同比增长 97.41%。

总体上看，经过 22 年的努力，中国农业发展银行按照打造现代银行的要求，基本形成"一体两翼"的业务发展格局（由过去单一支持粮棉油购销储业务，逐步形成以粮棉油收购贷款业务为主体，以农业产业化经营和农业农村中长期贷款业务为两翼，以中间业务为补充的多方位、宽领域的支农格局），初步建立起现代银行框架，经营业绩实现大幅提升（见表 10 - 1），成为我国农村金融的骨干力量，在解决粮食安全问题方面发挥着支柱作用。

表 10 - 1　2008～2015 年中国农业发展银行财务状况

年份 项目	2015	2014	2013	2012	2011	2010	2009	2008
总资产（亿元）	41831. 32	31422. 10	26226. 82	22930. 79	19534. 67	17508. 28	16568. 24	13546. 49
贷款余额（亿元）	34410. 37	28313. 51	25026. 82	21850. 77	18755. 50	16710. 65	14512. 59	12192. 79
总负债（亿元）	40844. 96	30687. 35	25587. 49	22432. 83	19179. 54	17220. 81	16318. 16	13319. 64
向中央银行借款（亿元）	3058. 00	3220. 00	2920. 00	3020. 00	2720. 00	3652. 00	3652. 00	3658. 50
发行债券（亿元）	27467. 36	21188. 56	17739. 45	14823. 10	12011. 20	9270. 30	8109. 25	6497. 01
所有者权益（亿元）	986. 36	732. 97	639. 33	497. 96	355. 13	287. 35	250. 07	226. 85
实收资本（亿元）	570. 00	200. 00	200. 00	200. 00	200. 00	200. 00	200. 00	200. 00
账面利润（亿元）	207. 84	140. 79	187. 44	179. 05	90. 66	49. 52	31. 45	26. 10
经营利润（亿元）	352. 51	441. 60	490. 10	484. 90	379. 46	209. 62	143. 65	204. 11
所得税（亿元）	54. 45	63. 09	46. 07	36. 13	22. 87	13. 30	8. 95	9. 83
净利润（亿元）	153. 39	77. 70	141. 37	142. 92	67. 79	36. 22	22. 50	16. 27
资产利润率（%）	0. 96	1. 53	1. 99	2. 27	2. 05	1. 21	0. 91	1. 64
资本利润率（%）	40. 88	64. 36	86. 19	113. 70	118. 10	78. 01	60. 13	92. 14

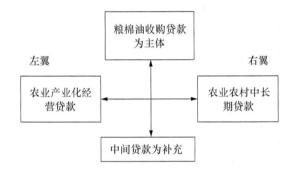

图 10 - 3　一主、两翼、一补的多方位、
宽领域的支农格局

（二）我国农业政策银行金融粮食安全存在的问题

1. 法律制度建设不健全阻碍信贷业务发展

主要表现为：一是法律体系不完整。目前，没有制定有关政策性银行法，基层农发行经营管理的依据更多是上级行的文件和规章制度，对外不具备刚性约束力和严格的强制性。二是相关制度亟

待完善。如农业产业化龙头企业都在大力发展"订单农业"，由于对"订单农业"没有相应的法律约束，"订单"履约率受市场影响很大，价格上涨时，农户抛弃龙头企业出售农产品，价格下跌时，一些企业压质压价或拒绝收购，这样，也就相应增加了农发行商业性贷款的安全隐患。三是农业保险政策扶持弱化下风险与收益严重失衡。农业生产受自然条件影响较大，农业生产先天不足。

2. 政府干预及支持力度的不足

1998 年对粮棉油收购贷款的业务管理，2004 年至今的业务发展和改革的要求，均属于行政命令，缺乏必要的法律基础。这一缺点严重制约了农业发展银行又好又快的发展，而且还加大了国家的财政负担。根据规定农业发展银行应该是独立法人，按照企业化的模式进行

管理。但是在实际运行中政府的干预力度较大，使得农业发展银行缺乏自主管理权，不能及时地依据市场变化而做出灵活的调整；同时也助长了农业发展银行对政府的依赖程度，减少了农业发展银行的积极性和主观能动性。

农业发展银行履行政策性职责，不以营利为目的，具有资金短缺的风险，在经济环境逐步恶化、政策性任务不断加大的同时，农业发展银行作为政府宏观调控的手段，会扩大其业务范围和业务种类，加大相应的资金需求，经营风险上升。因此，特别是对集权型的发展中国家而言，为了持续发展和不断发挥政策性银行的功效，政府应该给予其一定的风险补偿和支持，否则将会出现许多不必要的矛盾和问题。但是，直到目前，农业发展银行不但没有相应的补贴和税收减免政策，还要缴纳一定的税费，而且税率依然较高，农业发展银行本来执行的营业税先征后返政策，也于1998年被取消。在风险较大的情况下，高额的赋税会给农业发展银行带来许多问题。

3. 农村信用环境不佳成为信贷"瓶颈"

一是贷款保证能力差。农民贷款难的问题无法从根本上得到有效解决，贷款的抵押担保和保证能力差是导致"贷款难"的主要原因。目前，农发行除粮食购、销、储贷款外，几乎都采取抵押、质押贷款方式。

二是产业化风险转嫁行为突出。现阶段，欠发达地区农业产业结构调整仍停留在品种改良和数量扩张上，农村经济增长主要依托资源消耗，缺乏优质产业群的支撑，在项目选择上也存在一定的短期行为和盲目性。在农业生产保险机制体制不健全的情况下，必然将生产风险转移到农户和银行，造成农村大量信贷资金"沉淀"。

4. 资金来源渠道狭窄制约农发行支农力度

自农业发展银行成立以来，资金来源渠道狭窄。根据农业发展银行章程规定，目前其资金来源主要是央行再贷款、发行金融债券、开户企事业单位存款、财政支农资金、境外筹资这五大类。财政存款实际上就是财政借款，是农业发展银行筹资区别于其他商业银行的特殊方式。这类资金主要是由政府出资，期限一般较长，大部分在15年以上。作为农业发展银行的资金来源之一，它具有长期稳定低成本的特征。而农发行金融债券的借款期限相对较短，其融资渠道还是比较单一，有待拓展更多的融资方式，确保充足的资金来源。从确保粮食安全的产业链角度来看，尽管目前农发行业务范围已经涵盖了粮食的生产、储备、加工等领域，但在各个领域支农的力度还不够，尤其是在粮食生产和加工环节的资金投放十分有限。

表10-2 2009～2015年中国农业发展银行部分资金来源的构成比例

单位：亿元

年份 项目	2015	2014	2013	2012	2011	2010	2009
各项贷款合计	34410.37	28313.51	25026.82	21850.77	18755.50	16710.65	14512.59
发行债券	27467.36	21188.56	17739.45	14823.10	12011.20	9270.3	8109.25
占比（%）						55.48	55.88
向中央银行借款	3058.00	3220.00	2920.00	3020.00	2720.00	3652	3652
占比（%）						21.86	25.16

资料来源：中国农业发展银行年度报告。

5. 信贷资金投向集中流通环节忽视生产环节

尽管农业发展银行信贷总量随着业务领域的拓展快速扩张，但信贷资金投向仍然是集中用于粮棉油流通环节，特别是粮食流通环节比重较大，而流向其他领域的偏少，信贷结构失衡。根据国务院"支持收购、强化管理"的宏观调控政策要求，"收购性"的信贷业务构成农业发展银行业务的主体。如表10-3所示，截至2010年末，粮油贷款余额为9236亿元，棉花贷款余额为387.9亿元，占全行各项贷款余额的57.59%。可见粮棉油收购、储备和调销等信贷业务在农业发展银行的业务发展中，仍占据绝对的主体地位。农业发展银行的信贷资金在流通领域投入过多而忽视了生产领域，对农业基础设施、农业综合开发、产业化龙头企业以及农业科技等方面的贷款偏少，支持范围狭窄，并且农业发展银行不直接向农户提供贷款，在实际运行中又脱离了农村，其开发性功能被弱化。

表10-3 2009～2015年中国农业发展银行部分资金运用情况

单位：亿元

年份 项目	2015	2014	2013	2012	2011	2010	2009
贷款余额	34410.37	28313.51	25026.82	21850.77	18755.50	16710.65	14512.59
粮油贷款余额						9236	9407.6
占比（%）						55.27	64.82
棉花贷款余额						387.9	375.03
占比（%）						2.32	2.58

资料来源：中国农业发展银行年度报告。

6. 业务性质冲突不利于粮食安全

这主要体现为农发行政策性与商业性业务的冲突。

一方面，确保粮食安全、建设社会主义新农村，农发行承担更多的政策性职能，加大对"三农"的政策性信贷投入。

另一方面，粮食市场化改革加大了粮食价格的波动性和粮食经营主体的多元化，农发行构建现代银行体系、经营商业性业务具有内在的冲动。

在这样的条件下，农发行商业性业务与政策性业务的内在冲突日益显现，平衡的难度也加大了。而政策性金融和商业性金融没有清晰可见的边界，因此非常容易偏离政策性金融对商业性金融的引导和补充作用，甚至有时会出现盲目性，不可避免地致使政策性金融和商业性金融之间相互竞争。

二、我国农业保险金融粮食安全

（一）我国农业保险金融粮食安全的现状

近年来，中共中央、国务院高度关注农业保险的发展。2004～2016 年连续 13 年的中央"一号文件"都对政策性农业保险做出重要战略部署，各地政策性农业保险试点工作也相继开展，不同的保险组织也开始建立或加入农业保险经营行业，对我国粮食安全的保障起到了重要作用。但是，我国农业生产经营存在着自然与市场的"双重风险"，对粮食安全威胁巨大。自1982年保险业全面恢复以来，我国城市保险业蓬勃发展，但农业保险一直停滞不前（见表10-4），这显然不利于粮食安全，给粮食安全埋下了隐患。

表 10 - 4　1995～2005 年我国农业保险发展情况

单位：亿元，%

项目 / 年份	1995	1996	1997	1998	1999	2000	2001	2002	2003	2004	2005
总保费	453	538	773	1256	1406	1598	2109	3054	3880	4318	4927
农业保费	5.7	5.7	5.7	7.1	6.3	4	3	5	5	3.8	6.5
农保赔偿	3.6	3.9	4.2	5.6	4.9	3	3	4	3	—	3
农保费比重	1.26	1.06	0.74	0.57	0.45	0.25	0.14	0.16	0.13	0.09	0.13
农保赔付率	63	68	74	79	78	75	100	80	60	—	46

资料来源：国家统计局、中国保监会。

2004 年以来，中央"一号文件"多次提出要"建立政策性农业保险制度"：2007 年提出"各级财政对农户参加农业保险给予保费补贴"，2008 年提出"鼓励龙头企业、中介组织帮助农户参加农业保险"。在中央政府的高度重视和政策支持下，各地对政策性农业保险积极进行试点，探索出多种政策性农业保险模式，比较典型的有浙江、福建、黑龙江和江苏苏州试点模式。2007～2009 年农业保险发展状况（见表 10－5）分析，2008 年度保费收入、参保农户、保险金额、支付赔款数额增加一倍，我国农业保险呈现出"业务较快发展、作用逐步

发挥、服务日益广泛、保障更加全面"的良好局面，在保障粮食安全方面发挥着积极的作用。

2014 年，农业保险实现保费收入 325.7 亿元，提供风险保障 1.66 万亿元，参保农户 2.47 亿户次，承保主要农作物突破 11 亿亩，承保覆盖率接近 50%，主要口粮作物承保覆盖率超过 65%。农业保险产品升级，标志着农业保险产品体系的进一步完善，将大幅提升农业保险产品管理的标准化和规范化水平，对扩大农业保险覆盖面、维护投保农户合法权益、完善农业保险体制机制、发挥农业保险功能作用都将产生深远影响。

表 10－5　2007～2015 年我国农业保险发展状况

项目 年份	2007	2008	2009	2010	2011	2014	2015
保费收入（亿元）	51.84	110.69	133.79	135.86	174.03	325.7	374.7
其中：主要种植业承包面积（亿亩）	2.31	5.32	9.49	6.8	7.87	11.0	—
林业承包面积（亿亩）	0.28	0.77	2.86	4.8	9.2	—	—
参保农户数（万户）	4980.85	9015.85	13336.3	14000	16900	24700	23000
风险保障金额（百亿元）	11.26	23.97	38.12	39.43	65.23	—	200
支付赔款（亿元）	32.83	69.09	101.89	100.69	81.78	—	260.8
受益农户（万/户）	451.2	1485.06	2185.94	2060	—	—	—

资料来源：保监会、《中国保险统计年鉴》。

1. 业务规模不断扩大

近年来，农业保险规模不断扩大。如表 10－5 所示，2007 年全国农业保险保费收入 51.84 亿元，2008 年为 110.69 亿元，同比增长 114%，2009 年为 133.79 亿元，2010 年为 135.86 亿元，2011 年为 174.03 亿元，2014 年为 325.7 亿元，2015 年为 374.7 亿元。

2015 年我国参保农户约 2.3 亿户次，提供风险保障近 2 万亿元。农业保险条款全面升级，大幅拓宽保险责任、提高保障水平和赔付标准、降低保险费率并简化理赔流程。农产品价格保险试点扩展到 26 个省份，承保农作物增加到 18 种。

2. 覆盖区域逐步拓宽

由全国性保险公司和专业性农业保险公司组成的农业保险经营网络初步形成，农业保险已覆盖各省区市。2008 年，中央财政支持的农业保险试点由 6 省区扩展到 16 省区和新疆生产建设兵团。2015 年农房保险已覆盖全国所有省市，参保农房 9358 万间，提供风险保障达 1.4 万亿元。中国农业保险再保险共同体承保能力扩大到 2400 亿元，可满足国内 96% 以上的分保需求。各保监局结合当地实际，创新农业保险发展方式。

3. 保障范围日益广泛

在大力推进农业保险发展的同时，保监会组织、指导保险公司，以服务"三农"为重点，积极开展农产品（鸡蛋、玉米期货/期权保险）、农民家庭财产、农民信用保证、农机、农房保险等涉农保险业务。目前全国开展的农村保险险种达 160 多个，范围涉及九个方面：一是种植业保险，主要包括玉米、水稻、大豆、小麦、棉花、鸡蛋等；二是经济作物保险，主要包括林木、油菜、烟叶、西瓜等；三是养殖业保险；四是渔业保险；五是农机具（含无人机）保险；六是农民的养老、医疗、生育保险，主要包括失地农民的养老保险、参与新型合作医疗、计划生育保险等；七是农民的住宅保险；八是农民工的意外伤害保险；九是农村学生平安保险。

4. 保险机构不断增多

1982 年，我国只有一家机构即中国人民保险公司经营农业保险业务，2004 年成立了上海安信农业保险公司、吉林安华农业保险公司、法国安盟保险、阳光农业保险公司，壮大了农业保险经营机构（见表 10－6）。经过 34 年的发展，目前已形成了综合性保险公司、专业性保险公司、再保险公司、专业协会、保险经纪公司等农业保险经营机构，其中综合性保险公司和专业性保险公司是当前我国规模和影响都较大的农业保险经营机构，目前以综合性保险公司的下设机构分布为主体，形成了覆盖各大小城市和县乡的农险服务网络；以专业性保险公司为区域主体，形成了某一省份和部分省份的农业保险县域服务网络。从市场份额看，综合性和专业性保险公司占据全国农业保险 99% 的市场份额。农业保险经营机构按其经营业务可分为直接保险经营机构、再保险经营机构和保险经纪机构，如图 10－4 所示。

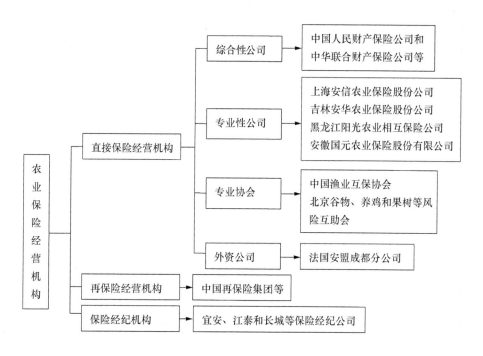

图 10 - 4　我国农业保险经营机构的构成

表 10 - 6　1949～2004 年成立的专业性农业保险公司

投资主体	成立时间（年）	资本金（亿元）	公司性质
中国人民保险公司	1949	30	国有
中华联合财产保险公司	1986	2	国有
上海安信农业保险	2004	2	股份
吉林安华农业保险	2004	2	股份
法国安盟保险成都	2004	2	股份
阳光农业保险	2004	—	互助

（二）我国农业保险金融粮食安全存在的问题

1. 农业保险法律不完善

我国目前农业再保险依旧沿袭把农业风险依照一般财产保险和行政要求的再保险规定，分保给中国再保险公司保费收入的20%，由此会出现多方面的状况，如在风险管理上保险公司出现疏漏。

因为有法定分保规定的20%和惯例给中国再保险分保，在风险的安排上经营农业保险的各承保公司发生大量的逆选择，使风险单位减少，自留比例增大，特别是为了具体目的，使标的风险大的单位减少，承保公司的经营风险增大了，造成了农业保险经营体系里再保险公司在管理上信息出现严重的不对称。我国已有的法律体系并未对再保险体系里的再保险渠道特别是农业保险中再保险渠道的管理作确切的规定，会同样导致农业保险的再保险发生分保条件恶劣、渠道单一、再保险公司和承保公司的风险管理体系受到严重的破坏。

2. 政策扶持不到位

主要体现为：一是税收扶持不到位；二是财政补贴制度未健全；三是再保险机制不健全。众所周知，农业保险具有明显的社会效益性，提供农业保险补贴，早已成为许多国家支持农业的一项重要措施，农业保险补贴也是 WTO 规则所允许的"绿箱政策"。建立政策性农业保险制度已是世界各国通行的农业保护措施之一。在发达国家如美国和日本，均有专业的农业保险机构。美国政府扶持农业保险的手段是向农民补贴保险费，或向农业保险办理机构提供经费补贴。在日本，政府补贴农民水稻保费为 50%~60%，补贴麦类保费为 50%~70%。从1995 年开始，美国政府为了鼓励部分商业性保险公司开展农业保险业务，为开办农业保险的 19 个公司提供相当于其农业保险费 31% 的补贴。为了让农业保险尽快走进农家，政府必须加大对农业保险的投入。

3. 农业保险供给主体单一

我国是农业大国，农业生产总值在国民经济中的地位很重要，至今我国有直接保险机构、再保险机构、保险经纪机构，而开办农业保险业务的公司仍然显得单一。给我国农业保险的发展带来了极其不利的影响。原因是，农业保险本身的性质是政策性保险，但现在的实际情况是政府支持力度不够，致使商业保险公司开办农业保险业务不赚钱或者利润太低，使农业保险形成供给主体单一的局面。

4. 农业保险险种不足、覆盖面较低

在承保品种方面，我国从 2007 年开始推行由中央财政支持的政策性农业保险，保险金额由中央财政、地方财政和农户共同承担，初期有玉米、水稻、小麦、棉花、大豆 5 个品种。2008 年以来，这一政策性农业保险试点已由 6 个省区扩展至 16 个省区和新疆生产建设兵团，并增加了花生、油菜、鸡蛋，使承保品种达到 8 个，与美国承保超过 100 个品种相比实在悬殊至极。

5. 农业巨灾风险分散转移机制滞后

截至 2008 年末，全球已有 40 多个国家建立了较为健全的农作物保险制度，绝大多数国家都已建立了巨灾保险基金，而我国仅有江苏、山东等少数几个省已建或在建农业巨灾风险准备金。据了解，国外发生巨灾后，保险赔款可承担 30%以上的损失补偿，发达国家甚至可达 60%~70%。而在中国农业巨灾风险分散转移机制滞后且不完善。鉴于此，中国保监会正在积极酝酿推出巨灾保险基金制度。

6. 农业保险赔付率较低

2008年发生的南方雪灾,造成直接经济损失1516.5亿元,保险赔付仅42.9亿元,占比2.8%,其中农业保险赔付6629.6万元,占比农业损失不足4%;在此之前,1995～2004年,美国农险平均赔付率高达95%,2005年美国卡特里娜飓风后,保险赔付达到了其直接经济损失的50%。以2008年初的南方雪灾为例,保监会的统计显示,截至2月12日,因灾造成的直接经济损失达1111亿元,保险业共接到雨雪灾害保险报案85.1万件,已付赔款10.4亿元,这一数字占到灾害造成的整个经济损失的比例尚不足1%。我国是世界上公认的地震、洪水、台风等各种自然灾害发生均比较频繁的国家,每年造成的经济损失都在1000亿元以上;另外,目前我国各类自然灾害造成的经济损失,其保险赔偿仅占损失的5%,远低于36%的全球平均水平。

7. 我国农业保险的再保险机制尚未建立起来

我国以往的农业保险由于缺乏适当的再保险安排,使得风险过于集中在保险经营主体自身,难以分散,影响经营主体的经营效果。而国外农业保险经营普遍有再保险机制的支持,特别是避免特大自然灾害对农业和农民的影响。例如,美国和日本的政府都对本国农业保险提供再保险支持。美国是由联邦政府农作物保险公司负责在中央建立再保险基金,向开展农作物保险的保险人提供超额损失再保险,再保险责任按赔付率分段确定,目的是既向各私营农作物保险公司提供超额损失再保险(不超过115%),又限制农作物保险公司的盈利水平(不高于15%)。日本建立三级再保险体制,在农共组与县共联之间实行比例再保险,农共组自留责任按险种风险大小确定,其余责任由县共联承担,超额损失责任则由中央再保险账户承担。

三、我国中小企业信用担保体系的金融粮食安全

从粮食产业链的角度看,在我国广大城乡地区,除了大型国有粮食企业外,中小粮食企业对粮食的生产、运输、储备、加工等环节也发挥着十分重要的作用。例如,中国的粮食加工企业目前以中小企业为主,集中度偏低。以小麦粉加工企业为例,2005年全国所列统计报告小麦粉加工企业2815家,其中,日加工小麦能力200吨以下的企业所占比重为84%,日加工小麦能力200吨以上的企业所占比重只有16%。中国最大的小

麦加工企业——中国粮油集团，所在全国市场的份额也只有 2% 左右。对于数量众多的中小粮食企业而言，在发挥保障粮食安全功能的同时自身面临着很多问题，其中融资难问题尤为突出[①]。

融资难问题一直制约着中小企业的健康发展。由于资产规模、信用、担保等问题，中小企业很难得到银行的贷款，因此，建立健全中小企业信用担保体系对改善中小企业的融资有着举足轻重的作用，这也是目前世界各国对于解决该问题比较通行的方法。我国早在 1992 年就开始尝试建立中小企业信用担保体系，1999 年 6 月发布了《关于建立中小企业信用担保体系试点的指导意见》，标志着中小企业信用担保体系在我国正式启动；2000 年 8 月，国务院办公厅印发了《关于鼓励和促进中小企业发展的若干政策意见》，标志着我国中小企业信用担保体系建设进入了制度性建设阶段；特别是《国务院关于鼓励支持和引导个体私营等非公有制经济发展的若干意见》（以下简称《意见》）（国发〔2005〕3 号）的推动，大量民间资金被激活投入担保业，其市场化进程

明显加快。面对金融危机对我国中小企业的强烈冲击，2009 年 8 月 19 日，国务院出台了"六条"新措施促进中小企业发展[②]，再次强调"设立包括中央、地方财政出资和企业联合组建的多层次中小企业贷款担保基金和担保机构"。

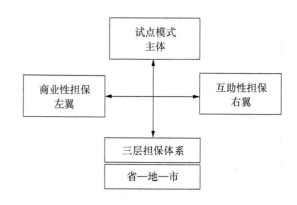

图 10-5　一体、两翼、三层的担保体系框架

目前，我国中小企业信用担保体系构建的总体框架为"一体、两翼、三层"结构。其中，"一体"是指以《意见》所规定的试点模式为主体[③]，其主要特征是"政策性资金、市场化操作、企业化管理、绩优者扶持"；"两翼"是指以商业性担保和互助性担保为两翼，是试点模式这一主体的重要补充；"三层"是指

---

①《中国经济时报》记者在采访时发现，在粮食生产与流通的产业链中，怨言最多的不是农民，而是加工企业，尤其是民营的中小加工企业。见"粮食加工企业面临停产困境"，http://www.qjyl68.com/forum/d_340362.html。

②具体包括：完善政策法律体系，为中小企业发展营造公开、公平竞争的市场环境和法律环境；切实缓解中小企业融资难；加大对中小企业的财税扶持；加快中小企业技术进步和结构调整；支持符合条件的中小企业参与家电、农机、汽车与摩托车下乡和家电、汽车以旧换新等业务；加强和改善对中小企业的服务。

③由于缺少中小粮食企业相关资料，本节只能就所有的中小企业信用担保体系展开讨论。

担保体系由中央、省、地市三级担保机构组成，其业务包括担保和再担保，其中担保业务以地市级担保机构为基础，再担保业务以省级担保机构为基础。中小企业信用担保体系建设遵循"支持发展与防范风险相结合、政府扶持与市场化操作相结合、开展担保与提高信用相结合"的原则。

（一）我国中小企业信用担保体系的发展现状

我国中小企业信用担保业自1998年开始试点至今已有18年。18年来，在中央各有关部门和地方各级政府的大力支持和积极推动下，以中小企业为服务对象的中小企业信用担保机构得到了快速发展，为破解中小企业融资瓶颈发挥了重要作用。近年来中央出台了一系列财税扶持政策，在有效激励地方各级政府建立省、市、县三级政策性担保机构的同时，也吸引了大量的民间资本投资设立中小企业信用担保机构，初步形成了政策性担保与民营担保互补、直接担保与再担保联动的中小企业信用担保体系。

1. 2011年中小企业信用担保行业总体情况

截至2011年底，全国中小企业信用担保机构数量为4439家，比上年减少378家。全年服务新增受保企业38万户，年末在保企业42万户；新增担保总额1.56万亿元，同比增长59.28%；担保余额2.6万亿元，平均单笔担保额385万元。2011年全年担保总笔数66.9万笔，其中单笔100万元以下的占57.9%；单笔800万元以下的占61.5%；单笔1500万元以下的占81.3%，中小企业信用担保机构为缓解中小企业特别是小微企业贷款难方面发挥了不可替代的作用。

2. 中小企业信用担保行业取得的主要成绩

一是实力增强，梯队形成，结构进一步优化。近两年来，各地严格执行《融资性担保公司管理暂行办法》，中小企业信用担保机构实现整合、整体优化：2009年底为5547家，2010年底为4817家，2011年底为4439家。在机构减少的同时，担保机构的资本金总额、户均资本额及担保贷款业务量均明显增大：2011年底全国中小企业信用担保机构实收资本已达4591亿元，同比增长17.2%；担保机构户均注册资本额2009年为6109万元，2010年为8129万元，2011年达1.04亿元，同比增长29%，第一次实现户均资本金超亿元。在全国4439家机构中，注册资本10亿元以上的担保再担保机构已达35家；注册资本1亿元以上的担保再担保机构共计2196家，占比已近半壁江山。目前行业梯队格局已基本形成，资本金过亿元担保机构引领作用凸显，其户数占比49.47%，资本占比79.01%，业务占比84.38%。

一批资本规模大、服务水平高、抗风险能力强、信用纪录好的中小企业信用担保再担保机构正在形成，在公司治理、功能创新、风险管控、银担合作、团队建设等方面正在发挥着重要引领作用，担保行业整体结构得到进一步优化。

二是体系形成，风险可控，企业和社会效益显著。近年来中央出台了一系列财税扶持政策，在有效激励地方各级政府建立省、市、县三级政策性担保机构的同时，也吸引了大量的民间资本投资设立中小企业信用担保机构，初步形成了政策性担保与民营担保互补、直接担保与再担保联动的中小企业信用担保体系。2011 年底，全国 4439 家中小企业信用担保机构中，国有及国有控股机构共计 1072 家，占比 24.15%，实收资本 1380 亿元，占比 30%；民营担保机构 3367 家，占比 75.85%，实收资本额占比 70%。我国担保行业正由试点初期的以财政出资为主，向以政策性担保为主导、民营担保为主体的格局转变。与此同时，目前全国已有 15 个省（区、直辖市）建立了省级再担保机构，实际覆盖了 18 个省市，再担保在信用增进、风险分散、产业导向和行业整合等方面均发挥着越来越重要的作用。

目前，中小企业信用担保行业出现如下特点：

一是担保机构精简，结构优化。随着 2010 年七部委 3 号令的颁布，我国融资性担保机构得到了有效的整顿。中小企业信用担保机构数量明显减少，但资本实力显著增强。据统计，2011 年中小企业信用担保机构实收资本达 4591 亿元，比上年增长 17.2%，户均注册资本更是首次突破了亿元。

二是业务能力显著提高。2011 年中小企业信用担保机构新增担保总额为 1.56 万亿元，新增受保企业 38 万户，平均单笔担保额为 385 万元，比上年均有较大幅度的增长。另外，担保机构信用放大能力进一步提高，服务能力明显加强。

三是担保信用环境有所改善。中共十八大报告更是对诚信建设提出了具体要求，指出要加强政务诚信、商务诚信、社会诚信和司法公信建设。各地、各部门积极响应中央的号召，加强关于诚信方面的宣传教育和信用管理，落实相关的政策执行。全社会信用意识得到一定程度的加强，信用环境也得到一定改善。

（二）我国中小企业信用担保体系建设存在的主要问题

1. 担保能力普遍较弱，盈利模式亟待调整

我国目前建立了"一体两翼"的担保机构体系，但是中小信用担保机构所占比重还比较低。中小企业盈利能力较弱，信用能力和意识均较低，因此，中小企业信用担保业务面临高风险、低收益困境。目前，我国担保行业资本来源多元化，包括各级财政、国有企业、民间资本、外资等，资本诉求不一。但不论是民营担保机构还是国有担保机构均面临盈利模式问题，各类担保机构不得不在实现政策目标、资产保值增值和风险管理中艰难寻求平衡。担保机构法定盈利渠道只有两个：一是保费收入不得高于同期贷款基准利率的50%；二是投资收益，投资额需在净资产20%以内，且投资方向严格受限。与此相应，作为高风险行业，担保机构要按年末责任余额1%计提赔偿准备；按当年保费收入50%计提未到期责任准备。由此可见，收益与风险失衡甚至形成制度性亏损，是担保机构面临的最大的制度性障碍，为此，担保机构的商业及盈利模式亟待调整。

2. 部分地区担保业务增速放缓与代偿骤增同步发生

据调研，受银行提高合作门槛、缩减授信额度、降低放大倍率，以及宏观经济下行等诸多不利因素影响，担保业务增速放缓。有些省市多年来首次出现解保大于新增现象；一些省市代偿额与代偿率明显上升。2011年全国担保机构代偿率平均为0.42%，而2010年为0.16%。从2012年中小企业信用担保专项资金结构上分析，补助担保机构的代偿额同比已增长51.2%。随着经济下行，中小企业风险加大，第一还款来源不佳，加之银保风险分担机制长期缺失，担保业风险总体将呈上升趋势，一些机构已进入代偿高峰期，应引起高度关注。

3. 担保机构在银担合作中始终处于弱势地位

一是银行提高担保机构准入门槛。特别是2011年下半年以来，部分银行大幅提高准入门槛，降低授信倍率，提高保证金比率，甚至暂停新增业务。个别银行甚至提出所有制歧视政策，这对目前以民营担保机构为主体、融资性担保业务为主业的中小企业信用担保造成极大影响，直接波及在保中小企业。

二是银行收取担保机构保证金，从源头上增加了担保机构的经营成本，影响其即时清偿能力。现行政策仅强调担保机构少收或不收企业保证金，但对银行收取担保机构保证金却未予制止或有所约束。地方反映，多数银行向担保机构收取10%～20%的保证金，有的甚至将收取担保机构的资本保证金、基础业务保证金作为银担合作签约的先决条件。由于担保机构特别是民营担保机构自身资本金原本就不足，银行收取保证金比例过高，致使担保机构自身的杠杆功能严重受限，也降低了其承保与代偿能力。

与此同时，多数担保机构又必然将保证金负担转嫁受保企业，从而变相加大中小企业融资成本，也给个别担保机构挪用客户保证金、高负债经营，甚至以保证金名义从事非法集资、高利揽存借贷等违法行为提供可乘之机。

三是担保代偿风险几乎全部由担保机构独自承担。除极少数政策性担保机构外，几乎所有担保代偿损失均由担保机构独自全部承担。与此相应，银行的利率却并未因担保机构提供担保转移部分风险而降低利率幅度，这种制度安排既有失权责对等原则，也在一定程度上平添了中小微企业的融资成本。此外，作为从事信用增进的担保机构，长期以来难以进入银行的征信系统以分享企业的信用信息资源，从而增加了担保机构的信用风险，银担合作中的信用信息共享也迫在眉睫。

4. 我国中小企业信用担保体系的风险控制、分散机制不健全

我国中小企业信用担保机构内部的信用风险控制机制较弱，缺少明确的规章制度，并且担保过程中往往会存在行政指令与人情担保，使得担保机构的信用度降低，风险加大。另外，我国再担保机构还不完善，担保机构也不能通过再担保方式有效转移和分散担保风险。因此，担保机构只能采用反担保措施，而过多的反担保实际上减少了担保机构

自身的作用，不能发挥其应有的作用。

根据国际经验，担保机构一般承担70%~80%的担保责任，其余部分由协作银行承担。由于我国目前还缺乏明确的制度规范，再加上担保机构的实力过于弱小，在谈判中处于不利地位，导致诸多银行将本来应当由自身承担的中小企业贷款风险全部转嫁给了担保机构。这样就造成担保机构责任与能力的严重不对等，同时也降低了银行对企业信用进行考察和评估的积极性和责任心，最终加大了担保机构的风险。

5. 我国中小企业信用担保体系内部管理有待规范

除了专业人才匮乏外，担保机构内部管理还很不规范，很多担保机构缺乏完善的担保保证金制度、集体审核制度、风险内控制度、债务追偿制度等，这是影响担保机构运行质量和效果的突出问题。特别是在目前的中小企业信用担保机构中，以政府出资建立的担保机构为主，而对这类机构，总体上看还没有完全建立起有效的企业化经营管理机制，行政干预、领导决策、人情担保的现象还大量存在，进一步弱化了担保机构决策的科学性，也降低了担保机构自身的信用度，常常增加了信用担保的风险。由于上述问题的存在，中小企业信用担保体系整体功能的发挥已经受到了严重的影响。

中小企业信用担保体系存在的以上问题具有较强的普遍性，在我国中小粮食企业中显得更加突出。例如，我国众多中小粮食加工企业发展困难：中国经济导报的调查发现，虽然国家将对吉林、辽宁、黑龙江、内蒙古三省一区内规模在10万吨以上的玉米深加工企业进行补贴，这让此前很多处于停产、半停产或者亏损状态的深加工企业喘了口气，但对于大多数中小加工企业来说，仍然面临停产困境。在与外资品牌的竞争中，很多国内品牌本身就处于资金上的劣势。凡是进入国内市场的外资品牌，大部分都是资金实力雄厚，而国内品牌，尤其是私营品牌自有资金不足，银行贷款又不愿意面向这些抵押物不足的中小企业。

6. 我国中小企业信用担保体系相关法律法规规范建设滞后

目前国内还没有专门针对中小企业信用担保的专门法律法规，使得中小企业信用担保机构的法律地位、服务对象、支撑体系以及运作规则等定位极为模糊，这严重阻碍了中小企业信用担保体系的健康发展。担保机构的设立尚无统一的适应担保业发展的市场资质要求。《担保法》作为担保业的专门法律，仅规范了担保行为，而对近年来纷纷设立的专业担保机构的法律、权利与义务并无明确规定，致使担保机构缺少法律保护与制约。国务院于2004年6月公布的《国务院对确需保留的行政审批项目设定行政许可的决定》（国务院412号令）虽明确了"跨省区或规模较大的中小企业信用担保机构的设立与变更"系行政许可项目由国家发改委负责实施，但这项许可的范围和力度还远难满足担保业发展的整体需求。即"一体两翼"体系中，仅明确了省及中央设立担保机构的条件和程序，但对绝大多数的地、市、县级担保机构的准入还无法可依。担保业作为一个系统，凡涉及市场准入与退出、业务范围与种类、执业者从业资格、担保机构内控制度以及行业维权与行业自律、政府在立法前的协调与立法后的监管等诸多问题，尚需抓紧研究并明确法律规定。

7. 从业人员素质有待提高

作为高风险行业，担保机构只有在具备扎实的知识技能和丰富的从业经验的专业人员的经营管理下，依靠市场化和企业化运作才能实现保本或微利经营。信用担保专业性强，涉及范围广，不仅需要金融、财务、法律、审计、评估等专业知识，而且需要预测、分析、谈判、社交等综合知识。由于近两年担保机构的迅速扩张使得本来就稀缺的担保人才更加短缺，不少地方政府出资的担保机构由政府官员担任，不熟悉担保业务；一些分散的企业互助基金因缺乏专业人才管理和运作，也难以开展担保业务。

四、我国农村小额信贷粮食安全

小额信贷是指小额度的贷款和储蓄业务，其主要参与者是小型经营者和生产者。中国在引入小额信贷概念的初期曾进行过如下的界定：小额信贷（Microfinance，又称小额金融），是指为低收入阶层（包括贫困户）提供贷款和存款的服务。贷款，一般只用于生产目的而不用于消费。存款，是建立在个人账户基础上的自愿储蓄及其交易。戴根有（2003）总结中国小额信贷的作用为以下四点：第一，小额信贷拓宽了融资渠道。第二，小额信贷的介入，打击了高利贷行为。第三，引导城乡交流。第四，扩大了就业。

从本质上分析，小额信贷机构就是一种在金融市场中发挥间接融资功能而非通过金融市场直接融资的金融中介。其追求的不是利润最大化目标，而是社会发展目标，包括减缓贫困、增加收入和改善就业机会。

图 10-6　小额贷款机构在金融市场中的功能

（一）我国农村小额信贷的发展现状

农村信用社设在乡镇一级，在中国农村几乎所有的乡镇都有农村信用社。在中国农村存款服务比较成功，中国农业银行、农村信用社和邮政储蓄是三家最主要的服务机构。2001 年农村信用社存款占金融机构全部总存款的 12%，达到 17260 亿元人民币，信用社存款中农村住户存款占 80%。

1993 年中国社会科学院对小额信贷的正式引入开启了小额信贷在中国发展的大门，至 1997 年国家扶贫开发部门的介入使得小额信贷在中国的发展有了新的类型，信用社农户小额信用贷款试行开始于 1999 年。中国人民银行于 1999 年下发了《农村信用合作社农户小额信用贷款管理暂行办法》，2000 年初下发了《农村信用合作社农户联保贷款管理指导意见》。这两个文件的出台，推动了农村信用合作社开办农户小额信用贷款业务。中国人民银行 2001 年 12 月制定了《农村信用合作社农户小额信用贷款管理指导意见》，要求全面推行农户小额信用贷款，开展创建信用村（镇）活动。2005年、2006 年中国人民银行和银监会分别允许两类小额贷款公司、村镇银行等新型农村金融机构设立，允许邮政储蓄开设小额质押贷款业务，使得金融机构操作的小额贷款内容更加丰富，2007 年银监会将农村小额信贷业务拓展至所有银行，小额信贷供给者更趋多元化。

在中国进行的小额信贷实践中，运作的类型可以分为：①非政府组织、国际机构、社会团体等民间组织操作的小额信贷（通常称为"NGO 小额信贷"）；②政府部门操作的小额信贷；③金融机构操作的小额信贷。其发展已呈现从外援试点、政府推行到正规金融机构的进入过程，今后的趋势仍会呈现为多样化的特征。

1. 我国农村小额信贷的合法性现状

作为 NGO 的小额信贷，其机构的合法性长期以来面临严峻挑战，而政府部门操作的小额信贷虽然借助于农业银行这一正规金融机构，但在 1999 年以前作为贷款具体发放的基层机构扶贫社也面临着合法性的问题。1999 年 4 月 20 日，中国农业银行总行颁布《中国农业银行"小额信贷"到户贷款管理办法（试行）》，随后扶贫社明确定位于扶贫服务的中介组织，作为为政府扶贫的服务部门而存在，不再从事金融服务。金融机构操作的小额信贷，无论是信用社还是其他机构，因为有了正规机构的身份，合法性不再成为问题。总体而言，在中国小额信贷运作机构占据主体数量的是金融机构，绝大多数在监管之下运行（见表 10 - 7）。同时，随着 2006 年底银监会新政的出台，将会有越来越多监管之外的机构可以获得合法身份。

表 10 - 7　我国农村小额信贷合法性比较

	类型	典型机构	数量
有监管机构	政府操作小额信贷	农业银行	中西部项目区农业银行
	金融机构操作小额信贷	农村信用社	全国绝大多数农信社
		"只贷不存"小额信贷公司	7
		小额贷款子公司、村镇银行、农村资金互助社	41**
		邮政储蓄	全国绝大多数邮储机构
无监管机构	NGO 小额信贷	扶贫经济合作社、乡村发展协会、农户自立能力建设支持性服务社等	300 余个项目机构**

注：* 截至 2008 年 5 月底数据，其中小额贷款子公司 4 家，村镇银行 28 家，农村互助社 9 家。

** 该数量为估计值，在中国运作的非政府小额信贷项目前后有 300 余个。

资料来源：何广文等. 2008 小额信贷行业评估报告 [J]. 中国小额信贷促进网络.

2. 我国农村小额信贷的服务领域

不同类型小额信贷其所瞄准的服务领域也各有不同，NGO 小额信贷更多的是有特定的瞄准对象，目标群体是贫困地区的贫困户，不少机构强调以贫困妇女为主要受益群体。政府部门操作的小额信贷则将服务领域瞄准了符合政府所界定的"贫困人口"的扶贫对象，一般是针对国家扶贫机构所确定的国定贫困县，这些项目大多数分布于我国的西部地区。金融机构操作的小额信贷，包括农村信用社、"只贷不存"小额信贷公司、小额贷款子公司等新型农村金融机构、邮政储蓄银行，它们是作为农村金融市场中的运行主体而出现的，因此其服务领域着眼于更为宽广的农村金融市场，凡符合农信社、贷款公司贷款条件的中低收入人群（包括个人与中小型企业）都可以享受其提供的信贷服务（见表 10 - 8）。因此，不同类型小额信贷在对"小额"的界定上有一定区别。

表 10 - 8　不同类型小额信贷服务领域

类型	典型机构	服务领域	平均贷款余额	平均储蓄余额
NGO 小额信贷	"扶贫经济合作社""乡村发展协会""农户自立能力建设支持性服务社"等	有特定项目瞄准对象，如针对贫苦妇女客户	400～1000 元	按照贷款额的一定比例强制储蓄
政府操作小额信贷	农业银行	属政府扶贫对象的贫困人口	1000～2000 元	
金融机构操作小额信贷	农村信用社	农村金融市场中的中低收入农户、中小型农村企业等	1000～2000 元到 10000～20000 元	自愿储蓄不吸许吸储
	"只贷不存"小额信贷公司			
	小额贷款子公司等新型农村金融机构			
	邮政储蓄银行		最高可达 10 万元	自愿储蓄

注：NGO 小额信贷的平均贷款余额是一般意义上而言大多数项目在第一轮贷款时的额度；政府小额信贷也是在第一轮贷款时普遍采用的额度；金融机构小额信贷，对于信用社而言根据对农户不同的信用评级（通常三级），授信额度在一两千元到一两万元不等，小额贷款公司基本也参照这一额度发放贷款。

资料来源：何广文等. 2008 小额信贷行业评估报告［J］. 中国小额信贷促进网络.

3. 我国农村小额信贷的相对规模

总体而言，不同类型小额信贷在规模上也表现出不同特征（见表 10 - 9）。NGO 小额信贷与政府操作的小额信贷，从地域范围来看，主要集中于经济欠发达的中西部省份。前者大多采取项目式运作，因此从规模上来看，单个项目规模较小，但数量众多，据不完全统计从小额信贷发展之初至今前后大约有 300 多个项目在运作。其中最典型的代表有：一是联合国系统执行的项目，包括联合国开发计划署（UNDP）、儿基会（UNICEF）、农发基金（IFAD）、粮食计划署（WFP）、国际劳工组织（ILO）、人口基金（UNFPA）和世界银行项目；二是中国扶贫基金会的小额信贷项目。

表 10 - 9　不同类型小额信贷相对规模

类型	典型机构	涉及地域范围	客户数量	贷款余额
NGO 小额信贷	"扶贫经济合作社""乡村发展协会""农户自立能力建设支持性服务社"等	散布于中西部各省份	项目区内众多农户	11 亿～12 亿元①
政府操作小额信贷	农业银行	22 个省的 605 个县	实施区域众多贫户人口	300 亿元②
金融机构操作小额信贷	农村信用社	全国范围	7742 万户	农户小额信用贷款 2038 亿元，农户联保贷款 1351 亿元
	"只贷不存"小额信贷公司	川、黔、晋、陕、蒙 5 省区	1094 户	4590.37 万元
金融机构操作小额信贷	小额贷款子公司等新型农村金融机构	全国各地共 41 家	—	7.6 亿元
	邮政储蓄银行	全国范围	900 户左右	4000 多万元

注：①因为目前没有官方统计数据，因此该数据为估计值。因为仅联合国系统执行的项目截至 1998 年底总资金额约 10 亿元，中国扶贫基金会截至 2007 年底共有 24735 名有效客户，贷款余额 7004 万元，加之其他双边和民间组织的项目，估计贷款余额在 11 亿～12 亿元。
②据中国农业银行总行统计，截至 2003 年 8 月底数据。
资料来源：何广文等. 2008 小额信贷行业评估报告［J］. 中国小额信贷促进网络.

从金融机构操作的小额信贷来看，农村信用社在全国范围内对农户小额信用贷款业务和联保贷款业务的推广，客观上使得农信社成为国内小额信贷最大的供给者，其惠及的客户数量众多，贷款余额也最大。截至 2007 年底的数据表明，全国农村合作金融机构的农户贷款余额已经达到 1.23 万亿元。其中，农户小额信用贷款 2038 亿元，农户联保贷款余额达到 1351 亿元。获得贷款的农户达到 7742 万户，占全国农户总数的 32.6%，占有合理需求并符合贷款条件农户数的近 60%，受惠农民超过 3 亿人。其他金融机构也向中低收入农户与企业提供小额贷款，但总体规模很小①。

4. 我国农村小额信贷的产品供给

不同类型小额信贷运作机构提供的

---

① 资料来源：中国银监会网站，http://www.cbrc.gov.

产品主要为贷款和储蓄业务（见表10－10）。从贷款产品来看，非政府组织、国际机构、社会团体等民间组织操作的小额信贷（"NGO 小额信贷"）和政府部门操作的小额信贷大多较严格地按照孟加拉乡村银行小额贷款的经典模式在运作，虽然也结合中国国情做了一定调整，但没有本质性的改变，大体遵循了诸如从小额度贷款开始、循环贷款、小组联保、分期还款等要素。值得注意的是，在政府操作的小额信贷中，对农户的贷款提供了一定贴息，而非政府组织、国际机构和民间组织小额信贷则更多采取的是市场化利率水平。作为金融机构操作的小额信贷，农村信用社则是首先对申请贷款农户进行信用评级，根据不同信用等级授予不同信贷额度，授信农户可在信贷额度内循环使用贷款。小额贷款公司则方式更为灵活，贷款额度在几千元到几万元不等，期限大多为一年期以内，采用信用贷款、质押贷款、联保贷款、担保贷款等，利率水平一般较高，平均在17%～20%。

表 10 - 10   不同类型小额信贷提供产品

类型	典型机构	贷款产品	储蓄产品
NGO 小额信贷	"扶贫经济合作社""乡村发展协会""农户自立能力建设支持性服务社"等	第 1 轮贷款额度上限 400～1000 元不等，贷款期限 3～12 个月；有分期还款者，也有一次性还款者；分期还款的还款频率 1～4 周，利率一般为 6%～20%，绝大多数采取小组成员联保制度，但也不排除给个人贷款的项目	实行强制性储蓄，以小组基金形式，替代抵押担保。同时有些项目还实行按还款频率每次存入相当于贷款额的一定比例的存款
政府操作小额信贷	农业银行	第 1 轮放贷上限为 1000～2000 元不等，贴息贷款年利率为 2.88%～7.2%，采取小组成员联保制度。贷款期为 1～3 年不等，还款期为季度、半年或一年	
金融机构操作小额信贷	农村信用社	贷款额从一两千元到一两万元不等。贷款期限从几个月到一两年，一般为整贷整还，利率与农信社其他贷款大体相同	鼓励农户储蓄，但小额信贷没有与储蓄挂钩
	"只贷不存"小额信贷公司	贷款额度在几千到几万元不等，贷款期限一般为一年以内，方式多样，包括信用贷款、质押贷款、担保贷款、联保等，利率水平高于信用社，平均在 20% 左右	无*
	小额贷款子公司等新型机构		
	邮政储蓄银行	贷款额度在 1000 元以上至 10 万元以内，以未到期的定期储蓄存单作质押，到期还本付息，利率按照银行贷款利率	自愿储蓄

* 在新型机构中，村镇银行和农村资金互助组织可以吸收存款，与银行储蓄业务类似。

资料来源：何广文等．2008 小额信贷行业评估报告［J］．中国小额信贷促进网络．

值得注意的是，作为正规金融机构的中国农业银行和农村信用社、邮政储蓄银行在提供小额信贷业务的同时，还为客户提供其他传统银行业务，包括其他传统储蓄产品，比如定期、活期储蓄产品，其他转账结算、汇兑业务，尤其作为四大国有商业银行之一的中国农业银行，利用其遍布全国的营业网点，为客户提供了全国性的通存通兑业务。同时这三类机构也纷纷开展代理业务，包括代理保险、代收代付等业务活动。村镇银行属于银行类金融机构，但由于其存在时间尚短，其他业务还没有大范围展开。

（二）我国农村小额信贷发展中存在的问题

农户从当地信贷市场获得资金的渠道为正规金融机构和非正规借贷。农村信贷市场的特征是：①非正规借贷活跃，大多数农户以亲戚朋友间的无息贷款为主，依靠个人的社会资本动员资金，同时存在民间商业信贷；②制度性信贷交易十分有限，信用社几乎是唯一为农户服务的正规金融机构，但其覆盖面小，尚未成为农户信贷的重要供给；③农户借贷的大部分资金是非生产用途，尽管正规贷款的生产用途高于非正规的借款。

1. 资金来源问题

首先，以扶贫为目的的NGO小额信贷项目，资金几乎完全依赖捐赠，以国际捐赠为主；贷款本金、运作费用、技术支持费用基本靠捐赠和部分地方政府投入，这使得小额信贷机构和项目的管理、运行和模式均受到捐赠机构和当地政府的影响。另外，大多数的项目没有后续资金安排，在不可持续的情况下，也难以争取进一步的投资。这类项目往往是两三年项目期结束后，捐赠方撤走，项目由于没有了后续资金而不得不结束。

其次，在各个省试点的小额贷款公司只能贷款，不吸收存款，又未被允许参与银行同行业拆借，因而资金来源极为狭窄，规模不可能做大。

最后，农村资金互助社虽然可以从社员处吸收存款，但是真正有大量的资金需求的社员其可以存入互助社的存款微乎其微。农村资金互助社仅靠微薄的股本金和稀少的存款仍然无法满足其整个覆盖地区巨大的资金贷款需求。目前，部分农村资金互助社已经陷入了"暂停贷款"的局面，若先前贷出的款项不能按时收回，出现大量违约，同时又没有额外的资金注入互助社中，这个被人们寄予厚望的创新型微型金融机构面临必然的失败。

总之，中国微型金融机构的融资渠道还是比较单一，大部分仅仅依靠外部捐赠或自有资本金来运作，资金来源极为狭窄。一些机构如小额贷款公司、NGO的小额贷款项目、农村资金互助社等还不允许吸收存款，而作为世界上成功的微型金融机构的主要融资渠道，存款在微型金融机构的发展过程中发挥重要的作用。在世界各主要开展微型金融服务的国家和地区，其融资渠道中有相当比例的储蓄（见表 10 - 11）。

表 10 - 11　全球不同区域小额信贷机构资金来源的构成

单位:%

地区	商业资金占负债的比重	存款占贷款总额的比重	存款占总资产比重
亚洲	62.7	2.6	1.8
东欧和中亚	14.6	—	—
拉美和加勒比地区	72.7	—	—
中东和北非	8.0	—	—
非洲	54.6	11.6	—
总计	49.1	—	8.8

资料来源: Microbanking Bulletin, 2006 (12).

2. 风险控制问题

农村市场充满了不确定性，小额信贷机构因此面临着众多的风险（见表 10 - 12）。国际经验表明，小额信贷机构的风险比商业银行更高[①]。

表 10 - 12　农信社小额信贷风险的类型及产生原因

风险类型	产生原因
自然风险	农户小额信用贷款的主要投向是种植业和养殖业的简单再生产和小规模扩大再生产，而传统的种养殖业对自然条件的依赖性极强，抵御自然灾害的能力更弱，因此，一旦发生自然灾害，农信社就面临着贷款无法收回的风险，这也是农户小额信贷业务中产生呆坏账最主要的原因。一般来说，在经济落后地区，自然灾害风险是导致农户小额信贷形成不良贷款的主要原因（60%～70%）
市场风险	一方面，由于同一地域自然条件的限制及农民多年形成的耕作习惯，农民在种养殖业的品种结构上高度趋同，这必然导致同种产品的供给过多，出现"谷贱伤农"的情形，农民收入因此而降低。另一方面，由于市场基础设施及"软件"十分落后，农业市场供求信息极其缺乏，农民无法获得及时、充分的市场行情，因此，农户在决定下期生产时往往只是参考上期的价格及供需情况，往往"跟着感觉走"。此外，农民也缺乏规避市场风险的手段
利率风险	目前，除少数几种贷款外，中国人民银行对金融机构的贷款利率执行统一的利率水平。对农村信用社贷款实行的是基准利率加浮动利率，在传统思维的影响下，大部分农户小额信贷实行的则是不浮或少浮的优惠利率政策，这与农村信用社的高运作成本形成强烈的反差，小额信贷在贷前就暴露在利率风险之下
道德风险和逆向选择	从农户方面来看，一部分农户习惯性地认为小额信贷是扶贫贷款，不要白不要，从而想方设法地争取贷款，到期后却不愿还款；从信用社方面来看，在农户信用等级评定过程中，通常做法是通过村委会、村民小组所提供的有关信息来评定农户信用等级，核定贷款额度。农户为了获得贷款，必然会隐瞒对自己不利的信息，甚至提供虚假信息；再加上工作人员的疏忽，农户信用等级评定的结果并不一定真实可靠。这是导致道德风险和逆向选择的主要原因

资料来源: 熊学萍等. 农户小额信贷风险：表现、成因与应对策略 [J]. 华东经济管理, 2005 (11).

---

① 这是因为：第一，小额信贷机构资产组合的稳定性较传统银行差，短期内资产质量可能出现明显恶化。第二，小额信贷机构单位贷款成本较传统银行高，如出现同样金额的贷款损失，小额信贷机构的资本水平下降得更快。第三，小额信贷发展历史较短，经营者和监管当局缺乏控制小额信贷风险的经验。

目前，我国各类小额信贷机构风险控制能力还很弱，表现之一为不良贷款率居高不下。以农信社为例，据统计，1999 年农信社不良贷款率约为 15.53%，2000 年大幅增长至 27.25%[①]。不良贷款率高是由于小额信贷的本质与具体管理因素共同造成的。小额信贷专门针对贫困群体，这一群体本身就具有较高的还贷风险性，特别是在缺乏配套技术、管理和政策配合的情况下，贷款难以成功发挥原有的作用；同时，小额信贷管理人员主要由政府人员组成，非政府机构则缺少专业人员，在贷款的鉴别与发放以及债务追讨方面都缺乏经验和能力。

3. 贷款利率问题

国际经验证明，要使参与小额贷款的金融机构盈利，最关键的是贷款利率。一般来说，小额信贷与银行一般贷款的操作程序不同，具有额度小、成本高的特点，需要较高的存贷差才能弥补操作成本（国际上成功的小额贷款的存贷差高达 8%～15%）。在国内，由于不需要建立新的金融组织来发放小额信贷，加之贷款的方式也较国外简便，因此成本可能比国外同类贷款低一些，但也需要 5%～7% 的利差。目前农村信用社资金成本在 3.5% 左右的情况下，贷款利率在 8%～10% 才能使项目自负盈亏。因此，

应根据各地情况测算盈亏平衡点，再加上正常利润算出小额信贷的合理利率水平。

汤敏（2007）指出，农村小额贷款利率应该进一步放开，目前很多地方的贷款利率都是 70%，如果有可能的话，我们应该去制定一个像美国一样的社区战略投资法，规定一定比例的资金要留在农村、用在农村，印度、泰国等国家都有相应的规定，如印度规定 15%～20% 的资金一定在农村，否则就有一定比例的罚款。中国应该采取一些办法，不一定完全照搬别人的办法，但是我们要有一个机制，逼着商业银行把一定的资金返回到农村。

4. 法律地位问题

对于中国的小额信贷机构来说，法律地位不明是其发展的一大制约因素。迄今，中国还有 100 多家非政府或半政府性质的小额信贷组织，它们的运作资金还大多依赖于外部组织和人士的捐赠，其资金来源相对比较单一，资金严重匮乏，在组织和财务上有可持续能力的只在少数。杜晓山（2007）认为，"如果这些非政府的小额信贷机构也能拥有合法身份，与两部门的试点共同作用，那才能达到农村金融机构'多层次、广覆盖、可持续'的目标"。国务院扶贫办苏国霞

[①]　据银监会统计，截至 2006 年 6 月末，全国农村信用社不良贷款比率为 12.6%，较 2002 年末下降了 24.3 个百分点。

（2006）指出，除了农村信用合作社以外，其他从事小额信贷项目组织的法律地位都存在一定的问题，"扶贫社作为中介机构，在法律上不具备经营贷款的资格"。调查发现，提供小额信贷的基金会得到当地村民和政府的认可，其存在合情合理；然而由于没有切实可行的法律依据，其存在的合法性受到质疑，工商行政管理部门和民政部门都不予注册，导致一些扶贫基金会至今仍处于边缘化的尴尬地位。

5. 监管体制问题

尽管我国已经有数量众多的小额信贷机构，但对这些机构的监管迄今还没有形成完整的框架和体系，既存在监管过度的问题，也存在监管缺失的问题，而且，监管缺乏弹性和差别也是问题之一。监管问题正日益成为中国小额信贷机构未来可持续发展的一大挑战。在尤努斯（2006）看来，中国对小额贷款公司的监管政策模糊。尤努斯强调，小额信贷的监管环境必须清晰、透明，应当针对小额信贷机构成立独立的监管机构，"不能把监管工作留给不懂的人"。事实上，我国监管部门坚持小额贷款公司"只贷不存"的政策，出发点并不是这项业务的本身要求，而是监管机构怕风险，担心演化成了集资行为，此外还要照顾商业银行的利益。实际上，这是缺乏监管能力的表现，也是一种不彻底的创新。

此外，中国小额信贷机构的可持续发展还受到从业人员素质不佳的影响。各国成功的小额信贷经验表明，对农民借贷者的培训是小额信贷成功的又一关键所在。农民是市场经济中的弱势群体，他们对迅速变化着的市场反应不够灵敏，对适用技术的了解不够，因此开展小额贷款项目要对贷款户进行大规模培训，提高他们对市场、新技术以及贷款的运用能力。在国际上，小额贷款项目均要拿出一大笔培训资金来。在中国，农民更需要进行相关培训。他们不但需要了解新技术，而且要学会如何以市场的需求来调整自己的种植、养殖项目以及生产方式。较好的培训能大大提高投资项目的成功率，同时也可以减少小额贷款的风险。在目前的机构设置中，中国农村信用社不具备对农户大规模培训的能力，这就需要基层政府介入，拨出专项资金对参与小额信贷的农民进行培训。

以上分析表明，当前我国小额信贷的可持续发展面临着困难，影响到其实现扶持贫困化和农村微型企业的目标，这不仅会对贫困农户的粮食生产有不利影响，同时也给我国从事粮食的销售、储存、运输的中小企业融资带来麻烦，因此，小额信贷的问题无疑也是我国粮食安全体系的一大隐患，需要给予更多的关注和政策支持。

五、粮食金融化问题

粮食金融化是 21 世纪以来的一个新概念，可以理解为粮食市场与货币市场、外汇市场、金融期货市场和衍生品市场联动形成的复合金融体系。

新经济形势下，粮食金融化已成为一个事实，粮食产品属性的金融化使粮食产品成为热钱投机的对象，粮食价格波动风险加剧，粮食收益的不确定性增加，粮食生产风险加大，影响到粮食产量并最终威胁到粮食安全。

（一）粮食金融化问题产生的原因

1. 粮食危机已成为世界性问题

随着世界人口的增长及全球自然灾害发生频次和破坏程度提高，粮食安全问题已经成为人类共同面临的问题，目前全球约有 20 亿人在遭受"隐性饥饿"，我们国家"隐性饥饿"的人口数量达到 3 亿。[①] 2015 年中国粮食进口数量猛增，谷物粮食进口超过 3000 万吨、大豆进口超过 8000 万吨，粮食贸易依存度提高，中国粮食安全问题堪忧。

2011 年，全球粮食价格飞涨，多个国家出现了粮食危机，20 国集团（G20）农业部长会议在多个方面达成了共识，并通过了《关于粮食价格波动与农业的行动计划》，各国农业部长同意采取一系列措施促进农业生产，提高农产品产量，并加强对农产品交易监管、增加市场信息透明度和控制粮价波动，以应对全球粮食危机，这是 G20 首次将粮食安全问题引入议程。2012 年 7 月全球粮食通胀率比上月攀升了 6.2%，是 2009 年 11 月以来最大涨幅；世界粮食价格指数 7 月达到 259.9，环比上升 17%。2012 年以来，中国多次发生了水旱自然灾害、病虫灾、土壤质量下降等。

2. 粮食价格受到供需和流动性双重影响

粮食是商品期货交易市场的重要品种，郑州商品交易所的交易品种有强麦、普麦、棉花、白糖、PTA、菜籽油、油菜籽、菜籽粕、早籼稻、甲醇、粳稻、晚籼稻、玻璃、动力煤、铁合金，其中大多数都为粮食产品。

大连商品交易所的交易品种主要为玉米、玉米淀粉、黄大豆 1 号、黄大豆 2 号、豆粕、豆油、棕榈油、鸡蛋、聚乙烯、聚氯乙烯、聚丙烯、胶合板、纤维板、焦煤、铁矿石，大多数为粮食产品。粮食农产品期货成交量和成交额进一步扩大，其中粮油商品期货价格在国际粮价的影响下波动较大。

---

① 2016 年 9 月 1 日，中国工程院院士、中国农业科学院副院长万建民在《产业前沿技术大讲堂》作专题报告时指出。

从成交量看，2015 年全国期货成交量和成交金额分别为 35.78 亿手和 554.23 万亿元，比上年分别增长了 42.79% 和 89.81%，其中农产品成交量和成交额分别为 9.78 亿手和 34.89 万亿元①。从价格走势看，大豆、豆粕、豆油、菜籽油等品种期货基本全年保持强势运行，价格屡创新高；小麦和玉米品种呈现震荡行情。

总体来看，粮食期货市场价格大幅上涨和下跌，主要受国际市场粮价大幅上涨、美元贬值、生物燃料产量增加、重要出口国减产、世界粮食库存消费比降低、国内通胀预期加大、农业生产成本增加导致粮价上涨等因素影响，还受政策性的因素影响。在此市场条件下，粮食产品的期货价格就不全是供需关系的反映，而是更加的复杂化。

3. 国际粮商控制粮食贸易价格

随着中国居民生活水平的提高，居民对小麦、大米等原粮的消费比重减少，对油、肉、蛋、奶的消费比重提高，而后者的生产原料主要是大豆和玉米，这两种农产品最主要的生产地是南美和北美，且相对成本较低，价格比较优势明显，中国每年大量进口大豆和玉米，从而提高了贸易依存度，粮食价格受到少

数大型国际性粮食企业的操控，粮食价格疯涨，中国的粮食安全受到较大威胁。事实上，世界粮食交易量近 80% 被 "ABCD" 所控制（见表 10－13），即美国 ADM、美国邦吉（Bunge）、美国嘉吉（Cargill）和法国路易达孚（Louis Dreyfus），这些企业早已渗透入中国的粮食产业中，随着国内全面放开粮食收购市场，实现粮食购销市场化和市场主体多元化，这些跨国粮食企业将会对中国的粮食安全产生更大冲击。

表 10－13　"ABCD" 四大粮商概况

公司名称	ADM	邦吉	嘉吉	路易达孚
英文名称	Archer Daniels Mlidland	Bunge	Cargill	Louis Dreyfus
成立时间	1902 年	1818 年	1865 年	1851 年
总部所在地	美国伊利诺斯	美国纽约	美国明尼苏达	法国巴黎
覆盖国家	—	32	67	53

（二）粮食金融背景下，如何确保中国粮食安全

1. 土地、种子与资金是制约中国粮食安全的因素

今后随着人口增长和城镇化、工业化建设对土地的需求增加，如何保证耕地不减少是一个很大的考验。对此，要加快土地流转，使少数具有先进技术和资金实力的个人和企业经营更多的土地，

---

① 2015 年 1~11 月累计数据。2015 年 1~12 月交易额累计达到 48.7 万亿元。

从而实现集约化生产。中国的粮食种植规模和种类比较分散，特别是对于优良种子的研究和培育的能力较低，如果相关部门监管不到位还会出现假种子的现象，种子的选择决定粮食的收成。由于物价上涨的原因，种粮成本在快速增长，农民种粮的比较效益不高，随着中国人口红利的消失，劳动力成本的提高正在推动粮价整体性的上涨，如果不加大对农业的投入和补贴的话，种粮收益的降低会打击农民种粮的积极性和主动性，必然会出现粮食供应的短缺。

2. 提高期货市场的套期保值功能，减少投机

粮食产品是大连商品交易所和郑州商品交易所的最主要交易品种，这不仅为粮食生产、流通和加工企业提供了套期保值和规避价格风险的机会，而且为部分投资者提供了投资机会。适量的投机者进入商品交易所能够保证期货市场的流动性并实现期货市场的价格发现功能，但过多的投机者就会使粮食期货价格偏离市场供求，导致价格波动过大并引起资源的错配，影响粮食生产并最终威胁到粮食安全。应加强对期货市场的监管，加大打击内幕交易和过度投机行为，规范交易秩序，保证市场的健康运营。

3. 完善我国粮食金融支持制度，稳定粮食价格和产量

粮食产量和价格稳定是粮食安全的重要保证，粮食生产与价格的稳定又主要取决于金融支持。中国人口众多，在推进城镇化和工业化的同时，要提高农业现代化，实现"三化"协调发展。为了保证粮食安全，必须做好以下三个方面的工作：一是加大金融对"三农"的支持力度，保证粮食产量稳定增长，加大对农业生产资料的补贴力度，改善农业基础设施，放宽"三农"贷款，扶持符合国家产业政策的涉农企业，提高农业生产的科学技术含量，引入科学田间管理，提高单位土地上的产量，实现粮食增产；二是加大对流通、加工企业的金融支持，保证粮食生产者能顺利把粮食销售出去，实现预期收益，提高粮食生产积极性，粮食流通、加工企业获得相应的金融支持能够保证粮食的高效储藏、运输、流通和加工，实现产需对接和平衡，保证粮食价格稳定；三是支持粮食企业在资本市场融资，引导并支持粮食相关企业进入资本市场进行融资，资本市场是资本集中、集聚和配置的主要场所，粮食企业在资本市场获得融资有利于对粮食生产、流通和加工的长期投资，实现粮食产量的稳定增长和粮食价格的稳定。

4. 逐步完善中国的粮食调控制度，降低价格风险

市场经济条件下，政府不应该过多干预市场，粮食是关系到国计民生的重要资源，关乎社会稳定，政府需要积极调节，防止出现粮食短缺和价格大幅波动。在粮食金融化背景下，政府应该加大市场调节力度，实现粮食供需平衡，保证农户和企业粮食生产积极性，降低粮食价格波动风险，政府应采取的主要措施包括：一是政府需要根据市场情况，保证种粮农户和企业的收益，中国同日本一样，地少人多，日本采用政府高额补贴方法保护本国粮食生产，为我国提供了可供借鉴的经验；二是在粮食丰收时，提高粮食进口关税，限制粮食进口，在粮食歉收时，降低粮食进口关税，从国外进口更多粮食；三是应加强宏观调控，维护市场总体稳定。粮食生产涉及社会多个部门，应统筹考虑各个环节，积极进行协调，保证粮食生产、流通和加工的顺畅和稳定，维护粮食市场的长期稳定。

六、我国粮食金融安全体系总体评估

（一）我国粮食金融安全体系定性评估

基于前文的分析，表 10－14 从保障体系、保障环节、保障机构等方面全面评估了我国粮食安全金融保障体系的建设情况，对我国粮食安全的金融制度安排进行定性评估。

表 10－14 　我国粮食金融安全体系定性评估

保障体系	保障环节	保障机构	定性评估
银行保障体系	为粮食生产、储备、流通提供信贷服务	农业发展银行	信贷支农力度不断增强，业务范围不断扩大，经营绩效大大改善，为保障粮食安全提供了有力的支持，但仍然存在经营机制不活、融资渠道狭窄、业务范围过小等问题
		中国农业银行	组建了"三农金融服务事业部"，着力推进农业信贷业务支持新农村建设，重回农村金融市场后，农行在市场定位、业务模式、发展方向、人员配备、风险控制等方面均有待提高
		农村信用社及农村商业银行	改革后的农村信用社及农村商业银行（农村合作银行）经营能力有了一定提高，内部控制和制度建设均有较大进步，但在信贷产品设计、风险控制和公司治理等方面还有待强化
		邮政储蓄银行	定位于农村金融市场，服务"三农"和新农村建设，但转制成为商业银行时间较短，对农村信贷等金融服务在人员、机制、制度、产品等方面均缺乏经验
		新型农村金融机构	以村镇银行、小额贷款公司、农村资金互助合作社为主体的各类新型农村金融机构，在全国数量还十分有限，资金规模小，抗风险能力差，经营不规范，但发展前景值得期待
保险保障体系	为粮食生产、储备、流通提供保险服务	农业政策保险	历经多次改革，目前农业政策保险在全国范围内推广，近年有一定进展，但仍然存在缺乏法律保障、风险分担不均、保险产品单一、保险范围狭窄等问题
		农业商业保险	商业保险几乎与农村市场绝缘，不太涉及农村经济领域，尤其是粮食生产的相关领域

续表

保障体系	保障环节	保障机构	定性评估
担保保障体系	为粮食生产、储备、加工等提供信用担保	政策担保体系	中小企业信用担保体系建设已经进行了多年，目前已经初步建立了机构体系，但担保机构运行中还存在法律保障不清、资金短缺、财政补贴不到位、风险控制不严等问题
		商业担保体系	几乎不涉及农业领域
其他担保体系	为粮食生产等环节提供资金支持	政策性农业投资公司	仅有部分地区（如北京）已经设立
		农业产业发展基金	仅有部分地区（如北京）已经设立

综上所述，近年来中共中央、国务院高度重视"三农"问题，投向农村领域的信贷资金量不断增加，面向"三农"、确保粮食安全生产、农民增收的金融服务不断增多，但总体上看，与粮食安全密切相关的金融安全存在许多问题：作为农业政策银行的中国农业发展银行长期以来面临着融资渠道狭窄、业务范围有限等困境；提供风险分担机制的农业保险历经多年改革仍然还处在试点推进阶段，政策保险运营模式还有待进一步探索；为农村中小企业融资提供信用担保的体系长期以来发展滞后；以扶贫为目的的小额信贷业务经过农信社、中国农业银行拓展后目前已经成为面向农户最为重要的信贷品种，但是仍然存在额度小、手续复杂等问题。

由此可见，我国粮食安全金融保障体系还很不完善，对涉及粮食生产、流通、加工、储备等环节的配套金融服务还十分欠缺，无论政策金融还是商业金融，对粮食产业链的金融支持都十分有限，可以说，目前我国粮食安全体系处于不完善的状态。因此，大力加强政策金融保障粮食安全应当是未来发展的重点，当务之急是要着力推进农业发展银行和农业政策保险体系建设，在信贷支持和保险保障两个方面为粮食生产、储备、加工提供更有力的金融支持。

表10-15　定量评估的分值及其含义

分值	含义
1	仅有部分地区设立相应机构，没有完整的保障体系存在
2	在全国大部分地区设立了相应的机构，保障体系以政策性机构为主
3	在全国设立了相应的机构，保障体系相对完整，由政策性和商业性机构共同构成
4	有布局完整的金融保障体系，但机构功能发挥受到较大限制，相关法律缺失
5	功能完善、机构健全、法律完备、财务可持续的粮食安全金融保障体系

（二）我国粮食金融安全体系定量评估

1. 总体评估

为进一步量化我国粮食金融安全体系的建设情况，我们设计了一个简单的评价指标，以具体说明我国粮食金融安全体系的完善程度。

表 10－16　我国粮食金融安全体系定量评估——总体

评估对象	得分	说明
银行保障体系	3	初步建立了由政策银行、商业银行、小额贷款机构等多元主体构成的银行保障体系，体系相对完整，覆盖全国，但在功能发挥方面还有待改进
保险保障体系	2	初步建立了以政策性保险为主的保障体系，覆盖全国大多数地区
担保保障体系	2	初步建立了以政策性保险为主的保障体系，覆盖全国大多数地区
其他保障体系	1	仅有部分地区建立了相应的机构
综合	8	粮食安全金融保障体系总体上处于很不完善的状态，综合得分为 8 分，仅占总分（4×5＝20 分）的 40%，这说明，我国粮食安全的金融保障体系建设处于"不安全的"状态，在机构覆盖率、功能发挥、法制支持、财务可持续等方面还存在一定问题，需要继续深化改革加以建设和完善

注：①迄今为止，我国尚没有出台有关农业保险、农业政策性银行、农村小额信贷以及中小企业信用担保方面的正式法律（指全国人大通过的高阶法律），仅有相关管理部门出台的行政管理法规。

②对安全状态的判断标准为：综合得分如果低于总分的 60%（即 20×60%＝12 分）时为"不安全"状态；总分低于 6 分时为"极不安全"状态；总分在 12～17 分处于"比较安全"状态；总分在 17～20 分处于"非常安全"状态。

基于上述系统分析，我们不妨对我国粮食金融安全体系进行初步的定量评估，评估结果如表 10－16 所示。

需要说明的是，表 10－16 给出的定性评估结果难免带有一定的主观色彩，评估的结果也不可能做到十分精确，但给出了一个粗略的数量化评估结果，有利于决策者判断全局情况。

2. 对政策性粮食金融安全体系的深入评估

基于数据可得性和指标可控性等方面的考虑，我们可以在区分政策金融与商业金融后对相关的粮食安全金融服务机构进行更加详细的定量评估，评估内容设计如表 10－17 所示。

根据上述评估指标，结合相关的数据信息，我们对粮食安全政策性金融安全体系进行了深入的定量评估，评估结果如表 10－18 所示。

从上述评估结果来看，围绕粮食产业链提供金融服务的相关金融体系建设还很不到位，对粮食的生产、储备、加工、流通、消费等环节的保障程度十分有限，不利于我国粮食安全战略的实施，因此，应进一步完善我国粮食金融安全体系，从体制、机制、机构、功能、法制等层面逐步加以完善，确保我国的粮食安全。

表 10 - 17　政策性金融安全体系定量评估设计

评估对象	评估内容
中国农业发展银行	1. 机构覆盖范围方面：在县域设置分支机构、提供金融服务的情况 2. 财务可持续能力方面：是否做到自负盈亏，资产利润率变化情况 3. 信贷支持力度方面：涉农信贷的投放及其增长情况
农业政策性保险机构	1. 机构覆盖范围方面：在全国试点推广的情况 2. 财务可持续能力方面：财政补贴及其使用效率的情况 3. 保险支持力度方面：涉农保险险种及实施情况
政策性信用担保体系	1. 机构覆盖范围方面：在市县设立担保机构的情况 2. 财务可持续能力方面：财政补贴及担保机构资本金规模增长情况 3. 担保支持力度方面：对中小企业信贷担保的投放情况

注：这里主要借鉴了现代微型金融理论对小额信贷机构发展绩效的评估思路。国际上普遍采用覆盖率（outreach）和可持续能力（Sustainable）两个指标来评估小额信贷机构在实现更多的服务低收入群体与机构自身的可持续发展方面的能力，认为只有实现了（商业）可持续发展的小额信贷机构才能更好地实现服务更多低收入客户的社会目标。考虑到政策性金融保障粮食安全的属性，本书在借鉴这两个指标的同时，还引入了信贷（保险、担保）支持力度共同评估政策性金融安全体系的"安全状态"。

表 10 - 18　我国粮食安全政策性金融安全体系的定量评估

评估机构	评估内容	评估结果
中国农业发展银行	机构覆盖率	截至 2011 年 12 月 31 日，农发行共有各级各类机构 2170 个，其中，总行 1 个，总行营业部 1 个，省级分行 31 个、省级分行营业部 30 个、地（市）分行 303 个、地（市）分行营业部 149 个、县级支行 1657 个（含县级办事处 2 个）。按我国设有县级行政单位 2862 个计算，农发行在县域层面的机构布局覆盖率为 57.9%。总体上，农发行机构覆盖率有待提高
	财务持续能力	2009～2012 年，农发行实现净利润逐年递增，依次为 22.50 亿元、36.22 亿元、67.79 亿元、142.92 亿元；资产利润率依次为 0.91%、1.20%、2.10%、2.27%；与此同时，农发行通过发行金融债券筹措资金规模不断扩大，2012 年发行政策性金融债券 19 期，筹集资金 4650 亿元，同比增加 177.3 亿元。总体上，农发行实现了财务上的自负盈亏，盈利能力不断增强，财务可持续能力不断提高，但筹资能力和风险控制能力还需要继续加强
	信贷支持力度	2009～2012 年，农发行各项贷款余额持续增加，依次为 14512.6 亿元、16709.9 亿元、18738.4 亿元、21844.4 亿元。2012 年累放各类贷款 12647 亿元；年末贷款余额 21851 亿元，增加 3095 亿元，增量为历年之最。累放粮棉油收储贷款 5456 亿元，增加 1124 亿元，支持收储粮食 3221 亿斤，占当年商品量的 50%；支持收购棉花 8740 万担，占产量的 60% 以上，支持棉花储备创历史新高。总体上，农发行信贷支农力度不断在加强，但与我国农村经济的巨大信贷需求还有差距
农业政策性保险机构	机构覆盖率	截至 2008 年底，我国农业政策性保险试点已经由 2004 年的 6 个省市扩大到 16 省区和新疆生产建设兵团。2012 年农业保险已由试点初期的 5 个省（自治区、直辖市）覆盖到全国。总体上，试点阶段的农业政策性保险覆盖率在稳步扩大
	财务持续性	2012 年 1～12 月，全国农业保险保费收入 240.13 亿元，同比增长 38%；为 1.83 亿农户提供风险保障 9006 亿元，承保户数同比增长 8%，保险金额同比增长 38%。目前我国农业保险业务规模仅次于美国，已成为全球最活跃的农业保险市场之一。总体上，农业政策性保险是在财政补贴的基础上推进的，这体现了农业保险风险较大的特点，还需要财政继续增强支持力度、改进补贴方式、不断提高补贴效率

续表

评估机构	评估内容	评估结果
农业政策性保险机构	保险支持力度	目前,中央财政补贴的品种已达到15个。从风险保障能力看,我国农业保险在实现基本覆盖农林牧渔各主要农业产业的同时,在农业产业链前后都有了新的延伸,从生产领域的自然灾害、疫病风险等逐步向流通领域的市场风险、农产品质量风险等延伸。2012年,共计向2818万农户支付赔款148.2亿元,对稳定农业生产、促进农民增收起到了积极的保障作用。在一些保险覆盖面高的地区,农业保险赔款已成为灾后恢复生产的重要资金来源。总体上,农业保险险种已经覆盖了"三农"的各个方面,对粮食安全生产、运输、储备等领域均有涉及,但还缺乏巨债保险、农业保险风险分担机制
政策性信用担保机构	机构覆盖率	目前,我国中小企业信用担保体系已经初步形成了"一体、两翼、三层"的总体框架,覆盖了我国绝大部分省市。截至2006年底,全国共有3366家担保机构,其中公司制担保机构已达2785家,占总数的82.74%。总体上,我国中小企业信用担保机构数量还很不够,平均每个县级行政单位不到2家担保机构,这些担保机构大多数集中在地级城市,县域范围内覆盖严重不足
	财务持续性	截至2011年底,全国中小企业信用担保机构共有4439家,筹集担保资金约4200亿元,运行情况良好。2011年中小企业信用担保机构新增担保总额为1.56万亿元,新增受保企业38万户,平均单笔担保额为385万元,比上年均有较大幅度的增长。总体上,信用担保业的可持续发展能力正不断提高,但担保机构仍然存在资本金规模小、实力弱、风险分担机制欠缺的通病
	担保支持力度	2009年底为5547家,2010年底为4817家,2011年底为4439家。在机构减少的同时,担保机构的资本金总额、户均资本额及担保贷款业务量均明显增大:2011年底全国中小企业信用担保机构实收资本已达4591亿元,同比增17.2%;担保机构户均注册资本额2009年为6109万元,2010年为8129万元,2011年达1.04亿元,同比增长29%,第一次实现户均资本金超亿元。在全国4439家机构中,注册资本10亿元以上的担保再担保机构已达35家;注册资本1亿元以上的担保再担保机构共计2196家,占比已近半壁江山。目前行业梯队格局已基本形成,资本金过亿元的担保机构引领作用凸显,其户数占比49.47%;资本占比79.01%;业务占比84.38%。总体上,中小企业信用担保体系实力有所增强,但限于自身资金规模和风险控制,中小企业融资难、担保难问题依旧

第三节　我国粮食金融安全的政策建议

一、完善我国农业政策银行的政策建议

(一) 健全农业政策性银行的法律保障和监督制约体系

农业发展银行组建时,国务院批准通过了《中国农业发展银行章程》,并以此作为农业发展银行开展业务的指导性文件,但在实践中,该章程的许多方面已不能满足目前的客观需要,应尽快出台《农业政策性银行法》,从法律上明确农业政策性银行的法律地位、职能作用、经营目标、业务范围、管理方式、

筹资机制、补偿机制、运行机制等内容，明确界定农业政策性银行与政府、财政、中央银行、银行监管机构等外部门的关系，为农业政策性金融经营管理提供法律依据和保障，以优化外部环境，减少不合理的行政干预，适应市场经济对农业政策性银行运作的客观要求。

国家监管部门应从我国国情出发，制定有别于商业银行、符合我国农业政策性银行特点的监管和考评办法，对农业政策性银行贷款实行分账管理、分开核算、分类监管，以严格规范农业政策性银行经营行为，真实、全面、准确、客观地反映和评价农业政策性银行信贷资产质量和经营绩效。同时要加强系统内的监督制约，包括业务的审计稽核、行政监察和纪律检查，通过严密的内部管理和控制，使一切经营活动受到监督制约，实现审慎经营。

（二）适时、适度逐步加大政策扶持力度

一是协调财政支农资金由农发行归口管理。如国家扶贫贷款、开发贷款及各种贴息贷款，均由农发行统一负责实施。并根据国家产业调整政策和产业扶持政策，采取低息或免息方式对农发行的贷款实行差别利率管理，以农业产业化龙头企业为载体，

对弱质农业实行中长期低息贷款扶持。二是要落实国家系列惠农政策。实现积极财政政策和信贷政策的合理搭配，分工协作，才能使支农资金效用最大化。在对农业政策性金融机制的税收政策上，地方政府应结合金融机构对农业发展的贡献度和风险度，合理减免相关税费，保护金融机构信贷投入的积极性。

（三）完善农业政策性银行支农服务功能

一是科学界定农业政策性业务范围。作为农业政策性银行，继续按照"保本微利"原则开展经营活动，其经营的业务范围均属于政策性业务范畴。二是转变观念。在服从国家宏观调控的前提下，加大县域经济的政策性金融支持。三是创新服务。根据中小企业贷款周期短、频率高、周转快的特点，积极开办适应中小企业需要的可循环贷款，减少贷款流程，提高贷款效益。四是拓展业务领域。通过不断满足现代农业发展对资金的需求，推动农村经济发展。五是完善贷款退出机制。为信誉好、还贷积极的农业产业化龙头企业、中小企业开辟绿色通道。

（四）完善多元化筹资机制，扩宽资金渠道

一是对政策性业务特别是执行最低收购价政策所需的收购资金应全部通

过中央银行再贷款解决。二是借鉴国际通行做法，要求商业银行存款增量的一定比例转存农业政策性银行，专门用于农业和农村政策性信贷资金投入。三是适当放宽存款业务限制，努力增加财政性存款资金来源，积极吸收养老保险基金、医疗保险基金、住房公积金和邮政储蓄等资金，专门用于农业长期投资。四是扩大债券发行规模，在金融市场上筹集资金，这应是农业政策性银行筹资模式改革的主要方向。五是积极利用境外资金，统一办理国际金融机构和国际组织转贷业务，特别是世界银行、国际开发协会和亚洲开发银行对我国农业项目贷款和扶贫开发贷款的转贷。

（五）强化风险防控机制，保障信贷资金安全

一是对于历史原因形成的不良贷款，政府应分清性质，落实责任和补贴来源，采取有效措施，加快处置。这样有利于农业政策性银行"新老划断"，轻装前进。二是从财政部门增拨、税收部门返还或从农业政策性银行经营利润中提取一定比例资金充实资本金，使其资本充足率达到或超过8%的标准。三是积极向有关部门争取政策，在财务状况较好的情况下多计提拨备额，及时消化和处理经营中出现的不良贷款和经营风险。四是根据《金融机构内部控制指导原则》

的要求，建立覆盖所有业务品种和业务操作环节的规章制度，用科学有效的制度来规范信贷行为，保障信贷资金安全。五是强化政策性贷款风险和损失补偿措施，通过减免税收、调减中央银行借款利率、增加中央或地方财政预算来及时补偿农业政策性银行为执行国家产业政策和服务"三农"所付出的政策性成本。

二、完善我国农业保险体系的政策建议

（一）增强中央财政的支持力度，巩固政策性农业保险

要以政策性农业保险为基础，以其稳步健康发展带动农村保险的全面发展。要不断扩大政策性农业保险试点范围，努力扩大承保面，提高政策性农业保险的覆盖面和渗透度，种植业保险逐步覆盖全国主要产粮区和粮食生产大县，继续发展能繁母猪、奶牛等养殖业保险，积极发展橡胶、林业、家禽、淡水养殖和地方特色农业等领域的保险。

（二）巨灾风险基金，增强农险公司抵御巨灾风险的能力

巨灾风险基金的筹集应以国家为主，地方为辅，筹集渠道应主要包括：国家财政拨款；从农险公司无大灾年份

农业保险保费滚存结余中抽取一部分；农险公司的税收减免部分；从防灾、减灾和救灾专项支出中与农业保险服务标的相对应的资金中抽取一部分；每年从国家的粮食风险基金中抽取一部分，将以上资金整合起来，充实巨灾风险基金。

（三）建立再保险机制，分散农业保险的经营风险

一是要由国家财政投资成立中国农业再保险公司[①]；二是由国家制定优惠政策扶持中国再保险集团公司为各家从事农业保险的机构分散风险；三是各保险主体也要探寻与国际再保险企业的合作，将农业风险向更大范围内分散。为分散农业保险的经营风险，应设立再保险公司，对政策性农业保险实行与一般商业保险有区别的再保险，鼓励保险公司参加再保险。有农险业务的保险公司应自觉地与再保险公司签订再保险协议，在用足国内现有再承保能力的基础上，寻求国际市场承保能力的支持。

（四）出台持续稳定支持政策，扩大农业保险的覆盖范围

一是应当免除政策性农业保险的各种税赋。

二是地方政府对农业保险的财政补贴应当有长效机制。

三是加快健全农业保险政策支持体系的速度。不断完善的政策加以解决和规范实际工作中的问题，确保配套支持政策的形成速度跟上农业保险的发展速度。继续扩大试点范围、增加险种，努力提高政策性农业保险的覆盖面，通过保险进一步放大财政资金的支农力度，确保国家支农惠农强农各项措施落到实处。除了要继续扩大主要粮、棉、油和能繁母猪、奶牛的承保覆盖面外，还要积极研究制定林业、育肥猪和橡胶保险产品，在有关政策支持下逐步在有条件的地区开展试点，积极开展奶牛、蛋鸡、林业、育肥猪和橡胶保险的研究和试点工作。

（五）建立健全农业保险法规，建立多层次的农业保险体系

我国现行的《保险法》是一部商业保险法，而农业保险是政策性保险，用现行的《保险法》指导农业保险会存在许多不足，农业保险中的许多领域都存在着法律上的不完善。因此，急切需要国家立法部门尽快制定和颁布《农业保险法》，把农业保险纳入法制化轨道。农业再保险的基本职能是分散农业保险人承担的风险责任。保险的目的在于分

---

① 2014年11月21日，中国农业保险再保险共同体（以下简称"农共体"）在北京成立，农共体由中国人民财产保险股份有限公司等23家具有农业保险经营资质的保险公司和中国财产再保险有限责任公司共同发起组建。至今已举行四次代表大会。

散风险，当保险人承担的风险过大，威胁到保险人自身的经营稳定时，保险人可以利用再保险方式，将风险在保险人之间分散、转移。在我国农业风险频繁发生的情况下，农业再保险就显得更为重要。国家可利用再保险体系支持农业保险，以财政收入补贴农业保险的费用和经营亏损。再保险体系的建立，可提高农业保险经营主体的积极性，引导经营重点、费率厘定，增加手续费收入，增强经营主体的内控制度建设，提高管理水平和人员素质。

（六）建立农业保险与农村信贷相结合的互动机制

将农业保险与农村信贷结合起来，是美国、法国等国开展农业保险的一条重要经验。就中国而言，在农业保险发展得比较好的地区，可对农业保险的投保人提供贷款担保或对向投保者提供低息农业贷款的金融机构给予利息补贴，待条件成熟时，可以将参加保险作为贷款发放的条件之一；对经营农业保险的公司出现流动性资金不足时，允许其申请一定额度的无息或低息贷款；鼓励农业保险公司利用现有的农村金融机构销售保险产品。可以通过加强保险业与农村银行、邮政、农信社等机构的合作，强化金融对"三农"的资金支持和风险保障作用，进一步提高合作的层次和深度。

三、完善我国粮食中小企业信用担保体系的政策建议

（一）完善中小企业信用担保法规体系①

一方面，要按照《中小企业促进法》的规定，尽快出台《中小企业信用担保管理办法》，对担保机构的市场准入资质、设立与退出制度、财务与内控办法、业务范围与操作流程、风险防范与损失分担机制、鼓励扶持政策、行业自律与政府监管等方面做出明确规定，以依法引导担保业健康发展，更好地为中小企业服务；另一方面，各地中小企业管理部门也要会同有关部门切实负起牵头责任，加强对担保机构运行状况的监管，规范担保机构的业务行为，提高担保机构的管理水平，保证担保资金安全有效和规范使用，为担保业创造良好的发展环境。

---

① 国务院发布的"六条措施"提出：要完善政策法律体系，为中小企业发展营造公开、公平竞争的市场环境和法律环境。扩大市场准入范围，降低准入门槛。制定政府采购扶持中小企业发展的具体办法。对困难中小企业的阶段性缓缴社会保险费或降低费率政策执行期延长至 2010 年底。

（二）逐步完善支持政策，加大扶持力度①

一是要进一步贯彻落实《中小企业促进法》有关中央财政资金支持信用担保的规定，设立支持中小企业信用担保体系建设的专项资金，建立担保机构的损失补偿与奖励机制以及对中小企业的保费补贴等机制；各地也要按照《中小企业促进法》的要求，加大地方财政资金用于中小企业信用担保体系建设的力度。二是要继续加大税收政策扶持，为体现政府的政策导向，对符合条件的中小企业信用担保机构继续减免营业税。三是要改善房管、国土、车管、船管、工商等部门对担保机构的抵押合同登记服务工作，逐步对担保机构开放有关信贷登记等部门公用事业信用信息系统；促进银行与担保机构实现平等协作、共担风险、互利共赢的合作关系，使担保机构能够更加有效和便利地开展担保业务。

（三）与银行建立风险分担机制

担保机构为中小企业提供的担保业务，相对降低了银行的信贷管理成本，提高了信贷资金的安全。因此，担保机构与银行之间的关系应该是利益共享，风险共担。国外的信用担保机构与银行之间建立的都是风险分担机制。如英国担保机构为中小企业提供融资担保，其金融机构分担风险的比例为70%，最高为85%。根据我国当前的实际情况，在担保机构与银行分担风险的问题上，担保机构应承担较大的风险责任，而银行应承担较小的风险责任，即担保机构以承担70%~80%的风险责任为宜，银行承担20%~30%的风险责任为宜。在担保业务中，既要防止中小企业利用担保机构撬动银行的贷款，又要防止银行将企业的道德风险、经营风险全部转嫁到担保公司。

（四）改善中小企业信用环境

搞好担保体系建设还要营造信用环境，提升企业信用意识和信用能力。政府要切实解决依法披露问题、资源整合问题、企业现实需求问题和技术与资金问题。要推进建立以中小企业为主要对象，以信用记录、信用调查、信用征集、信用评级、信用发布与守信褒扬失信惩戒为主要内容的中小企业信用环境建设。当前的主要任务是搞好融资信用、商业信用和企业信用制度。融资信用重点是信用贷款和动产的抵质押；商业信用的重点是进出口贸易、商业连锁及合资合作；企业信用制度重点是建立企业内部

---

① 国务院发布的"六条措施"明确提出：要加大对中小企业的财税扶持。逐步扩大中央财政预算扶持中小企业发展的专项资金规模，重点支持中小企业技术创新、结构调整、扩大就业。加快设立国家中小企业发展基金，引导社会资金支持中小企业发展。研究对小型微利企业的税收扶持政策。坚决清理和禁止不合理收费，减轻中小企业社会负担。

的信用管理机构和人员，搞好合同管理、营销预警、商账催收、会计审计及雇前调查等。

（五）完善信用监管体系

我国政府必须大力推动信用管理制度的建设，建立以企业、中介机构、担保机构、自然人为主体的，以信用登记、信用评估、信用发布、信用查询和信用风险预警等为主要内容的信用管理制度，将经营者个人和企业法人的资信与银行信贷、信用担保有机地结合起来，并通过有关网络实现信息资源的共享，强化向社会提供标准化信用报告的服务功能，以此提高诚信状况的透明度。同时，我们还必须建立失信约束和惩罚机制，在全国范围内形成失信约束和司法惩罚机制，尤其要制定有关制裁恶意逃废金融债务行为的法律法规，加大不诚信行为的机会成本。

（六）培育商业性担保机构

商业性担保机构指的是由企业和个人出资组建、完全市场化运作、多元化经营、以盈利为目的的担保企业。商业性担保机构与政策性担保机构相比，最大的特点是出资社会化、经营市场化，因此具有内控机制完善、利益分配机制合理、市场竞争充分、专业化水平高等优势。商业性担保机构的经营完全市场化，它以盈利和生存为首要目标，重视企业现实的和潜在的盈利能力，不以企

业的资产规模作为是否提供担保的唯一依据。此外，商业性担保机构业务范围较宽，广泛开展个人消费贷款担保、商业票据中长期担保、单位购房分期付款担保、信用证担保以及贸易贷款担保等多元化担保业务。

四、促进我国粮食小额信贷发展的政策建议

（一）鼓励各种形式小额信贷的发展

我国应借鉴国际先进经验，将小额信贷项目和金融机构有效结合起来，鼓励各种组织形式的小额信贷发展，允许多种模式并存。一是继续促进现有 NGO 小额信贷机构的发展。对现有各类小额信贷机构，视具体情况，采取区别对待的政策，经过调整或改造及完善，符合条件的，允许合法存在，并给予金融支持，不符合条件的，做好退出工作。二是鼓励组建专业小额信贷机构。专业小额信贷机构应包括政策性和商业性机构，商业性组织在工商部门注册，公益性组织在民政部门注册。三是完善商业银行的小额信用贷款业务。对小额信贷业务开展较好的农村信用社，专设小额信贷部门，针对微小型企业的特殊财务、经营状况，制定特殊的规则和操作程序，享受一定的政策扶持。

（二）建立多元化的资金投入机制

国际经验表明，可持续发展的小额信贷，其资金来源最终需要通过市场化运营来解决，即通过一定的政策支持，吸引国内外的社会资金投入到小额信贷中。但在当前，小额信贷尚处于初步发展的阶段，国家的资金投入支持是必要的。一是应鼓励各种国际组织在我国开展小额信贷业务，吸引国际资金进入我国小额信贷领域。二是应积极发展各类专业型小额信贷资金批发机构，鼓励大型商业银行建立资金批发中心，为小额信贷机构提供资金支持。三是应进一步降低准入门槛，鼓励民间资本进入小额信贷市场参与投资。四是应完善小额信贷机构进入金融市场的机制，允许达标的优秀小额信贷机构进入同业拆借市场、股票市场和债券市场融资。监管当局应制定适当的制度，对经营效果好、具有较为良好内部治理结构并显示出可持续发展能力的小额信贷机构，允许其吸收一定比例的公众存款或者批发贷款，还可以允许其逐步扩大吸收存款的比率和范围，直至最后向商业化小额信贷金融机构转型。只有建立多元化的资金投入机制才能保证小额信贷机构能够获得源源不断的资金支持，实现可持续发展。

（三）多途径降低小额信贷组织的成本

首先，政府要在优化信用环境和基础设施上下功夫，降低小额信贷组织的预期成本。政府要提供一些准公共品，外化一部分小额信贷的操作成本。主要包括基础设施、项目培训、信息传播等，如政府可将与小额信贷相关的基础设施建设纳入财政预算。在项目培训方面，可与地方科技推广、农田水利建设以及企业的市场开发结合起来，积极探索"公司＋农户"的培训模式以及职业教育培训等新途径。

其次，可以通过给予小额信贷充分的利率浮动权限和减少税费来降低小额信贷的财务成本，扶持小额信贷。小额信贷的高成本问题一方面可以适度提高利率加以缓解。另一方面通过国家的税收优惠政策，如对小额信贷给予减免营业税与所得税，来减少农村信用社的操作成本。

再次，除了提高利息外，还可以采用贷款贫困者自我组织、自我管理和自我约束的自治形式，既提高了贷款的还贷率，又可以成功实现信贷经营机构的成本转移。

最后，要努力完善小额信贷风险分散机制，降低小额信贷贷款损失成本。这些风险分散机制包括建立担保基金，完善农业政策性保险等，各级政府可从扶贫款或国家救灾款中拿出一部分建立担保基金。

（四）多渠道提高小额信贷组织的收益

首先，提高小额信贷利率水平，提高其贷款收益。尽可能提高小额信贷利率上限，并在条件成熟的情况下（比如小额信贷市场形成较为充分的竞争格局），实现利率市场化。其次，给予小额信贷机构适当的税收减免和财政补贴。与农信社一样，小额信贷机构承担了服务"三农"的任务，也应该享受同等的税收优惠；考虑到小额信贷高成本的现实，政府可直接承担部分成本。具体方式包括财政直接补贴、税收优惠间接补贴等，且这些补贴应直接补贴给小额信贷机构，而不是像以前那样补贴给小额贷款对象。最后，充分发挥非市场机制的正向激励功能，提高其预期收益。小额信贷的社会属性常常吸引一些国际、国内捐赠资金的援助和扶持。为保证这些援助真正流向那些发挥较好扶贫功能的小额信贷机构，建议有关部门建立合适的评估指标来评价小额信贷扶贫效果，使捐助资金流向那些扶贫效果突出的小额信贷机构，使这些小额信贷机构逐步实现可持续发展。

（五）加强小额信贷发展的配套设施建设

一是建立和完善小额信贷的相关立法。重新检查那些可能和小额信贷业务扩展发生冲突的法律、行政法规和内部规章制度，在控制小额信贷机构业务风险的前提下，推动相关立法工作，为小额信贷的发展廓清道路。重新审视我国法律对高利贷行为的认定、对有关"转贷违法"的认定，等等。二是在全社会开展金融知识教育，加强社会信用制度建设，创建信用社区。金融知识的欠缺常常使一些低收入的人群为了尽快致富而卷入一些非法或违规的金融活动当中，使本来不多的收入遭受损失。也由于金融知识的匮乏，使一些低收入人群不知道如何与金融机构打交道，不知道能享受到什么样的金融服务。在向金融机构寻求贷款时，低收入人群往往因为缺少信用记录，没有合格的抵押品和担保而贷不到款。三是建立小额信贷登记系统，实现相关信息在小额信贷机构之间的共享。将正规金融机构部门排斥的低收入阶层纳入征信系统，逐步建立他们的信用档案，这既便于小额信贷机构控制风险，也有利于逐步培养低收入人群的信用意识。

此外，鉴于我国粮食金融安全的多元性，还需要着力加强粮食金融安全各部分之间的协调与配合，构建统一协调的粮食金融安全保障制度，更有效地服务于粮食产业链的各个环节，确保粮食能够顺利生产、高效运输、有效储存。一方面，从保障我国粮食安全的高度，对政策性银行、政策性保险、政策性担保的法律和政策以及相关的金融法规进行适当梳理和协调，通过法律法规消除可能存在的冲突，强化政策性金融服务粮食产业链的作用力，为政策性金融形成合力提供法律和政策依据；另一方面，要积极探索政策性金融保障体系内部业务合作的途径（例如，农业保险与农业担保的结合，农业保险与小额信贷的结合，等等），逐步建立与商业性金融的合作机制，拓展金融体系保障粮食安全的业务范围。

总之，要从保障粮食安全的战略角度出发，在积极推动我国金融体系改革发展的同时，要着力完善政策性金融体系服务粮食产业链的体制机制，引导商业性金融向粮食安全领域倾斜，围绕粮食安全不断探索政策性金融与商业性金融业务合作的途径，构建一个多元化、多层次、高效率的粮食金融安全体系（见图10－7）。

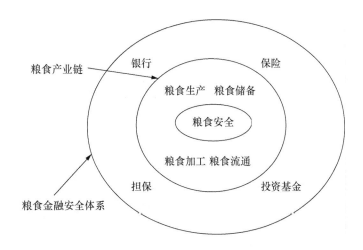

图10－7　粮食产业链与粮食金融安全体系

第十一章 2015～2016 年我国粮食财税安全分析

21 世纪以来，我国建立了以"四项补贴"（种粮直接补贴、良种补贴、农资综合补贴、农机补贴）和三项价格支持（最低收购价、临时收储、目标价格）为核心的农业补贴政策体系。2002 年我国中央"三农"补贴资金只有 1905 亿元，2011 年突破 1 万亿元大关，2015 年预计超过 1.5 万亿元。

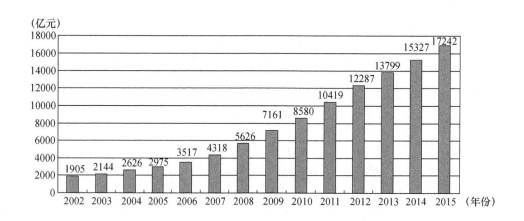

图 11-1 2002～2013 年我国中央财政三农支持金额图

2015 年以来，我国改革"四项补贴"（种粮直接补贴、良种补贴、农资综合补贴、农机补贴）为"三项补贴"，并且将"三项补贴"合而为一，成为"农业支持保护补贴"，政策目标调整为支持耕地地力保护和粮食适度规模经营。

2015 年将"三项价格支持"（最低收购价、临时收储、目标价格）改为"新的三项价格支持"，形成新的"市场价格、目标价格、最低保护价格"三元价格体系。

第一节　粮食财政安全评估的理论依据

粮食安全关乎国家安全，而对于中国这样一个人多地少的大国来说，其重要性远远超过世界上任何国家。粮食商品既有经济属性，也具有社会属性。因此，粮食生产、流通、消费的市场联动过程离不开财政体系。建立与完善粮食安全的财政体系，主要基于以下理论。

一、粮食生产存在"正外部效应"，需要政府矫正

这种正外部效应（Positive Externality）又称为外部经济，其实质是粮食的价格不能充分反映它所带来的社会边际收益，致使粮食生产难以获得社会平均利润。对一地区而言，生产粮食越多，就意味着输出资源越多，利益流失越多，机会成本也越高，所以无论是产区政府还是农户都不愿多种粮，因为出于"经济人"的考虑谁也不愿意做"亏本"的买卖。如果任由市场调节，常常容易导致粮食生产总量不足。因此要"通过矫正实现外部效应的内在化"，矫正手段当然可以延续新中国成立以来一直采用的统购统销实行政府规制，但实践证明规制成本太高，且难以调动有关各方积极

性，从探索情况看，发放直接补贴或价外补贴更符合市场经济条件下的资源优化配置法则，其直接结果就是通过发放矫正性补贴 MEB，使私人边际收益 MBP 提高到与社会边际收益一致的水平，从而保证有足够的生产总量。这就决定了政府必须进行政策干预，包括实行财政转移支付，加大对主产区和粮农的补贴力度。

二、粮食安全体系具有公共产品性质，需要政府提供

根据现代公共管理理论，私人产品最好由私人部门提供，而公共产品一般应由公共部门负责提供。根据非竞争性和非排他性这一标准划分，粮食商品本身应该属于私人产品性质；但粮食安全体系这一无形产品却具有明显的公共产品属性，粮食安全关系国计民生，粮食安全体系是国家安全体系的重要组成部分。一般情况下的粮食生产、流通、加工、储藏、消费，都可以由私人部门按照市场经济的要求来提供；但战略储备、救灾救济、平抑市场、供应部队等方面的调控任务所构成的国家粮食安全体系

属于纯公共产品，政府对这一纯公共产品的提供负有不可推卸的责任。

三、市场调节常有"失灵"问题，需要政府干预

公共选择理论认为公共提供（Public Provision）不等于公共生产（Public Production），公共产品的生产也可以通过市场机制交付私人部门承担。但问题是：①市场机制本身不是万能的，市场调节会有"失灵"的问题，这就需要政府有力的干预，"熨平"周期波动。强调政府实行必要的宏观调控，并不是要否定市场在资源配置中的基础性作用，二者并不相悖。②从粮食产业本身看，它同时具备了公益产业、弱质产业、风险产业

和生态产业的特征，这就构成了弱质性和公益性、生态性和风险性的矛盾，要解决好这两对矛盾，单单依靠市场机制是无济于事的，甚至会导致矛盾扩大，出现粮食生产过剩或不足，或一时过剩一时又不足，或这个品种过剩那个品种又不足。从粮食流通、消费过程中存在的一系列质量安全隐患来看，也迫切需要政府加大市场执法和监管力度。从日本、美国、欧盟等市场经济发达国家的做法来看，也没有一个不是对本国粮食总量和质量进行调控和监管的。实践证明，把"看不见的手"和"看得见的手"相结合，把宏观调控与微观搞活相统一，才能更有效地发挥市场机制的作用，更协调地促进国民经济的持续、健康、稳定发展。

第二节　2015 年我国粮食财政安全的分析

加入 WTO 以来，我国相继实施了一系列的农业政策，以促进农业的稳定发展。尤其是 2004 年以后，在全面取消农业税的基础上，实施了"四项补贴"到"三项补贴"到"农业支持保护补贴"政策，尝试构建有效的粮食补贴政策体系。

2015 年将农业"三项补贴"合并为"农业支持保护补贴"，政策目标调整为

支持耕地地力保护和粮食适度规模经营。一是将 80% 的农资综合补贴存量资金，加上种粮农民直接补贴和农作物良种补贴资金，用于耕地地力保护。二是补贴对象为所有拥有耕地承包权的种地农民，享受补贴的农民要做到耕地不撂荒，地力不降低。三是补贴资金要与耕地面积或播种面积挂钩，并严格掌握补贴政策界限。四是对已作为畜牧养殖场使用的

耕地、林地、成片粮田转为设施农业用地、非农业征（占）用耕地等已改变用途的耕地，以及长年抛荒地、占补平衡中"补"的面积和质量达不到耕种条件的耕地等不再给予补贴。回顾我国"粮食财政直补总政策"，具体可以分为几个方面：

一、粮食财政补贴总政策

综合性收入补贴政策主要由粮食直补政策和农资综合直补政策构成。2004年开始，国家对种粮农民实施了粮食直接补贴政策。2006年，实施了对种粮农民的农业生产资料综合直接补贴政策，

以弥补化肥、柴油等农资价格变动对农民种粮增支的影响。2007年中央财政在继续保持2006年120亿元农资综合直补资金不变的基础上，新增156亿元农资综合直补资金，加大对种粮农民的补贴力度。新增补贴资金后，2007年中央财政对种粮农民的农资综合直补资金规模达276亿元，加上已安排的从粮食风险基金列支的151亿元粮食直补资金，2007年国家对种粮农民两项直接补贴总额达427亿元，比上年增加165亿元，增长63%。2008年农资综合直补资金规模达到638亿元，比上年增长131%，两项直接补贴达到789亿元。

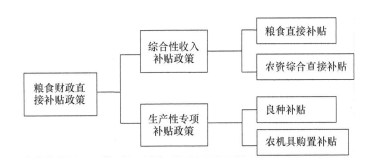

图 11-2 粮食财政直接补贴政策分类图

生产性专项补贴政策主要由价格支持政策（即最低价收购政策）和生产资料补贴政策（包括良种补贴、农机具购置补贴等）构成。从2004年起，国家出台粮食最低收购价政策，当粮价高时，农民卖粮可以随行就市；当粮价低时，

国家在粮食主产区按规定的最低收购价收购农民手中的粮食。这项政策实行以来，全国以最低收购价累计收购粮食1850多亿斤，对保护农民利益、保障市场供应发挥了重要作用。2008年国家大幅上调了粮食最低收购价。在良种补贴

方面，2008 年预算安排农作物良种补贴提高到 120.7 亿元，并扩大了全国水稻、小麦、玉米补贴面积。

表 11-1　2004～2014 年粮食直接补贴金额

单位：亿元

	2004 年	2005 年	2006 年	2007 年	2008 年	2009 年	2010 年	2011 年	2012 年	2013 年	2014 年
粮食直接补贴额	116	135	142	151	151	151	151	151	151	151	151

资料来源：根据财政部网站发布数据收集整理。

（一）粮食直补政策

粮食直接补贴是把原来对粮食买卖环节的中间补贴变成对种粮农民的直接补贴，为了有效保护农民的种粮积极性，减轻粮食价格波动对农民种粮收入的影响而出台的粮食流通体制改革环节中的配套粮食补贴政策。如今，受供求关系、生产成本、自然灾害、国际市场价格等因素影响，粮食市场价格容易波动。而粮价的波动又会直接影响到种粮农民的种粮收入。若粮价上涨或粮食相对价格上涨，农民的种粮积极性自然提高，有条件情况下就会扩大种粮面积，进而增加粮食产量。

首先，从粮食直补政策实现的产量效应看，粮食直补政策激发了农民种粮积极性，粮食播种面积增加，粮食产量提高。从粮食产量方面看，2004 年我国粮食产量恢复到 46947 万吨，比 2003 年增产 3875 万吨，增产量创历史新高，扭转了粮食产量持续下滑的局面。粮食产量"12 连增"，打破了 1985 年以来粮食

生产"两丰一歉"现象，打破了粮食单产基本是"两增一减"的局面，直补政策无疑发挥了积极作用（见表 11-2）。

表 11-2　近年来粮食直补金额与粮食产量

年份	直补金额（亿元）	粮食产量（万吨）
2004	116	46947
2005	132	48402
2006	142	49748
2007	151	50160
2008	151	52850
2009	151	53081
2010	151	54641
2011	151	57121
2012	151	58957
2013	151	60193.5
2014	151	60710.0
2015	151	62144.0

其次，从粮食直补政策实现的收入效应看，粮食直补政策使粮食主产区农民得到了实惠，提高了收入。2004 年全国 29 个省份对种粮农民补贴金额达 116 亿元，其中 13 个粮食主产区补贴 101 亿元，占直补资金总额的 87%。直补使全国农民人均收益 14 元左右，占当年农民

人均增收额约 4%；使主产区农民人均收益 22 元左右，占当年农民人均增收额约 5%。2005 年补贴资金为 132 亿元，全国农民人均收益 18 元左右；2006 年直补资金达到 142 亿元，粮食主产区补贴 127 亿元，全国农民人均收益 29 元，是上年的 1.6 倍。2007～2014 年直补资金均达到 151 亿元，农民人均收益达到 30 元左右。尽管补贴资金对农民增收的直接拉动作用有限，但对促进粮食增产间接增加农民收入方面却起到了明显的拉动作用。直补确保了粮食安全，保持了粮食市场运行平稳，使粮食主产区农户生产投入增速略低于全国平均水平，调动了种粮农民生产积极性（见表 11-3）。

表 11-3　近年来粮食直补金额与农民人均收入增长幅度

年份	直补金额（亿元）	农民人均收入实际增长（%）	农民人均收入增长（元）
2004	116	6.8	2936
2005	132	6.2	3255
2006	142	7.4	3587
2007	151	9.5	4140
2008	151	8	4761
2009	151	8.5	5153
2010	151	10.9	5919
2011	151	11.4	6977
2012	151	10.7	7917
2013	151	9.3	8896
2014	151	9.2	10489
2015	151	7.5	11422

资料来源：①《中国统计年鉴》。

②2007 年和 2008 年农民人均收入为估算值。

（二）良种补贴政策

根据不同地区和作物的特点采取直接补钱、招标补种等不同方式。其中水稻良种推广补贴资金实行直接补贴方式，按面积直接发放到种植良种水稻的农户。对于通过国家或省级审定、有市场需求的粮食种子（不含水稻）由省级农业部门会同财政部门统一组织公开招标确定供种单位，再由供种企业按招标品种和价格根据粮食种植面积向农民提供优良品种，按照核定的推广面积，通过供种单位对种植农作物良种的农户（含农场种粮职工）进行补贴。

（三）农机具购置补贴政策

农业部根据全国农业发展需要和国家产业政策确定年度全国补贴机具种类范围，各省（区、市、兵团、农垦）结合本地实际情况，确定本年度的补贴机具目录并报农业部备案。补贴实施区内的农民购买机具补贴时，必须通过乡镇农机管理机构向县级农机主管部门提出申请，农民的购机补贴表交上去之后，一般先由乡里的农机管理站进行初审，再由县农机管理部门根据补贴指标和优先补贴条件进行审查，初步确定补贴购机者名单和补贴数量，然后还要在一定范围内张榜公示，接受群众监督，公示结束后，对无异议购机户，县农机主管部门与购机者签订购机补贴协议，农机具购置补贴按照农民购置农机具的发票向农户提供一定比例的补贴，并根据各　　地的实际需求扩大补贴机具范围。

表 11 - 4　2002～2011 年良种补贴情况

单位：亿元

年份	2002	2003	2004	2005	2006	2007	2008	2009	2010	2011
良种补贴金额	1	3	28.5	38.7	41.54	65.7	121.63	198	204	220
良种补贴品种	大豆	大豆	大豆	大豆	大豆	大豆	大豆	水稻	水稻	水稻
		小麦	小麦	小麦	小麦	小麦	小麦	小麦	小麦	小麦
			水稻	水稻	水稻	水稻	水稻	玉米	玉米	玉米
			玉米	玉米	玉米	玉米	玉米	大豆	大豆	大豆
						油菜			青稞	青稞
										马铃薯
良种补贴面积	0.1	0.3	2.47	3.67	3.73	4.51	8.4			

资料来源：根据农业部、财政部公布数据收集整理，其中 2008 年良种补贴面积 8.4 亿亩不含大豆，包括 4.4 亿亩水稻；2 亿亩小麦；2 亿亩玉米。

表 11 - 5　2004～2011 年农机具购置补贴表

年份	2004	2005	2006	2007	2008	2009	2010	2011
农机具购置补贴金额(亿元)	0.7	3	6	20	40	130	155	175
农机补贴覆盖县(场)(亿元)	66	500	1120	1716	全国所有农牧业县（场）	全国所有农牧业县（场）	全国所有农牧业县（场）	全国所有农牧业县（场）

（四）农资增支综合直接补贴政策

根据年初预计全年农业生产资料全年价格变动对农民种粮收益的影响综合测算确定，并对柴油调价硬性增支因素予以充分考虑，年内不再随后期农业生产资料实际价格变动而调整。中央财政一次性将补贴资金全部拨付到地方，地方财政部门一次性将补贴直接发给种粮农户。2008 年开始为降低成本，提高效率，方便农民领取，采用"一卡通"或者"一折通"，力争春耕前将农资综合直补和粮食直补合并发放到种粮农民手中。

粮食财政补贴政策还有一项是最低收购价，即国家为某些地区的某粮食品种设定一个价格水平，在设定的收购期内如果市场价格低于设定的价格水平，则由中央财政承担全部费用利息，通过指定收购企业（中储粮总公司及其委托的公司）来收购农民想卖出的粮食。

表 11 - 6　2006～2011 年农资综合直接补贴金额表

单位：亿元

年份	2006	2007	2008	2009	2010	2011
农资综合直接补贴额	120	276	482	795	835	860

资料来源：根据财政部数据收集整理；《中国粮食发展报告 2009～2010》。

二、我国粮食补贴政策及粮食安全存在的问题

（一）粮食补贴政策存在九个方面问题

（1）直接补贴政策的资金总量小，主要依靠中央财政投入。目前我国财力有限，对农民的补贴强度太低。从资金来源上看，直接补贴的金额强烈依靠中央财政支持，中央投入占补贴总额的88.8%，各地的指导思想大多是"用足中央的，再动地方的，基本不动基层的"。

（2）补贴标准不一，差距过大，难以体现公平合理。各省的补贴标准大致分两类：一种是按单位种植面积来计算；另一种是以粮食产量来计算。在按面积补贴的省份中，标准最高的上海每亩高达60~80元，最低的甘肃每亩只有2.47元，两者相差20~30倍。在按粮食产量补贴的省区中，最高的新疆每公斤达到0.2元，而最低的陕西每公斤仅为0.033元，两者的差距也达到6倍。

（3）补贴在农户之间过于分散。我国尚处于工业化中期，农村人口占到70%，其中粮食生产的农户又占80%，目前还是"少数人补贴多数人"的局面。每年补贴分摊到每亩不足10元，每人不足15元。河北、湖北每公斤粮食补贴6

分钱，贵州为8分，吉林为9分，浙江为1角，安徽小麦1角、稻谷9分；湖南每亩补贴6元，江苏、江西、甘肃为10元，按亩产250公斤计算，每亩补贴10元相当于每公斤补贴4分钱。按每公斤粮食售价2元计算，补贴率最高的省份不过5%而已。

（4）直接补贴的农作物品种单一，仅限于粮食作物。目前我国直接补贴主要针对粮食作物，补贴对象为小麦、玉米、水稻等，发达国家普遍补贴的油料作物、蛋白作物、纤维作物在我国尚属空白。这样的政策导向会改变农户从事粮食生产与其他经济作物的比较收益，鼓励农民放弃经济作物，回到粮食生产的老路上，不利于农业种植结构的调整。

（5）补贴工作量大，操作成本高。首先各项补贴都需要经过初步核实—公示—复核—公布的过程，而且种植面积核实难度较大。其次由于粮食补贴政策的落实工作主要由乡镇多个部门基层工作人员负责，工作量大且经费缺乏，各部门之间协调困难，导致执行成本高，费时费力。

（6）种粮者得不到补贴，得到补贴者不种粮。由于农村劳动力大量转移，外出务工或者从事其他非农产业，外出务工人员的承包田有相当一部分转租，但种粮补贴直接发给土地承包者，形成了实际承租人种粮得不到补贴的情况，

租种者还不得不向转租人交纳数额不等的土地租金。此外，还有一部分土地承包者，将粮田改挖成鱼塘或者改种其他经济效益好的农作物，获取比种粮更好的比较收益，由于补贴按土地面积发放给承包者，相关地方政府部门对粮食种植和土地用途监管不力，这一部分土地承包者依然可以每年领取种粮补贴。

（7）补贴与面积相关，部分农民"双改单"减少了粮食产量。种粮补贴是跟土地承包面积挂钩而不是和粮食产量挂钩。补贴政策在激发农民种粮积极性的同时，也存在一些制度上的不完善之处，一些农户存在某种投机心理。在南方地区水稻种植一年两熟地区，有的农民领取了双季稻的种粮补贴，但在实际生产中，为了减少化肥、种子、劳动力等成本，将双季稻改成只种单季，甚至撂荒。这样既避免成本又获得补贴收益，给国家经济造成损失。此外，在补贴面积上，国家按计税面积发放，但由于往年农户和地方政府组织出于避税考虑，少报了粮食种植面积，因此实际粮食种植面积可能远远大于所上报的计税面积。这样计税面积以外的粮食种植农户则无法得到种粮补贴，影响了他们种粮的投入和热情。

（8）补贴数额偏低，不足以抵消农资上涨给农民带来的收益损失。在2008年，仅农用化肥一项，每百斤尿素由

2007 年的 95 元涨到 120 元，上涨26.3%；磷肥由 20 元涨到 30 元，上涨50%；复合肥（含量45%）由 100 元涨到 160 元，上涨 60%；氯化钾由 128 元涨到 230 元，上涨 79.7%。按每亩单季施用复合肥 50 斤、尿素 32 斤、氯化钾20 斤计算，单季化肥成本增加 43.6 元，再加上种子、薄膜、农药等生产要素，这些农资价格上涨就导致每亩地种粮成本增加 20 元以上。照此计算，2008 年单季将增加各项成本 63.6 元，双季将增加130 元以上。国家种粮补贴基本上都因农资上涨而冲销了。

（9）粮食补贴的各种制度建设相对滞后，国家还没有制定种粮补贴的专门法规，补贴准则、评价标准、工作制度等制度建设有待进一步建设完善。在有些地方，种粮补贴农田数仅是根据农户和乡、村、组地方主管部门自行申报，因此多报面积骗取补贴的现象大量存在。种粮补贴核算工作中的计算机运用还处在起步阶段，并不能对补贴面积核算、农户信息收集与分析、补贴数额与标准等方面进行有效的管理。

（二）我国粮食财政安全存在 4 个方面问题

（1）对粮食生产的扶持政策力度还不够，支持手段还有待进一步完善。

（2）粮食生产的补贴制度还不够完善，补贴的渠道还不多，水平还比较低，

范围还比较窄。

（3）粮食生产的投入机制还没有建立起来，国家对粮食生产基础设施建设投资的投入比重低、增幅小，粮食生产缺乏相应的信贷支持，工商资本和社会资本尚未进入粮食生产领域。

（4）粮食产销区的利益平衡机制还没有建立起来，粮食主产区财政困难，缺乏重农抓粮的动力。

第三节 2015 年我国粮食财政安全评估及其政策建议

一、2015 年我国粮食财政安全评估

本章从我国粮食直接补贴、农资综合直接补贴、良种补贴、农机具购置补贴四种农业补贴的补贴力度，着重分析了 5～10 年的补贴额，并指出了财政补贴在发挥保障粮食安全作用中存在的一些问题。为了更全面地剖析我国粮食安全的财政问题的情况，我们有必要做总体评估。

（一）补贴力度需继续提高

临界点是农业资源生产粮食与非粮食收入均等。所以，促进农业资源粮食生产偏好的前提是农业资源生产粮食的收入高于生产非粮食。以 2005 年，各地每亩粮食的直接补贴是 10～15 元，按照亩产 350 公斤计算，1 公斤粮食补贴 0.028～0.042 元。如果再考虑粮食生产的其他成本，粮食补贴后的收益难以达到农业资源竞争性用途的临界收入水平。

目前来说，粮食财政直接补贴政策的农业资源在粮食和非粮食生产用途上的竞争取决于种粮收入与非种粮收入的比较。竞争的补贴标准偏低，平均来看，每年普通种粮农户每亩能够得到的粮食财政直接补贴金额大约在 100 元左右，此标准占农民每年家庭纯收入的比重相当小，现在农资价格又进一步升高，种田成本越来越高，目前的补贴标准又较低，金额较小的粮食财政直接补贴政策所产生的效果被农资市场价格和粮食市场价格的变化所抵消，这对提高农民种粮积极性的促进作用非常有限。低标准的直接补贴还难以从根本上提高农民生产粮食的积极性。

（二）生产性专项补贴政策效果优于综合性补贴政策效果

在目前实施的四项具体粮食财政直接补贴政策中，粮食直接补贴效果最差，很难有效促进粮食增产、提高人均粮食占有量、保障粮食自给率与农民种粮积

极性的提高。但它在提高粮食自给率水平的效果上要优于提高农民种粮积极性及提高粮食产量的效果。相比而言，生产性专项补贴政策的总体效果优于综合性收入补贴政策的总体效果。在提高粮食产量、人均粮食占有量和提高种粮积极性方面，生产性专项补贴与农资综合直接补贴比粮食直补更有成效。生产性专项补贴在促进粮食增产方面效果比较好，其中农机具购置补贴更有利于增加粮食产量，提高人均粮食占有量及农民的种粮积极性，保障粮食自给率水平。

（三）各省制度有效性存在差异

制度有效省份多分布在粮食主产省和产销平衡区，制度效率无效省份多集中在经济较发达和经济欠发达省份，制度有效的省份也都是规模有效的，制度无效省份都呈现规模收益递增态势，分析无效省份的输入输出松弛变量发现，粮食财政直接补贴投入冗余与粮食输出不足之间存在一定联系。

二、2016 年我国粮食财政安全政策建议

（一）创新财政支农资金的投入方式，调整支农政策的目标和方式

提高粮食综合生产能力的核心是要重视和加强粮食基础设施建设的投入。近年来，中央财政对农业生产基础设施的投入、农业综合开发、小型农田水利基础设施建设等方面投入渠道很多，支持力度在逐年加大，粮食综合生产能力也得到有效提高。但政策目标不很明确，资金比较分散，使用效益较低，影响了综合生产能力的持续提高。今后应在继续加大对粮食综合生产能力投入的同时，由过去重视数量转向重视质量和品种的生产，重点是要完善财政政策目标，健全运作机制。

（1）加大各种支农资金的整合力度，集中资金重点投入，提高资金效益，从根本上扭转粮食靠天吃饭的局面。

（2）改变投入方式，积极引入市场机制，采取政府直接投资、政府引导和民办公助、以奖代补等多种方式，政府和社会共同参与、共同投资、不断提高粮食综合生产能力。

针对近年来农业生产过程中农资价格及人工工资不断攀升的态势，建议有条件的县（市）成立专门农业服务公司，为农民低价甚至免费提供部分农业生产资料及农业生产服务，如耕地、播种及收割等的服务，降低农民生产成本，提高农民经营性收入，使财政支农资金起到"四两拨千斤"的杠杆作用。

（二）加大财政投入，支持农村基础设施建设

（1）树立农业基础设施建设先行的意识。政府在制定相关农业发展政策时，要充分认识到农业基础设施的重要性。同时，要加大对农民的宣传教育，提高农民保护现有农业基础设施和进一步建设农业基础设施的意识。

（2）加大农业基础设施的投资。农业基础设施建设的主要资金来自国家和地方政府投资，但在政府财力有限和市场经济条件下，在投资方式上，要改变过去由政府、村集体大包大揽的做法；创新机制，充分发挥政策引导和市场机制"两只手"的作用，以优惠的政策吸引个人、集体、外资等各类经济主体投资农业基础设施建设。同时，还要明确社会各种利益主体在农业基础设施建设中应承担的责任和应负担的义务；要划分中央政府、地方政府、农村社区、乡村集体和农民个人的投资责任和投资范围，保证农业基础设施投资的到位与落实。

（3）在提供农业基础设施、农业科研、信息与教育等农村公共品环境的基础上，充分利用宏观调控政策手段积极引导和推动农业生产结构、产品结构、生产区域结构和生态环境的调整和优化，在发挥市场机制对农业资源初次分配的过程中，政府对市场失灵的地方施以适当的干预和补充，并对农业施以适度的政策保护。

（4）加强对农业基础设施的统筹管理工作，避免盲目建设和重复建设。

（三）加大绿箱支农总量，调整绿箱支农结构

《农业协议》规定的12项绿箱政策（Green Box）措施目前我国只使用了6项，在市场营销服务、收入保险和收入安全网计划、生产者退休计划、资源停用计划和投资援助计划上还比较薄弱。今后在政策设计上应切实加强政府一般性服务，加大对与农业生产力密切相关的农业基础设施、农村公共设施、农业科研与技术推广、农业培训、农产品质量检测、农业结构调整、环境保护、农业市场信息服务体系建设的财政投入。增设市场营销服务、农作物保险以及对农业结构调整援助补贴，以增加农民收入、提高农业综合生产力、促进农业产业化经营。

（四）用好用足黄箱措施，完善保护价收购政策

世贸组织将我国定义在发达国家与发展中国家之间，农业综合支持总量（AMS）不超过种植业和畜牧业总产值的8.5%，现阶段我国黄箱政策的支持水平接近8.5%的承诺空间。在出现粮食生产过剩时，粮食价格的下降便会抵消直接补贴带给农民收入增长的部分，调动不了农民种粮积极性，无法维持粮食等重要农产品的适当产量。尤其在受到财力制约而直接补贴不能进一步增加的条件下，其边际效应递减特征难以形成刺激

农民种粮积极性的长效机制。因此，应从我国实际出发，用足用好黄箱措施，完善对粮食等重要农产品的价格保护政策，建立富有弹性的、高效的粮食直接补贴政策。

（1）以现行直接补贴为基础，探索实现农业补贴制度的创新，逐步建立固定补贴和变动补贴、综合补贴和专项补贴有机结合的农业直接补贴制度，直接补贴种粮农民，稳定种粮农民基本收益。

（2）调整完善现行粮食最低收购价政策等，逐步形成更科学的、真正反映农民种粮成本收益的定价机制，健全政策运作机制，使最低收购价政策真正成为市场上的最低价和粮食最低支撑价，保证农民种粮获得基本收益。但这个价格不能替代市场价格或完全取代市场价格，既要有利于稳定粮食市场和生产，又要促使市场机制充分发挥作用。

（五）进一步深化农村税费改革，减轻农民种粮的经济负担

农村税费改革是减轻农民负担和深化农村改革的重大举措。在巩固现有改革成果的基础上，应逐步取消不应当由农民负担的税费项目，创造条件逐步实现城乡税制的统一。同时，应继续加大配套改革力度，加强农民负担监督管理，防止农民负担反弹。

参考文献

［1］洪涛. 中国粮食安全发展报告 2014～2015［M］. 北京：经济管理出版社，2015.

［2］李经谋. 2016 中国粮食市场发展报告［M］. 北京：中国财政经济出版社，2016.

［3］程国强，朱满德. 我国粮食补贴天花板还有多远［EB/OL］. 国务院发展研究中心网，2015－11－11.

［4］臧文如. 中国粮食财政直接补贴政策对粮食数量安全的影响评价研究［D］. 四川农业大学博士学位论文，2012.

附录1 美国向 WTO 投诉中国，中国政府反驳

美国向 WTO 投诉中国小麦、玉米和大米补贴政策

华盛顿 2016 年 9 月 14 日消息：美国政府 13 日向世贸组织投诉中国的稻米、小麦和玉米价格支持政策，声称这些补贴超过中国 2001 年加入 WTO 时承诺的水平。

美国贸易代表办公室表示，2015 年中国对这些产品提供的"市场价格支持"估计要比中国"入世"承诺的水平高出近 1000 亿美元。中国对稻米、小麦和玉米提供的过度市场价格支持导致中国国内价格高于市场水平，政府人为鼓励农户提高粮食产量。

美国贸易代表 Michael Froman 在一份声明中称，这些价格支持项目扭曲中国价格，损害美国农户利益，明显违背了中国的"入世"承诺。美国不能忍受贸易伙伴不遵守规则。这是 2009 年以来美国政府第 23 次向 WTO 发起诉讼，也是第 14 次针对中国发起诉讼。

奥巴马政府在一份声明中称，美国政府已赢得了每一场诉讼。奥巴马称，中国应当结束非法补贴，取消对美国出口设置的巨大障碍，为美国稻米、小麦和玉米种植户以及他们的家庭提供公平的竞争环境。

2016 年 5 月美国政府要求 WTO 争端解决小组支持针对中国的指控，即中国继续不公平地对美国鸡肉产品征收反倾销关税。但是目前该争端仍未得到解决，中国商务部 8 月 22 日宣布，对美国鸡肉征收的反倾销关税政策将再延续五年。奥巴马补充说，随着全球经济发展，泛太平洋伙伴贸易协定需要提高贸易标准，并警告说，中国正在谈判自己的亚洲贸易协定。

美国贸易代表办公室称，自 2012 年以来，中国国内的小麦、籼稻、粳稻和玉米价格支持已经超过 WTO 允许的最低水平。

美国农业部长 Tom Vilsack 称，如果不是因为这些支持，美国对中国的农产品出口规模会更大。2015 年美国对中国的农产品出口年产值超过 200 亿美元。

美国指控中国主要粮食非法补贴农民不合时宜

美国指控中国小麦、玉米、水稻的非法补贴农民不合时宜，美国政府的错误政策才是全球粮食价格持续下滑的根本，市场对中国的倾销是导致中国粮价过度下滑的重要因素，必要时我们有必要启动他们的倾销调查。但是全球经济一体化的背景下，加强内外政策协调才是解决问题的关键。

1. 事件基本情况

2016 年 9 月 13 日，奥巴马政府在世贸组织启动新案件，指控中国政府通过设定稻谷、小麦和玉米最低收购价，在收割季节按最低收购价购买谷物，向农户提供近 1000 亿美元补贴，从而把中国农业列入美方担忧生产过剩、扭曲全球市场产业名单。认为这些事实上补贴违反了中国在 2001 年加入世贸组织时做出的承诺。它们还导致生产过剩，影响美国农民在中国乃至全球范围的竞争能力。这是奥巴马任内发起的第 14 起针对中国的诉讼，是奥巴马政府代表美国谷物出口部门针对北京方面采取的首个重大行动。

2. 案件背景分析

鉴于国会对 TPP 的批准时间已经临近，奥巴马希望在国会共和党领袖以及强大商业和农业游说团体支持下，能够在总统大选后争取到足够票数批准 TPP。这项努力关键将在于农业大州国会议员的支持。2015 年国内居民收入出现美国自 1967 年开始公布居民收入以来美国居民实际收入增长最快的一年，中位数居民的收入增长 5.2%，但是农民收入增长幅度仅为 2.9%，为增幅最低的群体。为平衡农民收入增长相对较慢的不满情绪，奥巴马政府为掩盖国内政策不足，从而将矛头转向中国的政策，从而能够更好地获得农业大州国会议员的支持。

3. 艾格分析师马文峰观点

奥巴马政府启动的农业案件是不合时宜的。面对中国 2015 年初启动的市场化改革，这一案件提出严重滞后，显示美国政府的工作效率严重低下；美国谷物出口部门关注的不是中国农业生产是否市场化，而是是否能够获取更高的收入；只是美国政策转嫁国内矛盾的不合时宜的做法，两国应加强国内改革的前提下加强国际政策的协调。具体分析如下：

第一，中国"入世"农业协议谈判是许可一定程度黄箱补贴、最低收购价政策支持价格的范畴。中国农业人口较多，政府粮食收储价格影响粮食加工企业、贸易企业、粮食仓储企业、农资企业、农民和其他农业服务商利益；产业链条较长，实际种粮农民的收入相对占比很少。从最近 2～3 年农民种植收益情况来看，农民收入严重下降，不少产品出现严重亏损。尤其是棉花、玉米、大豆、小麦亏损严重，已经影响中国农业主产区经济和社会稳定。政府粮食收储资金只是政策性银行向收储企业提供短期信贷，在粮食销售之后贷款要如数归还银行，并支付基本利息；政府唯一补贴收购与储备费用，实质政府对收储企业的劳务采购，能够获取这一劳务购买的仅有中储粮及其代理企业，其他市场主体无法得到这些补贴。美国政府提出给农民提供 1000 美元补贴站不住脚。

第二，中国农民没有养老金，为保障农民的基本生存权，需要政府及时采购农民余粮。中国农民作为产业工人的一部分，他们中 65 岁以上劳动者，每个月退休金不足 12 美元，这样老年农民仍需依靠人均 0.08 公顷左右的土地产出维持生存。如果他们的余粮无法及时以相对较高的价格出售，中国老年农民生存权几乎无法维持，对比中国和美国农民的收入差距，甚至世界农民的收入差距，中国的农村收入水平是极其低下的，应当获取政府的支持，至少老年农民应当获取支持，确保他们的基本生存权。

第三，全球粮价的下滑是美联储的错误政策所致。从全球和中国的粮食市场历史发展情况来看，本轮世界粮食价格持续下滑的根本原因在于美联储的错误政策，美联储企图通过强势美元增加吸引全球资金进入美国资本市场，维护美国金融财团的利益，美联储的目标确

实得到实现，在全球的粮食价格、石油及其他大宗商品价格因为美元升值而大幅下降的同时，美国的资本市场持续大幅上涨，带来全球资本的脱实入虚，导致包括农业产业在内的实体产业利益受到严重的抑制。美国农民实际收入能有 2.9% 的增长已经应该感谢上帝，中国农业生产者实际种地已出现严重亏损，又无法获得其他方面的收入补贴。

第四，中国政策支持高价收储粮食政策，带来美国粮食的大量进口，支持美国农民收入提升。2013 年 2 月以后受到美元升值的影响，国际农产品价格持续下降，中国坚持对农民的承诺，坚持执行主要粮食品种的最低收购价政策，维持国内粮食价格的相对稳定，带来美国等国家农产品大量进入中国。2015 年美国向中国发运 200 亿美元农产品，对美国农民的收入增长起到重要作用。这一金额已经远远超出中国政府对中储粮公司的粮食收购、存储补贴额度；也超过 2015 年 1.48 亿 65 岁以上中国农民领取退休金总额（2230 亿元人民币）的 50% 以上，但是，美国农民生产作为中国提高收购价格的直接受益者，反而在世贸组织中起诉中国，这显然是不合时宜。

第五，中国粮食定价的市场化带来全球粮价的下滑，影响 2016 年中国粮食的进口，但影响美国的出口才是美国谷

物出口商起诉中国的根本原因。2016 年中国取消玉米的最低收购价政策，中国玉米价格大幅下滑，降幅在 20% 以上，小麦价格也出现较为明显的下降，中国粮食价格开始迈向市场化，抑制中国饲料粮和小麦进口，当然美国玉米、高粱、小麦出口中国数量和金额出现下降，美国农产品出口商必然有意见。实际上美国起诉中国的根本原因不是中国的粮食价格非市场化，而是中国的市场化使美国出口商收入下降了，中国之所以放开粮食市场，实质是大量美国、澳大利亚和加拿大等国过多粮食进入导致中国政策失效。2012 年以前美国玉米到达中国口岸的价格持续近一年的时间低于美湾价格；近期美国玉米到达中国口岸平均价格基本接近美湾离岸价，高于美国西海岸价格，美国对中国存在玉米倾销现象，也正是美国对中国倾销导致中国玉米市场一些机构持续压低国内价格，抑制世界产品向中国出口，更是导致中国农民收入下降，主要粮食作物生产出现亏损，我们应当对美国一些农产品提出反倾销调查才是正确的做法。

4. 东方艾格公司对两国政府的建议

面对当前的市场状况，两国政府都应反思各自政府的执行力、决策能力、各自政策的价值取向。

第一，中国政府应该大幅提高农民退休金发放的水平，让中国农民能够通过退休金实现老有所养；从而便利农村土地的流转，提高中国农业生产耕作规模，推动中国农业生产力水平的提升，推动中国粮食农业生产的总体自给率水平，为世界粮食安全和世界经济的稳定做出更多贡献。

第二，美国政府应该反思 2006 年以来持续施压中国人民币升值的政策给中国和世界经济带来的负面影响，特别是给当前中国、美国两国经济带来的负面影响。尤其金融危机后美元的过度强势，美元仅仅是维护金融财团利益的结果，全球实体经济受到严重的负面影响。当前中美两国金融政策仅仅带来财富的重新分配，不利于人类财富创造，导致更加严重的收入差距的扩大；完全的市场化资源配置只能导致更加严重的财富分配不均，导致世界经济的更加困难。

第三，有效的财税收支政策的调整才是解决问题的关键。政府在扩张性货币政策润滑经济运行的同时应当采取必要的财税收支转换政策，推动人类总体生产力水平的提升；通过有效的二次分配提升老年社会保障收入水平，降低少年儿童教育抚养成本，大幅削减劳动和人力资源再生产成本；通过有效的政策支持农业生产力水平提升，增加全球食物以降低全人类的衣食消费比重，从而大幅度提升各国居民的消费能力和边际倾向，大幅缩小央行创造宏观总需求与居民实际消费之间的差距，推动世界经济的健康发展。政府之间的相互指责无助于当前世界经济困境的解决，有效的国际经济协调、适宜的国内财税收支政策、适度稳健的货币政策、积极有效的社会保障等方面的二次分配政策、精干高效的政府机构才是解决问题的根本所在。

第四，全球经济一体化的背景下，各国宏观与微观竞争政策的有效性协调，才是推动世界经济繁荣的关键之所在。

在当前全球经济一体化的大背景下，尽管经济运行的周期更加趋向一致，但是，出现了明显的不同步性；同时各国政府决策信息传导落实存在一定的时差，更重要的是各国政府甚至各政党的执政理念也会存在一定差异。各国政府间应有效协调微观和宏观经济政策，为本国政策提供良好的外部环境，也为对方提供有效的外部环境，从而推动本国及全球经济的健康发展，实现全球生产环境的有效改善。

附录2 "2016中国粮食安全评估高层研讨会" 会议纪要

2016年10月13日，"2016中国粮食安全评估高层研讨会"在北京工商大学举行。这次研讨会是在世界粮食日前夕，为了总结评估2015年我国粮食安全，探讨2016年粮食安全发展趋势，建设具有中国特色的粮食安全体系举办的。研讨会由中国食品（农产品）电子商务研究院、中华粮网联合举办，会上发布了《中国粮食安全评估发展报告2015～2016》，并开展了新时期中国粮食安全问题研讨。会议由北京工商大学经济学院副院长郭馨梅教授主持。

应邀参加研讨会的有国家粮食局原局长、中国市场学会理事长高铁生教授，国家粮食局原副局长吴子丹，国家粮食局粮食安全政策专家咨询委员会委员尚强民，中国合作经济促进中心首席专家丁声俊，经济管理出版社总编辑、教授杨世伟，中国食品业诚信联盟副主席张传林，北京交通大学新经济研究所所长冯华教授，五得利面粉集团公司董事长丹志民，中华粮网总编辑孟凡军，中华粮网易达研究院副院长、高级研究员柴宁，中华粮网易达研究院高级研究员张露，福建省海峡两岸农副产品市场运营管理公司总经理吕杰勇，粮多多网站CEO王玉宝，以及人民日报、经济日报、中国商报、国际商报、中国企业报、中国食品报、中国粮食经济杂志社、中国粮油市场报、中国网、诚信食品安全网等30多位专家学者及企业界人士。

中国食品（农产品）电子商务研究院院长、北京工商大学经济学院洪涛教授发布了《中国粮食安全发展报告2015～2016》。

洪涛教授说："2009年以来，我们举行了18次研讨会，介绍了《中国粮食安全发展报告2015～2016》的主要内容和特点，对2015～2016年我国粮食安全进行了评估，对2016年我国粮食安全进行了展望。这次高层研讨会首次邀请了企业界的两位著名人士：丹志民是2014年的年度粮食人物，那一年我也被评为年度粮食人物，我是因为发布了这份发展报告。我们今天共同探讨转型升级的问题。"

主持人：下面请在座各位专家发表见解。

高铁生：我先说一下《中国粮食安全发展报告 2015～2016》（以下简称《报告》），应当说内容很丰富，文字量也不少。前面应该有一个体例的说明，《报告》的特点是什么？让读者好把握，否则如果求全责备的话，可以提出好多问题，所以必须要界定我只说什么，有些方面不在我的研究范围内。那样就好办了，如果没有这个说明，好多问题都可能提出来。

《报告》使用的研究方法论有什么特点，也需要有一个说明。我觉得谈中国粮食安全，特别是在"世界粮食日"来谈这个问题，就不能不谈世界粮食市场，因为中国不是孤立的，中国粮食安全是在整个世界粮食安全范畴之内，不可能脱离实际，而且中国现在出现的很多问题都是和国际粮食市场形势息息相关的。《报告》如果不谈一下国际的背景，当然不能把世界粮食安全的问题都搬到这里来说，但是这里决然不提，或者提的很少恐怕也是一种偏颇。

从分析方法来说，谈供求关系是离不开库存的，现在总说我国粮食是"紧平衡"，那是把库存排除在外，当年的产销可能有问题，但是，我们都知道那么庞大的库存放在那里，实际上我们的粮食库存就要起一个调节的作用，当粮食供不应求的时候，库存就应该向市场抛售，当供过于求的时候就要吸收。所以分析粮食安全和产销形势时，不能把库存抛开。比如说当我国玉米库存很庞大的时候，我们的生产能力还有什么样的问题，这个问题就需要在逻辑上不要"自掐"。

当然，这里没涉及库存，我也可以给你做一点解释，因为现在粮食有很多库存是大家都知道的，但是大家都不提供官方的权威数字，实际上这个事情没什么意思，因为你要围绕中国粮食安全、世界粮食安全，我们的库存应该有"透明度"，否则，中国企业不知道有多少库存，那么如何"去库存"？如果不知道 2015 年要抛售多少粮食，大家怎么经营？大家对市场供求没有一个合理的预期，没有这样一个合理的预期就不能经营。

现在我们很多粮食企业之所以很难做大做强就是因为没有主动性，非常被动，而且整个粮食市场价格都要看抛售的价格是多少。

如果《报告》不对方法论进行说明，只是说产销的问题，不分析库存，那恐怕是不够的。

另外顺便说一下，关于大豆提出的政策建议，还有增加储备，这些年作为油料的储备和过去相比已经增加了，中国储备粮管理总公司储备的油料包括大豆，我不知道这个数字能不能拿到，其实已经增加了。那么还要增加多少是合适的呢？这里需要有一个量的说明，因为现在我国大豆的一个政策的基点，大豆这一块基本上是依赖国际市场，就是为了节约土地，为了给其他粮食让出一个空间来。

大豆的问题与其说增加库存，还不如说与大豆的主要生产国建立更密切的合作关系。实际上我国在这方面是很欠缺的，欧洲的一些国家，包括日本，它们和拉美之间建立合作关系，这些跨国公司有完整的产业链，而我们缺少这些东西，如果我们和拉美国家有完整的产业链和稳定的购销关系，那么我国大豆的安全应该会得到很好的保证，而不是说应该存多少大豆，我认为，存多少大豆可以考虑，但是并不是一个很主要的问题。

另外，我认为《中国粮食安全发展报告》可以和李经谋的《中国粮食市场发展报告》有所不同，但是粮食安全评估离不开政策评估，2015年、2016年出台的一系列有关粮食安全的农业政策，执行效果究竟如何？取得了什么成绩？有些什么不足？下一步如何完善？我认为这个问题是很重要的，这个评估要比保险的评估有更重要的地位。

现在中央文件已经提出，现在我国改革的一个重点是粮食价格形成机制和收储制度，一年来我们的粮食价格形成机制和收储制度的改革有哪些进展？这些改革和粮食安全的需要是什么样的关系？包括调控方式，比如这里谈到玉米临储的改革，我认为，谈得不够，因为一年来大家关注的焦点就是玉米临储制度的改革，从春天开始这就是议论的热点和中心。国家有关部门，如国家发改委、国家粮食局、国家财政部为此出台了一些政策。

现在出口补贴、替代品的进口、提高技术门槛等方面都采取了很多措施，这些方面反映得不够。我们出台了哪些政策，没有悉数反映出来，另外这些政策究竟取得了什么样的效果？量如何？我认为这是《报告》的重要内容。

比如玉米的问题，目前来看是多了2.6亿吨，可能还不止这个数字，从长远来看，我们的玉米的问题不能忽视，我觉得这个问题很重要，但是我想提出，2014年玉米的整体发展走势，尚强民可能更清楚。

实际上在2008年前后的时候，出台玉米政策是很必要的，但是2012年是一个拐点，2012年这个政策就应该退出了，但是，因为我们"懒政"，这个政策已经有很大的负面影响，我国的资金存在一些问题，2012年没有及时调整有关政策，现在我们调整政策是一种"亡羊补牢"，虽然也是必要的，但是假如能够再提前几年估计会更好。

与此相关的是到什么时候、什么条件下，我们的玉米可能又是一个拐点？因为大家都知道，2011年前后，中储粮的玉米几乎都空了，我到东北去，很多库里的玉米都已经没有了。所以你说玉米的生产能力应当引起我们关注是可以考虑的，但是在什么条件下？比如现在我们的临储政策已经调整了，现在我们大量调整东北玉米。在什么条件下可能会出现反弹？这里可能会和很多因素有关，和粮食种植、补贴政策、进出口甚至汇率等各方面有关，因为我们今后和国际上关系更加密切，价格高了，国外就进来了，现在我看到的是配额内的进口，如果价格再解决不了，我们的农业生产率再低的话，可能配额外的都需要进口。所以我认为这个问题应该提出来，我们要研究会不会有一个模型，会不会有一组数据提醒我们，在一定程度上，2012年之前我们的玉米短期供不应求的情况会重演？我觉得这个问题的提示是必要的。

另外，我觉得这里有些问题可能有些落后了。比如说关于财政补贴方面谈到了粮食直补、粮种补贴、农机补贴、农资补贴，实际上这些补贴已经合一了，现在还分述，没有反映"三项补贴合一"。另外财政部现在关于中国支农政策已经下放了，这是一个很大的政策调整，今后不是由财政部来掌握了，而是下放

到地方去了。所以这些内容应该反映到《报告》中来。

关于保险问题这里谈到了，除了这里谈到的内容，现在有关部门正在研究，并且在试点方面取得良好的效果，就是把保险和期货、期权很好地结合起来，我认为这个问题应该有所反映。

与粮食安全有关的一个方面，不仅是国家财政的一些政策，社会资本下乡的问题也和农业、粮食关系非常密切，所以，我认为，这个方面也还是不足的。除非你限定我这份《报告》不说这些东西，那么这些问题就不必提出了。但是如果你不说，那么这些问题就都成为问题。

关于《报告》我就谈这么多，另外我准备了一个发言，即正确处理中国粮食安全与世界粮食安全的几点认识。

一、不仅要研究中国粮食安全，而且要研究世界粮食安全

一是由于中国改革开放总的指导思想决定的，改革开放以来，我们一直强调要利用好国内国外两个市场、国内国外两种资源，这样一个指导思想就决定了我们在考察中国粮食安全的时候，是应该观照世界粮食安全问题的。

二是研究世界粮食安全问题也符合中国粮食安全新战略的要求，中国粮食

安全新战略提出"以我为主、立足国内、确保产能、适度进口、科技支撑"。这20个字里面就包括了正确处理国内国外关系。

三是我们应该注意到，这也是不久前G20会议主题精神的体现，G20本身的会议主题提出了创新、活力、联动、包容，这个联动、包容就包括了要处理好国内国际的粮食市场。而且与G20配套的、先期召开的A20农业部长和B20企业家会议，都发表了相关的文件和声明，均有对粮食安全问题内容的意见和认识。

二、当前中国粮食安全存在的问题并非孤立的

当前中国粮食安全存在的问题并非孤立的，具有一定的背景。比如"五高问题"，高产量、高库存、高进口、高价格、高成本，那是和国际市场密切相关的，我们的一些重要的粮食品种价格高于国际市场，出现了明显的"倒挂"，这是2016年以来中国粮食安全中出现一些突出问题的重要原因，这样就导致了一些粮食品种或者替代品进口过多，就是所谓"国外的粮食入市"，"国产的粮食入库"，都是与此有关的，玉米替代品、高粱、GGDS等都是与此相关的。不仅如此，深加工产品也是，为什么有些人说

牛肉便宜了，猪肉便宜了，都是因为大量的进口，因为它的原料便宜，所以这些加工就便宜，制成品也便宜，甚至现在我们玉米深加工的产品不能够顺利地出口，也都是与此相关的。

我认为，归根结底，我们这些年的农业政策忽视了要大力地提高中国的农业劳动生产率。因为我们的农业劳动生产率低于发达国家，甚至低于新兴经济体。你的"地板"价格那么高，"天花板"的价格又是有限的，这就使得现在不能很好地利用两种资源、两个市场。国外比你便宜，但是你不能进口，你不能享受这样一个国际市场的红利，为什么？进来之后就打压国内农民的生产积极性，损害他们的利益。现在有这么多了，库存高企，又不能出口，为什么？你出口了，这么大的价差补贴，与2004年不可同日而语，那时候虽然有补贴，但是还没有现在这么大的价差。

另外，我们这些年来价格形成机制、收储体制方面之所以存在一些问题，也与我们没有很好吸取各国粮食安全政策的经验教训有关系，财政补贴应该更多地"黄箱绿箱化"，尽量减少政府的干预等。实际上现在我们采取的对策都可以从国外的一些国家的政策调整过程中找到依据，比如"目标价格""价补分离"等，国外早就这样做了，这就说明我们有必要吸取国外的一些实践经验。

我们这些年来派出了有如过江之鲫的考察团到国外去,如果现在我们把各省关于到国外的粮食考察报告搜集起来,恐怕没有一个集装箱也差不多了,我们派出了那么多的团,形成那么多考察报告,但实际上,现在我们政策上出现的一些问题都反映出我们对国际上其他国家的一些成熟经验缺少必要的借鉴。我们没有很好地及时地引进和借鉴国外先进的粮油物流措施和管理经验。

三、世界和中国粮食安全共同面临的严峻考验

世界和中国面临粮食安全的一些共同的严峻考验,需要我们各国共同应对、协同作战,比如说"环境问题、气候问题、资源共享问题、技术问题、制度问题"——世界粮食安全中面临的五个问题,都需要我们加强国际协调、共同应对。

现在联合国、G20都提出要消灭贫困、实现"零饥饿"、实现世界粮食安全,这与我们关系密切,我们也应该积极呼应。因为现在国际上恐怖主义的出现原因很复杂,其中有一个原因是贫富悬殊,另外一些国家出现了各种各样的"颜色革命"的动乱,其中都有粮食危机的影子。所以从这个意义上讲,支援其他国家也就是维护我国自身的安全。

所以,我认为,我国有必要建立起共享资源、共同储备和政策协调的一种合理机制,要吸取这方面的一些经验教训,比如2008年由于次贷危机引发的金融危机带来的世界经济危机,同时也使得世界粮食安全受到了严重的威胁。在那种情况下,我记得泰国的粮食都已经到了每吨500万美元,海地吃不起粮食,就吃一种泥土做的饼子。印度和埃及以玉米为主食,一天吃两顿饭。到现在为止也有将近8亿人处于一种饥饿或半饥饿的状态。

在2008年这种情况下,大家本来应该携手合作、共同努力,但是当时各国都停止出口,明明有粮食也停止出口。包括中国那一年明明应该出口玉米,当时我们的玉米也还是有不少的,我们有一些粮食企业那一年出口玉米也能够赚一把,但是连中国也没有及时地出口。这对于我国粮食安全无所补益,而且使我们失去了一次在国际上既获得经济收益又获得政治声誉与声望的机会。

另外,应当推进全球粮食贸易的自由化、便利化,消除不合理的保护主义和贸易摩擦,应当确立各国必须共同遵守的一些新的规则和规范,建立新的机制。

比如说,这次G20农业、企业家的会议都是我国倡导的,丰富了G20会议的内容,现在国际上有联合国粮农组织

等三大粮食组织，但是没有一个是我国牵头成立的。现在 G20 农业、企业家会议是我们倡导的，以后会改写我们参与国际合作的历史。

另外，我们应当承认各国粮食安全的共性和个性问题，对一些发展中国家的农业发展和粮食安全给予必要的保护、关照，正确处理粮食安全中的南北关系及穷国和富国的关系。

因为 G20 国家粮食供给量占全球 80%，所以利用这个平台发出中国的声音也是很有必要的。

四、中国有能力、有必要在世界粮食安全中有所担当

一是因为中国改革开放以来，在粮食安全方面有了重大的进步，我国自身有了较好的保障。二是中国粮食安全政策方面有一定的经验积累。三是中国粮食储备有相当的实力。过去我国得到过世界粮农组织和其他组织的支持和援助，我当国家粮食储备局局长的时候就接受过国外的援助，因为那时候我国的粮食安全和现在不可同日而语，那时候我们还在接受各种各样的国外的援助。但是现在我们不需要国外援助了，我们有能力了，也应该"反哺"世界粮食安全。四是中国应该参与世界粮食安全的共同治理，这是与中国的国际地位和大国的

责任相一致的，我国要增加软实力，应该在世界上在某种意义上处于领导地位，我们在粮食方面应该做一些工作，比如说建立全球和亚洲的粮食储备，这种粮食储备可以采取"虚拟储备"或者"云储备"，就是每个国家都在这方面明确，一旦出现粮食危机，你的储备有多少是可以交付共同使用的。中国应该在这方面做出更多的承诺，我认为，这对于中国来讲是有好处的。

另外，中国应该参与国际粮食安全政策的制定，参与共同治理，这有利于维护中国的安全。一个良好的世界粮食安全环境可以减少冲击、降低成本、提高效率。

五、中国粮食领域的研究应当拓展国际视野

要把中国粮食安全与世界粮食安全的研究结合起来；要研究世界粮食安全的共性问题与个性问题、一般性问题和特殊性问题；要为中国参与世界粮食安全共同治理提供理论依据和政策建议；要为参与国际粮食安全相关组织机制，提高中国的影响力，维护中国粮食的安全出谋划策；要更好地从政策设计方面解决中国和世界粮食安全面临的共同问题；要更好地吸取各国在粮食安全、政策制定方面的经验教训。

中国应当及早建立世界粮食安全研究机构,大力培养专门的人才,比如建立中国与世界粮食安全研究中心。现在我们缺这个中心,在这方面无论是国家粮食局、国家发改委、中国农业大学还是农业部,据我所知都没有一个中国与世界粮食安全研究中心,我们应该有这样一个机构,也应该有大专院校、有关部委承担起这个责任来。

中国政府和社会,包括企业的社会责任,应当从财力上支持官方和非官方的研究机构,支持每年发表相关的研究报告,召开国际会议,以扩大中国的影响,提高中国对世界粮食安全的贡献。

吴子丹:我认为《报告》总体写得不错,数据非常丰富、非常翔实,很多资料搜集得相对比较齐全。我认为总的推论是不错的,刚才洪教授谈到总体评价和几个粮食品种的评价,总体感觉大的情况也是基本相符的。把它放在全局的角度观察,可能看到的视野和问题更清晰一些。

一、2008 年粮食价格暴涨的原因分析

2008 年粮价的变化给我们一个很大的启示,我们从来没有考虑到粮食和石油密切挂钩,和世界经济指数明显挂钩,这在以前都是没有想到的。2008 年上半年,粮食价格暴涨,涨了一倍。但是那时候的石油价格最高达到 140 美元/桶,为什么出现这个挂钩呢?从下半年危机一出现就可以看出来了,危机一出,2008 年底粮食价格差不多剩下一半了。2008 年粮食价格翻了这么一个大跟头,先上升后下降。很重要的原因是美国上半年宣布出口的 5000 万吨玉米不出口了,全部要加工燃料乙醇,当时市场一共有 2 亿吨的销售,5000 万吨不销售了,这是非常大的冲击,一下子把粮食价格冲到最高价格上去了。但是下半年危机一出现,石油消费下降,美国的玉米不但没有加工燃料乙醇,那些工厂都停产了,那些玉米反推出来了。

现在石油价格降到多少呢?曾经跌到过 40 美元以下,实际上当时我们有一个估计,就是在 70 美元左右是石油和粮食转换的门槛价格,如果石油价格低于 70 美元,基本上所有粮食转换石油替代品的作用就不存在了。现在来看,石油价格如果说照着世界银行的估计,到了 2020 年都涨不到 60 美元的话,也就是说持续这些年,基本上全世界的粮食都是低迷的,因为那些粮食不能再加工成石油替代产品了,反过来因为石油价格太低形成了"反替代",有一些原来可以用粮食生产的化工产品,现在用石油来生产了。

这种"一进一出"的反替代造成了

一个什么结果呢？本来粮食市场——消费市场是刚性市场，饲料和口粮是刚性市场，只有工业这一块是弹性的。现在我们弹性的这部分没有了，粮食都倒到刚性的这个"盆"里去了，它满了，溢出来了，所以现在石油价格这么低。

二、中国前几年粮食提价没问题，现在有问题

中国这些年连年提价，前几年提价的时候没有问题，因为那时候整个国际市场价格还比较高，我们还有上升的空间。但是现在我们不停地提，国际市场不停地降，出现了反差，而且反差非常大，2015 年有一段时间甚至出现玉米的价格加上配额外的关税以后，仍然几乎持平于中国国内价格。那个时候价格再涨一点就漫过"堤坝"了，但是现在价格下调了。现在美国反过来起诉我们，这个起诉是"马后炮"，这是不合时宜的。现在咱们的玉米已经转向市场化了，美国起诉我们补贴过多，为什么这个时候补贴，为什么前几年高涨的时候不补贴？补贴量那么大的时候不起诉我们，美国占了那么大的便宜才不起诉我们，这样就引起大量的粮食进口，对中国造成冲击，对美国的农民是有好处的，那时候才不起诉。现在我们改革了，要放开价格了，美国倒来起诉了，这些都是

本末倒置的事，但是美国是故意的。

放到总量上来考虑这件事，洪教授说得很清楚，"国家生产的粮食都进仓库，进口的粮食全进市场"，也就是说市场消费的粮食靠进口来支撑，进口的大米的价格跟咱们收购的稻谷的价格差不多。在这种情况下，我国的稻谷怎么能卖得出去？天天说"稻强米弱，麦强粉弱"，反过来，这种情况和国际国内里里外外的大形势是密切相关的。

因此现在我们关注粮食不仅要关注市场价格，还要关注世界经济指数，如果世界经济指数明显复苏，石油价格会往上涨，对于我国的粮食价格马上会产生影响，第一步是石油替代粮食产品就会退出，粮食产品的出口通道可能就会打开。工业用粮 5000 多万吨出不去，因为国际上这些出口的粮食生产产品的价格非常低，如果国家在出口税方面不补贴的话，根本就出口不出去。好在现在东北粮食价格逐渐下降，和国际价格接轨了，这对于整个市场是利好，这在前几年是大利好，但是现在这个利好不够，因为国际市场仍然低迷，现在我们出口还是很困难。

三、国家、企业、农民谁当粮食仓库

所以在这种总体的情况下，我们来

了一个大调整,我们要考虑一下这种大调整对于我们的影响,要对 2016 年进行分析的话,大调整是很重要的分析点。东北现在也面临很大的问题,大家的心理预期也知道价格跌到哪个水平了,下一次收购的时候,因为国家政策性收购基本全停,这么大量的粮食在短时间涌向市场,谁有那么大的本事筹集大量的收购资金?所以现在我到东北那里了解都是一米多价,一个收购信息被放到好几家,这家说我准备收 100 万吨,张三一问说收我的吧,李四一问也说收我的吧,实际上是他一家放出来的信息,这个信息被放大,但是可能根本就没有那么多的收购资金。粮食已经供大于求了,又要调节库存,谁当这个"库存"?国家现在已经不当"库存"了,让企业当这个"库存",企业会当这个"仓库"吗?他傻才当"仓库"呢,这么大的收购占压多少资金?花多少费用?当然是让别人当"仓库"最好了。前几年是让国家当"仓库",现在肯定是让农民当"仓库",能收多少就收多少。农民一旦着急变现,可能就会真的出现价格打滚下跌的情况。这样造成国家补贴的数额可能还不够,大豆的目标价格谁都不敢说是失败的,但现在谁的心里都知道是失败的,价差非常大,远远超过原来预定的价差。

所以我觉得这件事还是要有一个充分的预料,没有一个总量的考虑,这件事情分析起来就不一定那么透彻。

四、进口大米掺国产大米(以湖南为例)

刚才洪教授谈到几大品种的分析我都赞成,小麦储存时间长一点,品质可能还会好一点。稻谷问题比较大,主要是进口低价粮的冲击,这不仅仅是一个价格的冲击,像湖南的大米怎么卖?它不搭配低镉的粮食怎么卖出去?只有越南的大米镉含量才是 0,现在的标准应该是 0.2 毫克/千克,而种出来都是 0.18 ~ 0.19 毫克/千克,到哪去搞低镉搭配?只有拿进口的才能配标准的,本地的配不了,镉含量到边缘甚至已经超了。这些粮食进来以后,它也是放大作用,比如说 600 万吨的进口,300 万吨是正规渠道,300 万吨是走私,这是前两年的概念,可能现在有变化。但是这 600 万吨粮食进来以后并不是只有 600 万吨的低价粮,而是拿去掺了国产大米,如果掺 1/3,低价粮的量就翻了 3 倍,就不是 600 万吨了,是 1800 万吨甚至 2000 万吨,其他按照正常价格收购进来的稻谷,如果不掺这些根本卖不出去,低价收过来的有放大效应。

五、玉米"去库存"的对策分析

刚才说了玉米的问题比较严重，这个问题不是能简单解决的。涉及的对策刚才高铁生也谈到占比比较高，他谈的一些想法都是非常正确的。

我想提几个对策：第一，从"去库存"的角度来说，要和商品特点结合起来，稻谷、小麦主要是应对口粮和饲料的，口粮是刚性消费，你想往这个满的"盆"里再倒是倒不进去的，倒进去多少就要溢出去多少。对于饲料是半刚性的，主要是受到国际肉价波动的影响。工业用粮是弹性的，因此有些东西是不能往里倒的，对"去库存"不起任何作用。因此必须要在玉米上多做文章，玉米的问题解决了，中国的粮食平衡问题也就解决了，这个问题解决了以后，其他粮食品种的相对过剩就不那么突出了。现在国家已经出台政策，调结构，从供给侧改革，这一条是非常正确的途径。调结构，把根本不适合种玉米的那些地退出来，实际上不一定都要退出来，退出来种什么？种大豆也赔，种小麦没有什么优质和高产的小麦，其实可以就做秋储饲料，"镰刀湾"地区玉米主要是成熟度不够，正好早割下来做秋储饲料，那是一个最好的办法。

第二，库存怎么办？前一段时间有人说长江三峡今年调控蓄洪不起作用了，实际上它起了很大的作用，已经把"小风小浪"调完了，但是太集中地下雨，它快满的时候就不起作用了。现在我国的玉米就是库存"漫堤"了，现在库存超过一年的产量，这完全不正常了。现在往饲料里倒、往口粮里倒都倒不进去，只有一条就是工业化用粮，但是受石油价格的影响，可能也倒不进去多少，要不然就补贴往外倒，但是现在库存的价差这么大，原来收的玉米1.1元1斤，现在0.77元1斤，现在再补贴，财政有那么大的能力吗？全国人大能同意吗？增加那么大的亏损，从哪印钞票？这个方式不现实。

第三，其实现在还有一种思路，把玉米转化成其他耐储存的工业原料，比如说现在他们提出一个建议，热溶性淀粉，它比燃料乙醇耐储存，它的罐很大，热溶性的淀粉硬，不生虫、不生霉，一旦要转化成工业用料瞬间就转化，它比老玉米储存有价值多了，它是保值的东西，像钢铁那样存在那里是不坏的。在调库存的时候，可以把我们的库存消一消，转化成耐储存的化工原料，一旦石油价格有变动，这些粮食就可以出去了，或者是分散一些出去，今年财政补贴的亏损额度只有1000多亿元，可以摊一下，三五年就摊出去了。因此转换用途对于玉米这样的突出问题可以增加一些思路。

最后提一个建议，国家还要有一个"兜底"的办法，一旦出现难题的时候，农民出现倾家荡产的情况时，政府能看着不管吗？实际上还是可以"兜底"的，不要一说起托市，现在就臭了几条街了，前几年托市是随行就市的价格，贴着市场的价格以最低收购价收购，根本就不亏，现在最低收购价变成最高收购价了，为什么亏了呢？因为已经背离了它的本来面目了。其实我们恢复它的本来面目，用国家"兜底"收购，我们收进来是按照市场最低价格收购的，还怕它卖不出去吗？还怕亏损吗？根本就不会亏损，我们以往的经验，只要是贴着底收的，都不会亏。好多这方面的政策建议还可以再考虑。

高铁生：现在国家已经有所考虑，不是价格托底，而是数量托底，安排中储粮、中粮、中纺下设的粮食架构，让它们在适当的价位入市收购，在资金方面保证，在其他方面也有一些相应政策的支持，国家还真是不能不管。

尚强民：国际市场的粮食价格是从2012年开始转折向下走的，2007年、2008年到2010年、2011年还涨价，2012年以后开始回落。我们国内的市场恰恰已经出现了供大于求的状况，但是国内价格没怎么下降，因为我们受到托市政策的影响，形成了什么结果呢？产量还

在提高，但是我们的库存很大，是我们入市之后从来没有遇到的情况，因为国际市场粮价高，我们的粮价低，国际粮价涨我们也不怕，也就是说不出口那么多，国内价格就稳定了。现在出现的问题是"倒挂"了，玉米价格有一段时间配额之外，逻辑上理论算账就可以进来了。

因此，我们又不得不调整我们的政策。粮食的"三元悖论"，即我们既想很高的自给率，又想开放市场，又想粮价别低了农民收益能自保。这三个目标想同时实现，但据我的分析这三个目标不可能同时实现。

高铁生：给粮价赋予了太多的功能。

尚强民：所以我提出粮食"三元悖论"，要解决这个问题需要先从认识上解决。比如说这份《报告》里，我看有的观点就值得修改。比如说食用油、大豆进口率太高了，不安全。太高了不安全，那么太低了就安全了？你说什么是一种安全呢？进口多了就是不安全吗？显然不能这么说，因为我们是一个开放的市场，我们现在的市场已经不是过去封闭的市场了，封闭的市场都是自己生产的就是安全的，现在开放市场，用两个市场、两个资源的时候，根据进口量的多少判断国内的供应安不安全，这个观点显然是站不住脚的。我们再回过头来说，现在国内政策就在做调整，我们的玉米

矛盾最突出，玉米的库存大概超过了一年的统计产量，因为我们的统计产量是低估的，和我们的实际产量是差不多的，临储库存这一项很显然就说明这最起码是不经济的，哪有这么存的，再怎么样也不能这么存，必须要改变这种状况。

怎么办？我们不能不改变，不改变的话，我们最后就是巨大的"堰塞湖"，我对新中国建立以来我国粮食出现的波动进行分析，把1950年以来的粮食产量画了一个图，发现有两个很明显的特征，一个是20世纪60年代"三年自然灾害"，那是特殊原因。还有一个是高铁生当局长的时候，20世纪90年代中期到21世纪初这段时间，粮价下降了一大块。其他时间年度之间的产量是波动的，我把这些年度之间由于气候原因导致的产量波动叫作"气象波动"。20世纪90年代遇到的那一次波动，就是我们搞商品经济，叫"市场波动"，是两个不同的波动，但是由于我们在大的背景下，长时间以来都是饥饿状态，饿怕了，我们一直以为中国粮食是"紧平衡"。

粮食周期性市场波动出现，产量一下子多了起来，我们从直觉上和感官上对它就有一个谨慎的态度，不敢说它多了。

我们采取了什么办法呢？还是过去长期以来，我们老祖宗给我们留下来的办法，就是"籴粜之法"，就是今年生产多了，就收起一点来，存起来。下一年受灾了，再把粮食抛出去，"籴粜之法"，保证了国内市场基本稳定，这种思想指导甚至决定了现在我们流通体制的基本格局，就是中央储备、地方储备，就是这一套体系。可是我们现在遇到的问题恰恰是商品的周期性市场波动，再用"籴粜之法"，再想用流通领域的蓄水池把供给放平，对不起，放不平了，这就是现在我们遇到的问题，存了一年的玉米，如果继续存，对不起，还会更多。

根据我们的分析，2016年度生产的玉米一年内消耗不掉，到2017年这时候我们再一算账库存肯定又会增加，这是我们遇到的问题。

怎么办？我们提出供给侧改革，就是要进行生产结构的调整，把紫的玉米改成秋储玉米，把种玉米的土地改成种大豆，种成油料、土豆。农业部的说法是"一主四辅"来解决这个问题。实话实说，我们是人多地少水缺，可是在价格的刺激之下，我们的玉米不少，我们的面积不小，我们生产的玉米足够我们的消费，历史证明我们当前的事实就是这样的。供求曲线就是设价格下限的问题，一设价格下限，供给一定扩大，需求一定萎缩，多出来的这一块只能在库里放着。

我们必须要解决这个问题，中央"一号文件"说得很清楚，让市场定价，价补分离，把补贴的这部分从价格里面分离出来，然后直接给农民补贴就行了，我们正在进行改革。这句话说起来容易，实行起来难度非常大，比如说东北农民不种玉米种什么？失业了，怎么办？这个事确实成问题，农民说价格不能低，现在正在收粮，东北价格不能低，如果价格低了农民怎么过？价格是不能低，低了确实不行。可是话又说回来，如果价格高起来会继续刺激吗？只要价格高了一定会继续刺激生产，我们不能这样。我们还是要依照中央"一号文件"的决定，让市场决定价格，如果农民觉得不合适了，财政拿钱直接补，方向已经有了，别走到半截退回来。如果那样的话，可能造成的损失就更大。

现在我们看中国的粮食多了，我们注意看全世界的粮食也多了，粮农组织发出的最新预测，2016～2017 年度世界谷物产量 25.66 亿吨，又多了，连续四年超过 25 亿吨。大家到粮农组织网站上看看谷物价格的指数回落到了上网之前的水平，为什么出现这种状况？

最近一次经济全球化进程和中国的改革开放时间正好吻合，1980 年开始，世界经济全球化进程推进，中国改革开放参与了这个进程，我们在全球化进程中获得了巨大的利益。但是我们在这个过程中一定要开放我国的市场，在开放市场的过程中，我国是受到了一些冲击，

同时我国也获得了巨大的利益，包括在粮食方面。

为什么这么说？比如说我国 10 多年来国内出现了两次重大的结构性变化，抛开粮食总量的增长不说，一次是大豆消费快速增长，出现结构性变化，我国需要更多的食用油，要吃更多的肉，我国的大豆进口就不断地增加，不断地增长，现在达到 8000 多万吨了，没有这些大豆行吗？除了这些大豆，我们去查查几百万的食用油，我们得进口，我们的地生产不出这么多东西来，必须得进口，不进口是不安全的。我们不能在这个问题上从概念出发，需要实事求是，需要把这件事研究清楚。

另外一次就是玉米消费的快速增加，这是一次重大的结构性变革，是一个很大的结构性变化，在这个过程中，我国参与世界，世界的技术也为我们所用。第一桶食用油使得很多人说"失守了"，今天我们在座有全世界最大面粉加工企业的丹志民董事长。因此我国要有开放的心态，根据中央的说法，利用两个市场、两个资源来保证我们的安全。

丹志民董事长，公司的设备都是国产的吗？

丹志民：布勒的，大部分是无锡生产的，但是总部在瑞士。

尚强民：这说明什么？经济全球化千万不要认为就是我的怎么样，你的怎

么样。大家互相包容，共同发展，"地球村"嘛，一定要有这种思想，如果没有这种思想还怎么迎接 21 世纪？如果丹志民董事长的工厂一开始就坚决不用国外的设备，你看看行吗？

丹志民：肯定不行！

尚强民：你到大工厂的车间一看，震撼！所以今天世界粮食改革开放了，我们还是要用开放的心态对待，我们要站在更远更长的角度看粮食这个问题，不是简单地讲关门，关不了门也不能关门了。粮食安全问题是一个挺大的课题，国家粮食局成立了一个国家粮食安全政策专家咨询委员会，正在组织有关方面开展这些研究工作，我们确确实实有很多新的重要问题，但是我想千万不能把它概念化，天天就喊安全不安全，从概念到概念。我认为研究这个问题，不如看看五得利怎么生产，它在粮食安全供给方面发挥的作用有多少，我认为研究这些问题更现实一点，对我们做好粮食工作更具有指导意义。

丹志民：很荣幸受邀参加本次 2016 中国粮食高层研讨会，跟大家聚在一起讨论关于我国粮食安全的一些问题，"国以民为本，民以食为天"，粮食既是关系国计民生和国家经济安全的重要战略物资，也是居民最基本的生活资料。粮食安全与社会的和谐、政治的稳定、经济的持续发展息息相关。我想从企业的角度谈一谈对国家粮食安全的几点看法：

第一，新常态下五得利在粮食安全方面所做的工作

在经济新常态的背景下，所有行业都面临着转型升级、结构调整的挑战。五得利集团不断创新发展，以一个民族企业的责任感，为维护国家粮食安全、食品安全始终不懈努力。

（1）充分发挥企业带动作用，促进农业产业化发展。五得利集团目前已投产 14 个子公司，另有 2 个子公司正在建设，共拥有六省十六地 16 个子公司，33 个大型制粉车间，74 条现代化面粉生产线，日处理小麦能力达 4 万吨，加工规模世界第一。

27 年来五得利不断探索农业产业化经营模式，积极服务"三农"，反哺"三农"，各子公司在当地农业部门的协调和指导下，大力发展优质小麦生产基地，成功走出了一条"公司＋农户"的农业产业化经营之路。2015 年加工小麦 1070 多万吨，带动农民种植优质小麦 400 万亩，提供就业岗位 5000 多个。五得利收购小麦按每斤高出市场价 2 分计算，仅此一项，每年使农民增加收入 4 亿多元。另外，五得利所辖各子公司还推动了当地及周边地区农业、粮食贸易、物流、包装、餐饮等行业的发展。2010～2011 年，为稳定市场，平抑物价，按照国家发改委等部门的统一部署，五得利面粉集团积极响应国家政策号召，全力配合国家市场调控，在人力、成本巨增的情况下，全面部署生产工作，备足货源，稳定市场，面粉实施全线降价，每吨率先下调 60 元。

（2）坚持科技创新引领发展。五得利通过全套引进国际最先进的瑞士布勒制粉设备，采用全封闭无尘面粉生产新工艺，全部生产过程实现了自动化、程序化，建立健全了质量管理体系，有效地控制了质量，高端的德国、法国、瑞典检测设备提供了精准数据，可随时掌握在线产品质量状况，从小麦入厂到加工成成品规范为 120 多道工序，且每一道工序都有量化，保证了面粉的质量稳定。

五得利投入巨资进行产品研发，开发出具有中国人饮食特点的各类专用粉，打破了高档面粉靠进口的局面，主要面对高档食品厂、连锁餐饮店、大型面粉加工公司，专用粉顺应了中国面粉的发展趋势，满足了不同消费群体的需求，且产品更超前一步，领跑行业。

生产工艺上，五得利创造了一套科学实用的小麦自动接受称重系统，达到了准确入库，研发了产品自动入仓、在线装车的流程。这些创新引领了全国面粉业的发展，正是这些不断地创新，使企业产品质量得到了保证，降低了生产成本。就车间用工量来说，目前 500 吨的车间需要用工 93 人，1000 吨车间 146 人，3000 吨车间 200 人，每人加工量从 1996 年的 2 吨增加到 2008 年的 6.2 吨，五得利的出粉率比一般厂家高 2 个百分点，小麦出粉率提高按每年 4 万吨的加工规模计算，每年多生产面粉 20 多万吨，提高了粮食利用率，对粮食安全发挥了重要的作用。

（3）始终践行"五方得利，互利共赢"的经营理念。"五得利"既是公司名称，也是经营理念，还是产品品牌，把参与企业经营的客户、农户、员工、国家、企业五方，有机组成一体。在关乎千家万户的农民利益的小麦收购上，五得利始终坚持"较高的价格、准确的斤两、随到随收、立付到款"，由电脑系统根据小麦的品质决定最终收购价，不受人为因素影响，在"客观、科学、公平公正、优质优价、客我两利"的基础上，收购卖粮户小麦，使卖粮户获得实实在在的实惠，确保了农户的利益，农户都知道好小麦卖给五得利价格高，促使大量优质小麦流向五得利，为生产优质产品打下了坚实的基础。

第二，对新常态下确保粮食安全的几点看法

（1）要解决农业规模化、产业化水平低的问题，必须先解除农民的后顾之

忧，实现土地流转，引导更多的企业进入农业生产领域。完善农民社会保障体系，使失去土地的农民有所依靠，生活得到保障，只有这样农民才会放弃手里的土地，企业才能进入，从而发挥企业在农业生产中的资金、技术优势，完善农业基础设施，逐步推动我国农业向现代化、集约化、机械化发展，发挥规模效应，提高生产效率，降低粮食种植成本，平衡国内外粮食价格，提升我国粮食国际竞争力。切实保障农业生产企业的各项权益，保证对农业企业在税收、补贴、信贷、土地等方面的各项政策长期不变，为企业创造一个宽松的发展环境，使企业没有后顾之忧，敢投入、敢发展。充分发挥企业在农业生产中的优势，利用企业技术，科学种植，减少甚至消除农药残留对粮食品质的影响，降低施肥、用药对土地、环境的污染，发展绿色农业。

（2）开辟粮食运输绿色通道。目前我国粮食运输以公路散运形式为主，充足的小麦原粮是小麦粉加工的基本条件，可以借鉴蔬菜运输绿色通道制度，尤其对于粮食散装运输车辆给予优惠待遇，大力推动散粮运输方式的发展，从而满足粮食加工企业的基本需求。

（3）鼓励民营加工企业储存粮食加工，为企业建设仓库、收购粮食提供信贷支持，使主产区粮食收获之后直接到加工企业手里，即让粮食直接到销售区，解决目前原粮储存与销售区分离的问题。

（4）要坚定地支持农业龙头企业发展，龙头企业的兴衰与农民的利益、农业的发展息息相关，也关系到农村改革、发展稳定的大局。因此，从一定意义上说，扶持龙头企业就是支持农业、扶持农民。不管哪种所有制和哪种类型的龙头企业，只要与农民有稳定、合理的利益联结，能够带动农户和生产基地，使农民从中真正得到实惠，就应该一视同仁地给予扶持，引导建立农户与涉农企业的原料供应合作关系，稳定农业种植及企业农产品原料供应，使农民手里的农产品有销路，企业有供应。

（5）新常态下，粮食安全的含义应该延伸，由产量的增长，转向更加注重粮食质量和农产品安全。食品质量关系着居民的健康和安全，关系着一个企业能否生存，粮食质量是生产安全健康食品的基础，一方面，社会、政府要加强监督，坚决查处生产不合格产品的违法企业；另一方面，企业要严格自律，守法经营，保证生产的粮食质量和农产品安全，为消费者提供安全健康的食品。

从农业产业化生产链条的整体来看，从粮食种植、收储、保管、运输，到加工、存储、运输最终到千家万户的食品，链条上的每一个环节都是保障食品安全的关键，作为产业链的重要一环，面粉企业也要担负起食品安全的责任，以为消费者提供安全、健康、放心的面粉为己任。五得利也将继续秉承"五方得利、互利共赢"的理念，愿与各位同仁一道，共同努力把食品安全工作做好。为中国面粉行业健康、持续发展贡献自己的力量，同时也为中国人把饭碗端在自己手里，承担起民族责任，为世界粮食安全做出自己的贡献。

张传林： 我连续三年参加了"中国粮食安全评估高层研讨会"，每次参会都有新的收获，以洪教授为首编写的《中国粮食安全发展报告》的权威性、影响力非常高。报告非常好，各位领导都给予了很高的评价，这份报告从架构、内容、数据搜集和采集看，一年比一年好。

如何把这个报告打造成中国最权威、最有影响力的中国粮食安全评估报告？刚才高局长、吴局长以及尚主任都谈到了如何提高它的丰满度？我觉得还有一些方面值得商榷。

第一，中国的粮食安全问题要放在全球粮食安全背景下研究，这一点与高铁生的观点不谋而合。第二，中国的粮食安全问题要放在中国食品安全的大环境下研究，不能单纯就粮食安全研究粮食安全，要放在整个中国食品安全大背景下研究。第三，中国的粮食安全要从农业产业链布局开展研究，这涉及"三农"、社会经济和传统文化等方面。第

四，中国的粮食安全要从供应链上深挖，也就是供给侧改革。第五，中国的粮食安全要从消费市场把控。第六，要从社会伦理层面最后到法律法规层面。第七，环境和资源的角度。

同时，建议在此基础上，我们能否建构一套符合中国国情的中国粮食安全评估评价系统？我觉得十分有必要，要建构模型，通过大数据分析实时动态监测，做好风险预警以及对高层的指导，形成机制。如果洪教授和相关的部委能对接好，拿到相关方面的资金支持，这是一个庞大的系统工程，我们也非常愿意，乐意奉献自己的力量参与这件事。

杨世伟： 我现在在经济管理出版社工作，以前在中国社科院工业经济研究所工作，我是研究产业结构和产业政策的，对粮食没有什么深入研究，刚才听了高铁生等几位领导的发言，粮食问题确实是非常重要的问题，很值得研究。尤其是粮食安全问题，根据中国粮食的情况，尤其是近几年洪涛教授一直在做粮食安全的报告研究，我每年都参加这个会议，但是没有太深入的接触。应该说今天我受益很多。我从三个方面讲：

第一方面，这份报告刚才洪涛教授已经把它的来龙去脉讲了，我也看了一下后面的研究团队的人员，人数不多。这个研究是很难的事情，无论从结构的设计还是数据的索取和观点的论证上，

应该说做了大量的工作。

我总结出几条观点，第一条是系统性，这份报告基本上系统地把粮食安全的研究理了一下，因为国内以前做了很多粮食安全方面的工作，做粮食安全评估的报告是洪涛老师填补了这个空白，有完善的体系。但是体系完整不完整应该是一个动态的过程，现在说完整的，过几年可能就不完整，现在暂时是完整的。第二条是全面性。第三条是对政策的支持性，很多粮食企业、粮食主管单位或者政府制定政策的时候要有依据，洪涛教授组织这个团队能把这件事情理出来，肯定有不足之处，这是正常的。同时我认为洪涛教授给大家提出了一个问题的导向，也就是说这份报告有问题的导向性，使大家研究问题、分析问题的时候有抓手、目标和研究的方向。

无论从理论体系、分析方法、论证的严谨上，得出的结论基本上是科学的，具有很强的权威性。

同时，我也想提一些建议和不足。这份报告整体来讲应该考虑的问题，前面几位老师也讲过这个问题，做一份报告首先要做一个规范，你要做一个什么东西，首先，要简单做一个界定，界定粮食安全是什么，我的粮食安全的指标体系是什么，我的体系的形成是什么样的，我是按照什么样的一个逻辑思维过程形成的？我觉得现在是一个简单的现状介绍，提出问题，说是评估，事实上就是一个历史情况的介绍。粮食安全什么样是安全的？什么样是不安全的？刚才高铁生也讲了，多了是不安全的，少了肯定更是不安全的。什么样是安全的？要有一个详细的指标体系，前面要有一个严格的界定，这样你才能够告诉别人，什么样是安全的，什么样是不安全的，后面的分析才有标准，这是需要补充的第一点。

其次，刚才有些专家也提出这个问题。有一些结论模棱两可，有一些不健全、不成熟。做研究行就行，不行就不行，是就是，不是就不是，不要搞那些模棱两可的语言，这份报告里面有非常多这种语言，下一步要完善。比如说安全就是安全，不安全就是不安全，咱们要预警，到这个指标就是不安全的。比如说玉米储存量已经到临界点了，我今天第一次听说，这不是傻嘛，现在国际市场期货这么发达，买期货不就得了嘛，存货可以存一点，但是不要存太多，这个事情是可以系统琢磨的。

第二方面，在这份报告之外我想谈谈粮食安全问题，因为我是外行，不懂粮食，但是懂经济，粮食和经济是什么关系？粮食和天灾人祸是什么关系？因为气候是有规律的，我们学经济学都知道，有长周期，有中周期，有短周期，粮食有没有周期性？刚才尚强民提到粮食也有周期性,粮食是否有周期性?周期性是什么样的?它的长周期是什么样?它的中周期是什么样?它的短周期是什么样?它是十年一个周期还是二十年一个周期?比如说咱们讲经济周期,咱们讲长周期的话,以俄罗斯为代表是五六十年一周期,就像刚才高铁生说的,2008年金融危机产生,经济产生新的波动,开始下行期。它连续五六十年,从2008年往后算可能就知道了,可能到2050年、2060年,全球经济可能才有大的复苏。这个时期下降低点是多少?2025~2035年。粮食有没有这个周期?做报告的时候能不能写出来?

中国的经济周期是什么样的?我大致研究过,中国的经济基本上逢4的时候,比如1984年、1994年、2004年、2014年都是比较好的时候,为什么这么说呢?一般政策投入比较大,这与我们的"五年一会"有关系。中国经济短周期十年,长周期六十年。粮食的周期怎么提出来?这个问题需要考虑,这样粮食是否安全才能分析出来。

第三方面,做这份报告是两个思维的问题,我们是按照市场经济思维的模式还是按照计划经济思维的模式?也就是管制模式,如果按照粮食管制模式做的报告可能不成功,如果按照市场思维模式,刚才领导和专家都论述了,因为现在是全球化的,现在无论是工业还是

粮食都已经全球化了,在这种情况下,我们还是用传统思维实行管制,存储还是有限的库存?这是我们研究问题的前提,这样的话你才能说我这份报告的前提是什么,否则前提没有清楚的话,下一步的研究结果可能就会出现问题。

这是我从外行的角度对报告的一点说明,肯定有不对的地方,甚至很多错误的地方,请大家批评指正,谢谢大家。

丁声俊:刚才发言的几位领导也是学者,站得高,思路深,还有丹志民董事长的发言,都使我深受启发。我已经退休若干年了,了解情况有限,我是从狭隘的角度思考的。

第一点,这份报告给我的印象是研究工作认真、资料搜集翔实,做了相当深的探讨,是一个具有很好基础的成果,这是我的综合评价,因为我还没有细致研究报告内容。为了提供参考意见,我提几点意见:

其一,2016年中国粮食安全,这个粮食的概念是什么?从粮食安全来讲,粮食的概念和含义是什么?我觉得应该明确,由于粮食的概念不统一,所以造成了世界对我们中国粮食安全的误解,认为中国进口这么多,实际上我们进口的大部分是大豆而不是谷物。因此我建议粮食要采取联合国粮农组织统一的国际标准。我不是自夸,1984年以后丰收了,上下一片声音,甚至很高级的领导

说中国粮食过关了，没有问题。当时我一想，我们有 2.5 亿人没有脱离温饱。关系到粮食安全这个粮食概念的问题，中国的粮食概念包括大豆和薯类，世界的粮食概念包括谷物，所以这么一算，国内人均已经超过了世界粮食的数量。后来我一想，我毕竟在粮食堆里做过这么多的测算，我们人均估测低于世界水平，我后来写了一篇关于粮食问题的文章，这篇文章到院长那里一审，就被撤下来了。我不甘心，就拿到一个省里面的杂志上登了，后来看到这篇论文被推上来了，第二年就获得了孙冶方经济学奖。

我的观点是什么？第一，是粮食概念，按照真正的国际标准的粮食概念，中国的人均谷物的数量低于世界水平。第二，我们有 2.5 亿人口还没有达到温饱，怎么能说我们已经粮食过关了呢？那篇论文写得很长，有 2 万多字。评审委员会打电话到我们单位，说你们这里有没有一位丁声俊先生，我们说有，他说得了什么什么奖。

粮食概念到现在，国外一直说中国粮食危险，进口了这么多，我们进口了什么？油料，不是谷物，这个概念不弄清楚就给人家落一个口实。前不久国家统计局召开关于统一口径的问题，我也谈了我的这个观点，统计局的有关领导同意我的意见，关于粮食安全的概念，我建议起码要按照国际统一的标准分出

来，真正的粮食安全，现在把油料也放进去，马铃薯也放进去了。

洪涛：我们评价的时候前面有一个界定，大豆的问题现在是国际关系利用的工具，我们可不可以利用这个工具反映一下。

丁声俊：在此基础上突出出来，这是我的一个建议。

其二，这份报告在现有的基础上再往高处提升一下，对中国当前的粮食形势要有一个清醒的认识，我觉得这两年来各种思潮较多，东西方的文化碰撞，对这个问题的看法并不一致。因此，对这个形势的认识就决定了我们的方向，方向决定道路，道路决定成败，这是粮食安全的一个根本的理论观点问题，希望深入研究一下。

第二点，我的总体看法是现在我国粮食是结构性的差异，最突出的问题就是玉米，至于大米、稻谷和小麦不要过于渲染。现在国家发改委已经下达了一个说明，优质煤多少天之内要适当放开一点。所以煤的库存量远远超过粮食，粮食的放大效应也很大。因此，社会各界同时发声的时候，我们从事研究的人，一定要保持冷静的思考。稻谷的问题主要是走私的问题。

高铁生：现在 9000 亿斤了，黑龙江的稻谷每天用车皮往外拉都拉不出来，稻谷是仅次于玉米的第二个高库存的品

种，9000亿斤，也值得注意。

丁声俊：今天听到发改委关于煤的这个决定，我很惊讶。

高铁生：长期来讲煤是过剩的，短期来讲由于种种需求做出的这个决定。

丁声俊：所以粮食的问题放大效应很大，我们搞研究的人一定要清醒，它是一个差异性的问题，我认为大米和小麦不要过多渲染，玉米确实是个结构问题。

第三点，讲一下粮食阶段性的特征。第一个是出现了较多的剩余或者结构性的过剩。第二个是调整农业粮食结构成为主线。第三个是深化粮食产业改革，促进粮食市场化成为主体。第四个是居民的消费结构由基本小康化向全面小康化推进。粮食生产由碎片化向集约化、规模化过渡。由原来的片面的依赖要素的投入来扩张产能向全要素向依靠科技进步，提升全要素生产力过渡，这是现在的增长新动力。另外一个是现代业态进一步提高，"互联网＋粮食"这种新的模式是不可避免要发展和推广的。推行"双创"，现在有一些粮食企业"互联网＋新的商业模式"运用得相当好，我在老家看到一个挂面厂，夫妻两个辞了行政干部去创业，就是"互联网＋"，2015年"双十一"一天销售了418万元，现在要说创新也是一个创新，过去一般的挂面厂就是单一的产品，就是挂面，

现在从这两口子那里可以吃到全国典型的挂面，四川的担担面、北京的炸酱面、武汉的热干面，一个个装好，作为过节的礼品，我觉得这就是一个创新，创新的产品适应了消费升级的需要。结果我看了以后跟他们建议，先不要扩大数量，不要追求大体量，先稳定数量，提高质量，在提高质量上下功夫，好多东西不是越大越好，中国到处追求大，单纯追求大。效益是所有生产要素优化组合，若能发挥最大效益，那么规模越大越好。如果发挥不出最大效益，越大越不好。所以我的建议是稳定数量，提高质量，不要再建若干生产线，使同样的技术重复。这样的商业模式一天卖到418万元。

这种新的阶段性的发展趋势可以在我们的研究报告当中适当进行修改。

第四点，玉米收储制度的改革，这份报告说到了玉米，但是当前最重要的一个改革没有涉及到，现在解决玉米问题是一个很关键的措施，玉米收储制度改革，就是市场定价加补贴。我到了黑龙江、山东玉米种植量大的地方和农民农户零距离接触，甚至到农田里面，今年黑龙江西部大旱，我走了好多地方，最起码是三成五成减产，严重的地方减产五成，这对于今年是不利因素。

但是玉米收储制度的改革有两个关键，第一是要形成新的市场主体进行收购，这是一个很重要的问题。第二是新

的市场主体入市了，但是条件极其严格，现在加工企业、淀粉企业、经营企业或者是农民合作社收购，新的市场主体和绿色金融是决定我们这次收储制度改革的两个关键条件。

我还要讲一点大家都没讲到的农民专业合作社的问题，从黑龙江那里看，它原来是黑龙江上升为全国第一粮食大省的重要力量，专业合作社发展确实比较好。但是现在专业合作社发展遇到困难，这两年合作社因为今年大旱，所以今年亏本，一上来就要3000多块钱，今年由于大大减产，所以本就捞不回来。再加上今年市场收购以后价格低迷。所以我访问了若干家合作社，他们都讲前两年赚的钱今年都贴进去还不够，再加上这个地方山东人特别多，山东经济发展了，过去是闯关东，现在回老家去，我走了三个乡，调查结果是35%的农户都回老家去了，把房子卖了，就是把地卖给合作社，一年来收一次地租，一家老小卖掉了农具回了老家，所以好多地方是"空心村"，我走了嫩江一些比较旱的地区，35%的人回山东老家去了。

另外一些工商资本从城市到农村去了，由于在南方地租很高，像山东那些地方一亩地1000~1200元，东北价格比较低，南方的价格都是1000元以上，地价很高，无钱可赚，本来想利用这个地搞非农产业的，但是现在搞不了非农产

业，所以把地退出来了，这种倾向比较明显，所以规模化经营也比较困难了，现在适度规模经营都是影响粮食安全比较重要的实质性的问题。

我对玉米收储制度改革提两点建议：第一是要建立信心，狠抓狠打，遇到困难我们也不能动摇，阵痛要忍过去，现在收储制度的改革，比方说入市，新的市场主体很难形成。第二是合作社原来想收购粮食，他们盖了好多仓库，过去盖仓库是为了平摊收购费用，现在市场化以后不收购了，但是贷的款还要付利息。

还有一个情况是农业合作社，但是这些都是因为玉米发展起来的农业机械，现在不发展玉米了，这些农业机械都闲置了，这又是一个问题。

还有一个问题是今年我们出台的政策，农民普遍反映不及时，出台得很晚，给农民一个措手不及，所以农民专业合作社原来一直要专业结果，种子公司都交了定金，有一个合作社给了47万元定金，结果一下命令说不种玉米了，现在47万元没了，现在农民上诉。收储制度改革有很多实际的问题需要改革，因此刚才吴子丹那一条说得很好，弄不好国有企业得负起责任来，现在国家号召国有企业要早入市、快入市，但是这个里边问题相当复杂。

因此收储制度改革，第一要坚定信

心，要克服阵痛。第二要狠抓狠干。第三要创新，玉米融合化发展。我最近在山东济宁看了一下，一产、二产、三产融合发展得很好，原来山东某市的第二面粉厂破产了，现在完全实现了综合化，一产、二产、三产综合发展，他们的玉米不需要再入市了，清除，不需要治理了，像这样的发展都是很有前途的。

玉米收储制度改革是今年很重要的一条，我对此补充几句。第一点，总体来讲，这个成果还是很扎实的，资料很多，我需要回去慢慢看，这是一个很有基础的好成果，但是要进一步修改，特别是对当前的形势要有清醒的认识，我们一定要用清醒的态度来看现在社会上一片很热的说法，现在中国的储备似乎多得不得了了，一夜之间形成了放大效应。我们要冷眼看形势，经济学家就要这样。第二点，阶段性的形势要把握好。第三点，玉米收储制度改革。这点粗浅的说法仅供参考。

冯华：今天很高兴来参加这个会议讨论和学习，国庆节期间，洪涛教授专门邀请我来，我对粮食安全研究得比较少一点，我记得2011年"入世"十年在这里开会的时候，我们就研究粮食安全。

我非常赞成洪老师对粮食安全这个新的概念的界定，我研究产业安全，从产业的竞争力、控制力等多个方面进行研究，但是因为它有特殊性，金融有金融的特殊性，粮食有粮食的特殊性。按照洪涛教授的基本观点，粮食的安全，供过于求是不安全，供不应求也是不安全，供求平衡才是安全，要很好地结合在一起进行界定。基于这样一个基本的思路，《报告》对于粮食安全的方方面面都做出了一个基本的判断和评估。

我认为观点很明确，也是能立得住的，从2015~2016年的报告来看，的的确确指出了当前我们粮食安全存在的重大的问题，比如说我们的玉米库存2.6亿吨，远远超过我们每年2.2亿吨产量的水平，这是明显的不安全。《报告》对其他谷物也做了界定。

但是粮食安全当前经过大量研究之后，国家也有一些基本判断，我也同意一些专家讲的，我们的基本目标还是说的谷物的基本自给，口粮绝对安全，这是我们的核心利益。就大的范围来看，我们把油料作为衡量粮食安全的基本标准。从理论上来讲，粮食安全不仅靠生产，我们说供求平衡，还要靠生产、储备、调剂，还要靠进口，在开放条件下，重新认识这样一个安全。2011年我们在这里探讨怎么样利用好国内外的资源，结合国内的土地来搞好粮食完全的问题。

我觉得这份报告本身还可以进一步完善和提升，第一是在前两本《报告》的基础上，在报告的前面把粮食安全的基本概念、基本评价的依据，以及洪涛教授今天开篇讲的 PPT 幻灯片内容放到这里，作为认识问题、分析问题的一个视角和参照系，也是我们分析问题的理论基础。

第二是《报告》的数据来源，有一些是明确标注的，比如来自海关等，有一些没有标注清楚，我觉得还是要把没有标的数据标清楚。

第三是不仅有当年的数据，历史上整个粮食安全的定量的分析也要有一个指数，比如说动态来看，在 2013 年是什么状态，2014 年是什么状态，2015 年是什么状态，要看到它的趋势，这样来看它的前瞻性和科学性更强一些，我建议对粮食安全的指数要有这样一个历史性的描述，这是这份报告中整体上还需要改进的地方。

我注意到这两年我们对粮食安全的形势是有一些判断的，包括大家现在很担心进口量比较大，我们都说"国外入市，国内入库"，价格倒挂，这是影响目前的深层次问题，也是必须要面对的一个深层次问题。

对于这个问题我有一个大致的判断，国内的价格与国际价格相差 20%、30% 以上，又在开放环境里，国际价格有很多影响因素，价格是市场决定的，是由供求机制、竞争机制决定的。我们怎么看待这个价格？一些粮食的主产国，比如美国等很多大的国家，它们已经实现规模化、专业化、组织化、信息化、市场化、国际化。中国的生产方式，还是那种以小农户为主的方式，实行家庭联产承包责任制。日本和韩国与中国类似，也是家庭作业的，家庭作业的国家不可能开放，开放了没有价格竞争力，国内的价格是要靠它支持的。

现在我们遇到一个非常大的深层次问题，国内的土地已经承包了，这种条件下流转费用非常高，没有办法实现大规模的规模化经营。我在山东和安徽做了一些调研，他们说我们的土地要想搞规模化经营，流转一亩的基本费用相当于 1000 斤粮食的价格。如果说没有这 1000 斤粮食成本的话，价格是可以和国际市场竞争的。但是现在有了这个规定，无形中形成了新的成本。国外的粮食入市价格又便宜，所以国外入市不是短期的，是长期的趋势，我们必须对这个问题进行深入的思考：怎么样降低国内的生产成本，实现规模化、信息化、市场化、组织化、专业化经营，参与到国际竞争中去。

当前如果要取消流转费用的话，困扰我们的是农民没有生存保障，我们长期以来把土地的承包权当成是对农民的一个生存保障，因为没有保障制度，但是它是不是保障？保障不了，我们调研的时候，农民也告诉我们，他们家庭的收入主要不靠种地，主要靠打工等，但是这个地是一个心理安慰，没有实现规模化经营。

我在这里提这个问题，是希望我们粮食系统的专家来研究一下怎样改革农村现有的土地制度，让它真正能够实现规模化经营。美国的农场从20世纪50年代一个家庭农场1000亩的规模，发展到21世纪差不多达到三四千亩地的规模，人家规模化经营成本低，进入国际市场的时候质量高、价格低。

我们现在怎么样让中国的生产经营的成本降下来？不是中国人不聪明、技术水平低，而是因为这个制度有障碍。我们还要回答很多问题，包括科学水平、土地污染都是问题，有的地方用土地入股的方式，有承包权，成本低一些，实际成本和国际上差不太多。

孟凡军：今天非常高兴参加这场会议，我连续三年参会，这个项目是教育部的一个培育项目，我们有幸得到洪教授的指导使我们参与其中，中华粮网易达研究院的团队都参与到这本书的撰写。我个人觉得这个过程是对个人能力提高的机会，在这个过程中也学到了很多。

今天听到高铁生和各位专家的讲话以后，深受启发，作为中储粮总公司来讲，中储粮现在提战略，都在提战略研究，包括中粮，大家都在提可持续发展，我觉得这不单纯是对一个企业，对于每一个人来讲，对于国家来说，我觉得都

是一个共性的问题，可持续发展的动力来源于什么？我觉得其中之一是要定位如何做正确的事，这就是战略，如何正确地去做事那就是战术了。

我们回过头来再来考虑国家粮食安全的问题，正如几位老领导刚才讲的，要跳出粮食安全的框架，站位更高一点。我想说两点：

第一点，对于当前的安全形势，应该有一个更为清醒的认识。因为我们在研究的时候也说到，每一个人都应该有一个危机意识、忧患意识，它不单纯是在这个阶段。好像某一个品种数量多了，仓库里存的货多了就特别不安全，或者说需要渲染，我觉得也不客观。它是存在区域的不平衡，还有品种的阶段性的不平衡，因为我们注意到大米是首先表现出来的，一个是政策主导，但是政策的作用又在逐渐地削弱，因为市场价格已经由于走私大米的价格冲击带来了很多负面的影响，我不知道这个表述正确与否，但是我觉得它对于玉米，对于小麦都是有一个象征性的启发作用。对于当前的安全形势，我个人感觉应该有一个更为深刻的研究。

第二点，是可持续研究。现在世界人口在2015年就达到了73亿，现在很多学者分析2023年全球人口达到81亿，2050年达到96亿，地球的最终承载也就是105亿到110亿，人口的这种刚性的增

长，对于粮食的刚性需求来说，我觉得它是不可避免的。还有一个问题是老龄化的阶段，尤其是表现在欧洲和中亚，因为超过60岁的人口已经占11.4%，而全球5亿多60岁以上的人口占全球的8%左右。所以这对于以后的粮食生产，包括对于我们的耕地面积的红线控制，也是一个更深远的要求。

在《报告》里也会涉及，但是内容不够。因为对于可持续研究，第一是人口；第二是资源，包括土地、地下水等。我注意到尤其是咱们华北，地下水已经接近警戒线，甚至有些地区已经达到枯竭的状态，近两三年我参加农业部的会议时，我感觉在这方面应该有一些政策的前瞻性，甚至有一些研究的前瞻性。尤其是高铁生提到的，在什么样的指标的状态下，应该有一个预警，有一个预判，甚至比如说什么样的是不安全的，我们应该有一个应对。

高铁生：我粗列了一下，比如说要研究玉米，到什么时候可能出现一个拐点，相关因素有15～20个，比如说刚才说的金融问题、汇率问题、能源问题，相关的问题加到一起，还有人口因素、资源因素。所以我们一定要研究这个问题，我们要有预测，比如说按照现在的趋势，可能再过五年要翻盘，那就很有价值，那些数据都是大概估计的模糊概念，那就没什么意义了。

孟凡军：光是亡羊补牢，损失太大了。下一步我们是想建立一个大数据的研究模型，尤其是关于具体品种的。因为在未来三到五年，当前的这种大规模的库存应该是会成为历史了。像近两三年就是一个创造历史的过程，我有幸成为一个见证者，也是一个参与者。因为前期我在大连直属库挂职，当时我了解到东北黑龙江齐齐哈尔一个直属库，中央储备粮的规模已经达到1800多万吨，这基本上是很难想象的。但是它的在编人数也就是100多人，8台吉普车每天都在巡视监管的点，8台车一年基本上都要跑到报废，因为黑龙江地域比较广阔。

当前时代的我们所处的历史环境基本上是这样的情况，但是在这样高库存、高产量、低价格的新形势下，我们怎样去研究？尤其是对于小麦和稻谷的政策，这种前瞻性的研究也是很具启发性的研究。希望大家不吝赐教。

尚强民：前后有一些数据需要顺一顺，因为都是不同时间的材料和预测放到一起了，现在有一些"打架"的意思。

每一个分析员每研究一个品种，把数据一顺就可以了。

丁声俊：我对马铃薯提一点意见，国际上马铃薯主食化成功了，但是中国对于马铃薯的发展思路不一定成功，还要用传统的方法做成馒头、面条，比小麦粉的面条还要贵，消费者能吃吗？这种思路不对。高铁生第一天去的,我第二天去的,被邀请到齐齐哈尔。到了克山,马铃薯是主食品,又加 30% 做成面条、做成馒头,这些成本加给消费者,所以马铃薯主食化,这种老路走不下去了。马铃薯一定要走市场化的道路,不要走补贴经济的道路。

王玉宝:我是来自粮多多的王玉宝,首先感谢洪教授的邀请,能够连续两次参加这样的粮食安全的高层研讨会。我来到这里结识在座的各位,不仅增加了朋友,还增加了智慧,扩大了格局。感谢洪涛教授和高局对我的关注、支持和指导。

我对于《报告》没有什么建议,因为本人在粮食行业毕竟涉足得浅,但是我可以分享一下"互联网 + 传统行业"结合中的一些感悟。这几年一直在粮食行业和互联网结合的一线,我会有连续一个月时间在一线市场。

我有几点感悟,消费互联网像淘宝、京东,刚才丁声俊教授讲的淘宝网上一天卖 400 多万元,包括五得利这种全世界最大的企业也是个例,更多的还是中小企业,用传统的方式、传统的管理模式、传统的思维在运作粮油生意的市场。

在互联网和传统行业结合的过程中,为什么有难度呢?阿里巴巴这种消费互联网是经过 20 年的发展,把平台的商流、物流、资金流、信息流进行了完全

的打通,而我们粮油产业现在连信息流都没有打通,如何将物流和资金流走通?所以现在我们这个阶段应该是打通信息流连接商务流,因为粮油行业的用户大部分在 40 ~ 65 岁,很多人都不会用淘宝购物,我们在建微信群的时候很多人都没有绑定银行卡,换句话说,他没有在网上购过物,没有买过机票,没有充过话费,甚至我把地图的导航发给他,他都不会用。所以我们粮油行业这个阶段相当于一个 7 岁的孩子,为什么我们给很多平台很多钱和很多助力,整个农产品行业都是这样,没有营运的平台,核心点是发展阶段不对,这个阶段相当于 7 岁的孩子,你无论给他多少钱,甚至让他天天吃鲍鱼,他还是 7 岁,他承担不了我们今天说的任务和责任。

在这个过程中,互联网不能实现这个交易,为什么不能在成品粮这一块实现呢?有几方面,第一是物流体系,不可能从山东发一袋面粉到北京来。第二是服务体系,我们在消费互联网买一件衣服如果不满意可以换款,可以退货,甚至这个风险我自己承担。但是我们粮油行业一交易就是几万元、几十万元甚至上百万元,出现了质量问题,现在没有一个平台敢拍着胸脯,甚至没有一个企业说我承担,这是服务体系。第三是资金监管体系,消费互联网是先付款,货到了点确认收货。而我们粮油行业是

大工厂给我们供应商打款排期发货。小企业是反过来的，这种支付也不适用粮油行业。现在行业内竞争这么激烈，资金滞留几天或者一个星期，工厂都嗷嗷叫，这个阶段是做平台最好的时候，可以为农户、企业、专家打通信息流，可以为企业和经销商增加收益和降低成本，互联网和传统企业的结合可以为企业先做广度和宽度，实体企业是在线下做深度和态度，当两者能够有机结合的时候，我们的物流和资金流才能更好地发展。

在个体的成本上，企业已经降到最低了，但是没有通过集约化降到最低。

举个例子，我注册一个商标，只需要花费 601 元，一般的商标 1300 元、1500 元、2000 多元，这就可以给企业省人工钱。我搭建这样的平台，其实任何的问题都是人的问题，人的问题就是他的视野、格局、高度和思想的问题，在这个过程中先打通信息流，让各位专家的思想能够让更多的企业收获得到，让更多有先进思维的人收获得到，能够让我们的思维，落后的管理模式、经营模式、营销模式甚至是品种、创新的思维全部变成更新化，变成先进的理念和思维模式。然后使最新的供求信息的发布完全能够连接。

举个例子，互联网完全可以让一个企业在有需求的时候，让目标客户区的经销商完全收到，甚至一个经销商有需求，可以让上游的工厂收到，这是互联网带来的价值。

这是我今天的一些分享和感悟，这个过程中需要完善的是诚信体系和营销体系。也希望以后各位专家能够多对"粮多多"平台指点和帮助，一起推进互联网化的进程。

吕志杰：我们公司刚好切入这一块做两岸的农产品，我对《报告》没有深入看，主要是没有什么更好的经历，在座的都很专业，我这次来主要是来学习的，下次有了研究之后再发表观点。在各位专家和专业人士面前就不谈建议了。

柴宁：今天很荣幸有机会参加这样的会议，也听了很多领导和专家讲的内容，受益匪浅，今天这个课题非常大，我从中找到一个微观的方面简单谈一下对粮食数据的看法，因为说到粮食安全，决定粮食数量的应该是社会舆论衡量粮食是否安全的一个常用的标准，它有一系列的指标可以量化和衡量。

从近年来我们官方发布的数据来看，粮食不管是单产还是总产都有大幅度提升，粮食整体有改善，有这样一个趋势。我们需要注意的是这十几年来，虽然粮食的产量是在不断上升的，但是经济快速发展，房地产急速扩张，耕地面积也在下降。其间还遇到了逐步甚至大范围出现灾害的情况，官方发布的粮食产量却是"十二连增"，有些品种，比如说玉米产量，预估值和实际值出现了很大偏差的情况。

很多机构也有自己的数据体系，数据的搜集方法、统计类型、样本选择以及证据思考方面都有所不同。

我觉得数据在粮食行业中应起到基础性的作用，数据为所有的粮食决策和行动都提供了支持。所以准确的数据应该是实现粮食安全的一个重要的保障。我们中华粮网也是对2016年国内粮食市场总体的供求形势做了一个预估，2016年国内的农业供给侧结构性改革现在有序推进，种植业调整力度比较大，其中调整非优势区玉米种植面积成了重点，因为玉米调减政策使我国粳稻面积有所增加，而随着双改单的趋势的影响，籼稻的面积有所下降，华北以及漏斗区的影响，预计2016年全年的粮食种植面积会比上一年略减，小麦种植基本稳定，稻谷面积增加，玉米下降面积比较多，因为受到强厄尔尼诺的影响，今年我国气象条件比上一年度差，小麦、稻谷、玉米三大品种应该都出现了不同程度的减产，这是我们的一个预估，大豆受到面积增加的支撑，产量略有增加，从消费情况来看，人口增加、国内粮价下跌，养殖效率提升以及国内去库存利好因素的刺激，2016年饲料和工业用粮增长较多。进出口方面，我国大豆油籽具有较大优势。综合预计2016年我国粮食进口

同比继续保持在比较高位的水平。

但是同比减少的原因是国内玉米价格的下跌，玉米和其他饲料原料替代品进口大幅度减少，整体来看出口是比较有限的。

总的来看，预计2016年度全国的粮食继续保持宽松的格局，具体的各个品种有所不同，也是要区别来看的。刚才也有领导提到库存方面，我们预计了一下，小麦的库存可能在9000多万吨，稻谷是1.5亿吨，玉米可能在3亿吨以上，整个粮食可能超过6亿吨库存。这是我们对整个粮食供求形势的一个分析，每个机构都有自己的数据，各有不同，这是我们提供的一个方面，数据在粮食安全里面是非常重要的一块。

张露：我觉得现在稻谷的安全问题，也是应该重视起来，不然它的政策也得跟着验一验，稻谷连续三四年收购价非常高，再加上去库存，国内的价差最少为400元，大棚稻谷价格为800元，上上下下全部都在亏损，园区稻谷价格从2012年一直亏到现在，这个问题其实已经很严重了，虽然说全局考虑，稻谷还达不到威胁粮食安全，但是现在高库存的形势也是应该考虑一下的，就政策来看，玉米政策的调整效果比较好的话，其实也可以加快节奏，把稻谷的政策也变一变。

高铁生：因为稻谷是口粮，所以决策层不好调。

张露：进口量不多，今年走私也控制得比较严，边贸查得特别严，今年走私不到 300 万吨。

高铁生：现在我们稻谷已经有 9000 多万吨库存。

张露：除了口粮，其他的真的不好调解，不能深加工。

柴宁：还有小麦。

张露：现在稻谷的问题已经很严重了，但是可能现在上上下下看到玉米的库存太高了，看完玉米就看小麦，稻谷没有人再看。

高铁生：要降低收购价格，眼前就是采取收购价格降低，但是如果像玉米那样退出可能还要再看一看。

张露：先看玉米调整的效果怎么样。

高铁生：2015～2016 年全国重要报刊发表的重要文章，列一个目录。另外把中华粮网登的文章，或者中华粮油商务的重要文章目录给大家参考一下，但是不要把一个学生的论文列到后面，弄得不伦不类，你出的这个实际上是一种工具书，学生的文章再好，把毕业论文弄到这上面来不合适。或者你可以搞一个专家组推荐去年一年有哪些文章，我看经济参考资料后面有目录，这一年的目录，或者是去年一年出台的关于粮食安全的重要文献。

全书前面得有一个关于粮食安全的总报告，还有本书的编辑体例。要搞成一个很有名的有品牌的工具书。

洪涛：现在我们基本上做到报告之前开一次研讨会，报告之后开一次研讨会，每年的世界粮食日之后开一次研讨会。

高铁生：现在全世界都是按照粮食年度出报告，现在你们是按照月历年度出报告，与国际接轨还是存在问题。

洪涛：我们是想兼顾一下。感谢大家！特别是感谢高铁生、丁声俊专家，你们都是在我们这个领域耕耘多年的专家。

附录3　2016年我国粮食行业十大新闻

1. 全国粮食统一竞价交易平台上线运行

2016年1月8日，全国粮食统一竞价交易平台正式上线运行。首个交易日，在平台上计划销售国家政策性存储菜油6.8万吨，实际成交3.02万吨，成交率44.48%，成交均价5308元/吨，成交金额16050万元。

4月28日，武汉国家粮食交易中心通过全国粮食统一竞价交易系统，首次进行成品粮的竞价采购交易。本次采购标的为2016年加工的标一晚籼米600吨。

与现有的竞价销售交易截然不同的是，本次交易的品种为成品粮而非原粮，特别是竞价方式采取向下竞价，即每笔交易从起点价格（底价）开始报价，并以人民币每吨10元的价位递减报价。按照价格优先、时间优先的交易原则，2家大米加工企业竞价成功。竞价采购交易会的成功举办，开启了竞价交易系统拓展交易品种、扩大交易范围、创新交易模式的全新尝试。

12月12日，"全国玉米市场化电子交易暨黑龙江省农民粮食购销专场"启动仪式在哈尔滨举行，专场当日共组织投放农户粮源26万吨，成交4.8万吨。

今后，通过全国粮食统一竞价交易平台销售粮食将成为常态。

2. 中央"一号文件"首提供给侧结构性改革

2016年1月27日，中央"一号文件"发布，"供给侧结构性改革"一词首次纳入其中。在优化农业生产结构和区域布局方面，中央"一号文件"提出，在"确保谷物基本自给、口粮绝对安全"的前提下，基本形成与市场需求相适应、与资源禀赋相匹配的现代农业生产结构和区域布局，提高农业综合效益。

为加快推进粮食行业供给侧结构性改革，促进粮食流通事业持续健康发展，保障国家粮食安全，7月12日，国家粮食局印发《关于加快推进粮食行业供给侧结构性改革的指导意见》，提出四大目标：粮食安全保障能力明显增强，粮食流通能力现代化水平显著提升，粮食产业经济持续健康发展，粮食产品供给结构更加优化。

2016年是供给侧结构性改革的元年。

12 月 16 日闭幕的中央经济工作会议提及农业供给侧结构性改革，强调把"增加绿色优质农产品供给"放在突出位置。

在国家政策的指导下，粮食行业供给侧改革稳步推进。

1 月 17 日，京粮集团古船米业公司与吉林省松原粮食集团、梅河米业公司签署战略合作协议，"吉林大米"的两个子品牌"查干湖圆粒香""梅河秋田小町"正式借"古船"登陆北京市场。

一年来，吉林大米以"好吃、营养、更安全"的响亮口号，"抱团"出海。在召开杭州、宁波等专场推介会后，吉林大米走浙江、进四川，在国内大米市场纵横驰骋，赢得了消费者的高度认可。"吉林大米"的快速崛起为粮食行业，特别是大米行业的供给侧结构性改革提供了样本。

雄踞于"上海滩"的上海良友（集团）有限公司也积极转变经营观念，迈出了从"供给端"向"需求端"转变的关键一步。良友集团紧贴市场需求，以"种粮"是为"卖粮"服务的反向思维，改变农业种植和企业"加工不看市场"的传统习惯，换之以根据消费者的需求生产产品，迈出了供给侧改革的成功一步。

3. 玉米临储政策调整为"市场化收购"加"补贴"

2016 年 3 月 28 日，国家发改委称，自 2016 年起，东北三省和内蒙古自治区的玉米临储政策调整为"市场化收购"加"补贴"的新机制。

2007 年，我国开始在东北三省和内蒙古自治区实行玉米临时收储政策，这一政策对于保护农民玉米生产积极性、促进农民增收、平抑市场波动发挥了巨大作用。然而，连续 8 年的临储政策，造成玉米供求关系失衡，扭曲了国内玉米市场价格，使下游产业受到较大冲击，特别是在国际粮食供应过剩环境下，政府还需要解决天量的玉米库存。

国家统计局数据显示，2015 年全国玉米产量 4491.6 亿斤，同比增加 178.7 亿斤，而 2015 年消费量仅 3500 亿斤左右。随着玉米库存不断增加，东北等核心产区新粮收储矛盾和安全储粮压力日益突出。

实行"市场化收购"加"补贴"的新机制，一方面玉米价格由市场形成，可以通过市场供求关系来调节生产和需求；另一方面建立玉米生产者补贴制度，对东北三省和内蒙古自治区给予一定的财政补贴，以保持优势产区玉米种植收益基本稳定。

8 月 9 日，中央财政拨付第一批玉米生产者补贴资金 300.38 亿元；11 月 3 日，中央财政拨付第二批玉米生产者补贴资金 90 亿元，加上第一批资金，累计金额超过 390 亿元。

随着库存玉米拍卖、储备粮轮换、进口管理等政策不断明确，吉林、内蒙古、辽宁、黑龙江 4 省区政府先后出台玉米深加工企业补贴政策。吉林和内蒙古给予符合条件的玉米深加工企业 200 元/吨的补贴，辽宁省补贴标准为 100 元/吨，黑龙江对年加工能力 10 万吨以上或销售收入 2000 万元以上的玉米深加工企业给予 300 元/吨的补贴。

2016 年是玉米市场化收购第一年，为保证东北地区玉米收购顺利进行，2016 年 11 月 9 日，中国农业发展银行等 4 单位联合发文，要求在内蒙古、辽宁、吉林和黑龙江四省（区）建立东北地区玉米收购贷款信用保证基金，确保东北地区玉米收购"有人收、有钱收、有仓收"。

4.《全国种植业结构调整规划（2016～2020 年）》发布

2016 年 4 月 28 日，农业部印发了《全国种植业结构调整规划（2016～2020 年）》，对当前和今后一个时期种植业结构调整进行安排部署。

从种植业来看，小麦、稻谷口粮品种供求基本平衡，玉米出现了阶段性供大于求；大豆供求缺口逐渐扩大，2015 年有 8000 多万吨进口量。随着经济发展，特别是城镇化的快速推进，农产品商品性需求规模急剧增加，居民消费水平和结构稳步升级。通过调整，可以使产业结构更加适应消费及市场需求，满足消费者多样化的需求。

根据《规划》，种植业结构调整主要是"两保、三稳、两协调"。"两保"，即保口粮、保谷物。到 2020 年，粮食面积稳定在 16.5 亿亩左右，其中稻谷、小麦面积稳定在 8 亿亩，谷物面积稳定在 14 亿亩。"三稳"，即稳定棉花、食用植物油、食糖自给水平。"两协调"即做到蔬菜生产与需求的协调，饲草生产与畜牧养殖的协调。

之前，农业部公布了"十三五"期间玉米调减面积方案，到 2020 年调减玉米面积 5000 万亩以上。据农业部预计，2016 年全国玉米面积调减 3000 万亩以上。

种植业结构调整是我国农业适应形势、主动应对供给侧结构性改革的重大举措，是政府充分研判全球供需形势、我国农产品供给安全以及我国资源环境承载能力后，做出的重要战略部署，在促进农业提质增效和可持续发展等方面有着重要的意义。

5. 农发行打响扶贫攻坚战

2016 年 5 月 20 日，农发行召开全系统脱贫攻坚工作视频会议，研究部署当前和今后一个时期的脱贫攻坚工作，力争 5 年扶贫贷款余额新增 2 万亿元，投放贷款 3 万亿元。

6 月 14 日，农发行党委要求各联系

行建立分片包干制度，对 832 个重点贫困县分片包干，带头落实责任，服务脱贫攻坚。6 月 30 日，农发行举行"政策性金融服务脱贫攻坚"专场新闻发布会，制定未来 5 年的扶贫工作规划。10 月 24 日，农发行召开支持东西部扶贫协作和"万企帮万村"精准扶贫行动视频培训会，对支持东西部扶贫协作和"万企帮万村"精准扶贫行动作动员部署和政策解读。11 月 28 日，农发行与国家发改委在京签订《全面支持网络扶贫合作框架协议》，"十三五"期间安排意向额度 1000 亿元用于支持 832 个国家级贫困县的网络扶贫项目。

农发行作为我国唯一的农业政策性银行，长期以来在服务"三农"、支持脱贫攻坚等方面做出了重要贡献。率先在全国金融系统成立扶贫金融事业部，率先投放首笔异地扶贫搬迁贷款，率先发行首笔异地扶贫搬迁专项债券筹集资金，率先向省市县延伸扶贫金融服务机构并实现贫困县全覆盖，率先制定金融扶贫 5 年规划。

2016 年以来，农发行不断出台的扶贫举措以及积极的扶贫行动令业界瞩目，充分发挥了政策性金融扶贫在脱贫攻坚中的骨干引领作用，在打赢脱贫攻坚战中成为金融扶贫的先锋、主力和模范。

6. 中纺并入中粮 央企整合快速推进

2016 年 7 月 15 日，国资委官网发布消息称，中国中纺集团公司整体并入中粮集团有限公司，成为其全资子企业。

随着央企整合的快速推进，中粮集团重组整合步伐明显加快。2004 年，中国土畜并入中粮集团。2006 年，中谷粮油集团公司并入中粮集团。2013 年，中国华粮物流集团公司并入中粮集团。2014 年，中国华孚贸易发展集团公司整体并入中粮集团。

近年来，中粮集团在国内整合重组，在国外收购兼并。5 月 19 日，中粮集团全资子公司中粮农业在乌克兰投资 7500 万美元建设的 DSSC 码头正式投产；之前的 3 月 3 日，中粮集团收购中粮来宝农业剩余 49% 股权交易成功交割，中粮来宝农业正式更名为中粮农业；2014 年底，中粮集团支持控股的尼德拉公司全资收购罗马尼亚 Constanta 港 USA/USC 码头……

合并后，中粮集团成为央企整合的最大受益者之一。中粮集团在资产规模、业务种类等体量上具备了更强的经济实力，也更有能力参与国际市场竞争和掌握价格话语权。

事实上，中粮并非央企整合孤例，国内另一粮食巨头也在业务方面合并同类项。11 月 23 日，国资委官网发布公告称，中国储备棉管理总公司整体并入中国储备粮管理总公司，成为后者的全资子企业，同时中储棉不再作为国资委直接监管企业。至此，中央企业数量由目前的 103 家降低至 102 家。

2016 年，中粮集团充分发挥"走出去"的领军作用，进一步巩固了中粮集团"国际化大粮商"的实力和地位。12 月 26 日，由世界品牌实验室（World Brand Lab）独家编制的 2016 年度（第十三届）《世界品牌 500 强》排行榜在美国纽约揭晓，中粮集团连续入选世界品牌五百强，名列 228 位，比 2015 年上升 5 位。

7. 粮食安全省长责任制考核工作启动

2016 年 8 月 31 日，粮食安全省长责任制考核工作组办公室在吉林省长春市召开了粮食安全省长责任制考核工作座谈会。会议指出，目前各地积极推进落实考核工作，取得了初步成效，但进展还不平衡，要相互借鉴好的经验和做法，共同做好考核工作。

2015 年，国务院出台《关于建立健全粮食安全省长责任制的若干意见》和《粮食安全省长责任制考核办法》。文件印发后，各省市（区）相继制定了本省"粮食安全考核办法"，对落实耕地占补平衡、稳定粮食总产、稳定粮食价格、缓解农民"卖粮难"等责任进行了细化和明确。

为了指导各地做好粮食安全省长责任制考核工作，2016 年 10 月 8 日，国家粮食局发布《2016 年度粮食安全省长责任制考核指标及评分标准解读》的通知，对 2016 年度考核指标、年度考核目标任务和评分标准等有关内容进行解读。

12 月 19 日，国家粮食局发布《关于开展 2016 年度粮食安全省长责任制考核工作的通知》。通知指出，由农业部对各省级政府粮食生产扶持政策等进行定性评估；由质检总局对各省级政府配合加强进口粮食质量安全把关进行定性评估；由粮食局对各省级政府开展粮食产销合作、"放心粮油"工程建设和节粮减损等进行定性评估。

当前，国内粮食"三高叠加"特征明显，部分粮食品种阶段性过剩、环境污染影响粮食质量、进口粮食冲击国内市场等各种矛盾互相交织，加上 2016 年是玉米实行"市场化收购"加"补贴"新机制的第一年，亟须进一步明确地方政府维护粮食安全的责任。做好粮食安全省长责任制考核工作是落实地方政府维护粮食安全责任的关键措施，也是维护国家粮食安全的基石。

8. 农村土地"三权分置"改革拉开大幕

2016 年 10 月 30 日，中共中央办公厅、国务院办公厅印发《关于完善农村土地所有权承包权经营权分置办法的意见》。要求进一步健全农村土地产权制度，完善农村土地所有权、承包权、经营权分置。"三权分置"最大的突破就是放活土地经营权，在保护农民相应权益的同时盘活土地资源要素市场，促进了土地流转和规模经营主体的培育。

近年来，农村土地流转规模不断扩大，新型经营主体大量涌现，土地承包权主体同经营权主体分离的现象越来越普遍。"三权分置"实现集体、承包农户、新型经营主体对土地权利的共享，有利于促进分工分业，让流出土地经营权的农户增加财产收入，让新型农业经营主体实现规模收益。

2016年土地所有权、承包权、经营权"三权分置"得到大力推进，中央经济工作会议要求，细化和落实承包土地"三权分置"办法，培育新型农业经营主体和服务主体。深化农村产权制度改革，明晰农村集体产权归属，赋予农民更加充分的财产权利。而此前受到关注的集体经营性建设用地入市、宅基地制度改革试点则被认为是农民融资的必要途径。

深化农村土地制度改革，顺应农民保留土地承包权、流转土地经营权的意愿，将土地承包经营权分为承包权和经营权，实行所有权、承包权、经营权分置并行，着力推进农业现代化。"三权分置"是继家庭联产承包责任制后农村改革的又一重大制度创新，是农村基本经营制度的自我完善。

9. 2016年全国粮食总产同比略降

2016年12月8日，国家统计局发布消息称，2016年全国粮食总产量61623.9万吨（12324.8亿斤），比2015年减少520.1万吨（104.0亿斤），减少0.8%。粮食生产较2015年略有下降，结束了我国粮食产量"十二连增"的局面，但仍算是丰收年。

2016年粮食产量下降同时受到播种面积减少和单产下降的影响。2016年全国粮食播种面积比上年减少了472万亩，因播种面积减少而减产34亿斤，占粮食减产总量的33.2%；全国粮食产量因单产下降而减产70亿斤，占粮食减产总量的66.8%。

粮食播种面积减少，主要是由于各地针对粮食品种的供需矛盾，主动优化农业生产结构和区域布局，适当调减非优势区玉米种植面积，采取"玉米改大豆""粮改饲"和"粮改油"等措施调整农业种植结构所致。据农业部预计，2016年全国调减玉米面积在3000万亩以上。

单产下降是由于高产作物面积减少，按可食用的籽粒玉米统计，玉米播种面积5.51亿亩，比2015年减少2039万亩，减少3.6%。低产作物大豆播种面积1.08亿亩，比2015年增加1046万亩，增长10.7%。2016年，玉米平均亩产398.2公斤，是大豆的3.3倍，仅玉米改种大豆就可拉低粮食亩产约1.7公斤。

此外，2016年全国农业气象灾害较

2015年偏重，部分地区受灾较重，其中夏粮、早稻均因灾减产。据民政部统计，2016年前10个月，全国农作物受灾面积3.97亿亩，比2015年同期增加5410万亩，增长25.7%；绝收面积6218万亩，增加1719万亩，增长70.9%。

10. 中国证监会批准白糖、豆粕期权交易

2016年12月16日，中国证监会表示，已批准郑州商品交易所和大连商品交易所分别开展白糖、豆粕期权交易。白糖和豆粕是我国重要的农业品种，期权交易的开展对完善农产品定价机制、提供农业产业化水平、加快转变农业发展方式有重要作用。

从服务产业链和实体经济的角度来说，豆粕相关衍生品产业链长、参与企业多、影响范围广，上市豆粕期权能够为产业链上众多的生产和销售企业提供更为丰富的避险工具。

经过多年发展，以豆粕期货为核心的油脂油料产业链品种体系日趋完善。在市场结构上，法人客户已成为豆粕期货市场的主导力量，法人客户持仓占比达50%以上。同时，国内大型国企、国际粮油巨头和各类民营油脂压榨、贸易企业广泛参与，日压榨能力1000吨以上的厂家参与豆粕期货的比例在90%以上。70%的豆粕现货贸易均已采用期货价格进行基差定价。

白糖期货上市以来，市场参与度和流动性不断提高，结构合理。郑商所上市的农产品期货中，白糖期货的日均成交量、日均持仓量和换手率排名靠前。参与白糖期货的客户数量最多，在25万户左右。

我国商品期货市场多年来稳健发展，为开展期权交易提供了良好的市场基础。12月5日，在2016第12届中国（深圳）国际期货大会的"大连商品交易所专场活动"上，大商所农产品事业部总监王玉飞表示，经大商所与国家质检总局、辽宁出入境检验检疫局合力推进，"黄大豆2号"政策历时3年，终于取得了重大进展，扫除了合约再造障碍。

附录4　国家统计局关于2016年粮食产量的公报

国家统计局发布时间：2016 – 12 – 08 09：30

根据国家统计局对全国31个省（区、市）农业生产经营户的抽样调查和农业生产经营单位的全面统计，2016年全国粮食播种面积、单位面积产量、粮食总产量如下：

一、全国粮食播种面积113028.2千公顷（169542.3万亩），比2015年减少314.7千公顷（472.1万亩），减少0.3%。其中谷物[1]播种面积94370.8千公顷（141556.2万亩），比2015年减少1265.1千公顷（1897.7万亩），减少1.3%。

二、全国粮食单位面积产量5452.1公斤/公顷（363.5公斤/亩），比2015年减少30.7公斤/公顷（2.0公斤/亩），减少0.6%。其中谷物单位面积产量5988.8公斤/公顷（399.3公斤/亩），比2015年增加4.8公斤/公顷（0.3公斤/亩），增长0.1%。

三、全国粮食总产量61623.9万吨（12324.8亿斤），比2015年减少520.1万吨（104.0亿斤），减少0.8%。其中谷物产量56516.5万吨（11303.3亿斤），比2015年减少711.5万吨（142.3亿斤），减少1.2%。

国家统计局

2016年12月8日

注：［1］谷物主要包括玉米、稻谷、小麦、大麦、高粱、荞麦、燕麦等。

表1　2016年粮食播种面积、单位面积产量及总产量情况

	播种面积 （千公顷）	单位面积产量 （公斤/公顷）	总产量 （万吨）
全年粮食	113028.2	5452.1	61623.9
一、分季节			
1. 夏粮	27632.4	5037.7	13920.4
2. 早稻	5619.8	5832.4	3277.7
3. 秋粮	79776.0	5568.8	44425.8

续表

	播种面积 （千公顷）	单位面积产量 （千克/公顷）	总产量 （万吨）
二、分品种			
1. 谷物	94370.8	5988.8	56516.5
其中：玉米	36759.7	5972.7	21955.4
稻谷	30162.4	6860.7	20693.4
小麦	24186.5	5327.4	12885.0
2. 豆类	9710.5	1781.0	1729.4
3. 薯类	8946.9	3775.5	3377.9

注：①根据甘肃、宁夏、新疆等部分地区小麦实际产量对全国夏粮数据进行了修订。

②由于计算机自动进位原因，分项数合计与全年数据略有差异。

表 2　2016 年全国及各省（区、市）粮食产量

地区	播种面积 （千公顷）	单位面积产量 （千克/公顷）	总产量 （万吨）
全国总计	113028.2	5452.1	61623.9
北　京	87.3	6148.2	53.7
天　津	357.3	5496.6	196.4
河　北	6327.4	5468.7	3460.2
山　西	3241.4	4067.6	1318.5
内蒙古	5784.8	4806.1	2780.2
辽　宁	3231.4	6500.7	2100.6
吉　林	5021.6	7402.4	3717.2
黑龙江	11804.7	5132.3	6058.6
上　海	140.1	7107.1	99.5
江　苏	5432.7	6379.9	3466.0
浙　江	1255.4	5991.3	752.2
安　徽	6644.6	5143.2	3417.5
福　建	1176.7	5531.2	650.9
江　西	3686.2	5800.3	2138.1
山　东	7511.5	6258.0	4700.7
河　南	10286.2	5781.2	5946.6
湖　北	4436.9	5756.6	2554.1
湖　南	4890.6	6038.3	2953.1
广　东	2509.3	5420.7	1360.2
广　西	3023.6	5031.4	1521.3
海　南	360.4	4937.9	178.0
重　庆	2250.1	5182.1	1166.0

续表

地区	播种面积 （千公顷）	单位面积产量 （千克/公顷）	总产量 （万吨）
四　川	6453.9	5397.5	3483.5
贵　州	3113.3	3830.0	1192.4
云　南	4481.2	4246.4	1902.9
西　藏	176.6	5680.3	100.3
陕　西	3068.7	4002.6	1228.3
甘　肃	2814.0	4053.3	1140.6
青　海	281.1	3680.8	103.5
宁　夏	778.3	4761.5	370.6
新　疆	2401.1	6298.2	1512.3

注：由于计算机自动进位原因，分省合计数与全国数略有差异。

关于粮食产量调查制度和方法的说明

全国粮食总产量为 31 个省（区、市）夏粮、早稻和秋粮产量的总和。

（一）调查方法

粮食产量统计调查采取主要品种抽样调查、小品种全面统计相结合的方法，调查对象包括农业生产经营户和经营单位。国家统计局各调查总队负责农业生产经营户的抽样调查，各省（区、市）统计局负责农业生产经营单位的全面统计工作。

抽样调查对象是农业生产经营户，调查的主要粮食品种有稻谷、小麦和玉米等。通过对以省为总体抽选的具有代表性的村民小组、农户和地块开展调查，播种面积调查是在调查时点上对样本区内所有农作物进行清查；单位面积产量调查采用实割实测的方法，进而推算各主要粮食品种的实际播种面积和单位面积产量，两个结果相乘得到产量。农业生产经营户生产的粮食产量占全国粮食产量的 95% 以上。

（二）调查样本

目前粮食产量抽样调查在 848 个国家调查县中开展，农作物播种面积调查抽取 8890 个村民小组、48 万农户，稻谷、小麦、玉米等主要粮食作物的单位面积产量调查抽取 8890 个村民小组、6 万多地块，由国家统计局各基层调查队调查人员和辅助调查员实施。

（三）实割实测方法

主要粮食品种单位面积产量调查采用实割实测的方法取得。按照《农产量抽样调查制度》，在粮食作物收获前，各调查村中的基层调查员在播种面积调查样本的基础上对相应粮食品种植地块逐块进行踏田估产、排队，抽选一定数量样本地块；待收获时各县级调查员或者辅助调查员在抽中样本地块上进行放样，割取样本，再通过脱粒、晾晒、测水杂、称重、核定割拉打损失等环节，计算出地块单产。国家统计局各调查总队根据抽中样本地块单产推算全省（区、市）平均单位面积产量。

参考文献

［1］ Barkema A. Reaching Consumers in the Twenty – First Century: The Short Way around the Barn ［J］. American Journal of Agricultural Economics, 1993, 75（5）: 1126 – 1131.

［2］ Alan C. McKinnon. Analysis of Transport Efficiency in the UK Food Supply Chain ［D］. Logistics Research Center Heriot – Watt University, 2003.

［3］ Boehije M. , L. F. Schrader. The Industrialization of Agriculture: Questions of Coord in Ation in the Industrialization of Agriculture ［M］. Great Britain: The Ipswich Book Company, 1988.

［4］ W. D. Heffeman. Contemporary Logistics（4th Edition）［M］. Macmillan Publishing Company, 1990.

［5］ Rakeshsingh. The Ethics of Constrained Choice: How the Industrialization of Agriculture Impacts Farming and Farmer Behavior ［J］. Journal of Agriculture and Environmental Ethics, 2005, 18（5）: 269 – 291.

［6］ Bing Li. Logistics Management – A Systems Integration of Physical Distribution, Manufacturing Support and Materials Procurement（3rd Edition）［M］. Macmillan Publishing Company, 1986.

［7］ Spencer Henson, Rupert Loader, Bruce Trail. Contemporary Food Policy Issues and the Food Supply Chain ［J］. European Review of Agricultural Economics, 1995（22）: 271 – 281.

［8］ Hobbs J. E. A Transaction Cost Approach to Supply Chain Management ［J］. Supply Chain Management, 1996, 1（2）: 15 – 27.

［9］ Gaucher et al. Modeling Supply Chain Management in the Sugar Industry ［J］. Proc S Afr Sug Tec Ass, 2003（7）: 542 – 554.

［10］ Simon Groom et al. Supply Chain Management: An Analytical Framework for Literature Review ［J］. European Journal of Purchasing & Supply Chain Management，2003 （6）：67 - 83.

［11］Kenneth H. Wathne & Jan. B. Heide. Relationship Govemance in a Supply Chain ［J］. Network Journal of Marketing，2004 （68）：73 - 89.

［12］C. N. Shee，R. P. Lemenager，J. P. Schoonmaker. Effect of Corn Condensed Distillers Solubles or Corn Dried Distillers Grains during Gestation or Lactation on Cow Performance，Milk Production，and Preweaning Progeny Growth ［J］. The Professional Animal Scientist，2015，13 （1）：11 - 19.

［13］Shahidur Rashid，Ralph Cummings Jr. ，Ashok Gulati. Grain Marketing Parastatals in Asia：Results from Six Case Studies ［J］. Original Research Article World Development，2007，35 （11）：1872 - 1888.

［14］Ziping W. U. ，Seamus McErlean. Market Efficiency in the Reformed Chinese Grain Marketing System ［J］. Original Research Article China Economic Review，2003，14 （2）：115 - 130.

［15］洪岚，尚珂. 我国粮食供应链问题研究 ［J］. 中国流通经济，2005 （2）：11 - 14.

［16］洪岚，安玉发. 我国粮食供应链整合困难的原因探析 ［J］. 中国流通经济，2009 （8）：33 - 35.

［17］陈倬. 粮食供应链脆弱性分析与整合研究 ［J］. 财经论丛，2011 （6）：105 - 110.

［18］吴志华，胡非凡. 粮食供应链整合研究——以江苏省常州市粮食现代物流为中心 ［J］. 农业经济问题，2011 （4）：26 - 31.

［19］李凤廷，侯云先. 粮食供应链整合研究——基于链内、链间交互整合的概念框架 ［J］. 商业经济与管理，2004 （1）：5 - 12.

［20］卢美宝，陈君清. 粮食购销市场化存在的问题及对策 ［J］. 经济师，2002 （5）：271 - 273.

［21］纪国成. 对当前粮食产销有关问题的几点看法与建议 ［J］. 耕作与栽培，2004 （6）：1 - 3.

［22］叶晓云，孙强. 以浙江为例浅谈粮食产销区合作 ［J］. 中国粮食经济，2004 （5）：49 - 50.

[23] 何蒲明．基于粮食安全的主产区和主销区的利益协调机制 [J]．安徽农业科学，2007，35（4）：1222 - 1223，1236．

[24] 王志英，王咏红，高瑛．区域粮食购销合作主体的博弈分析 [J]．安徽农业科学，2009，37（13）：6193 - 6195，6215．

[25] 郭晓虹．关于国家粮食安全保障体系建设的思考 [J]．全国商情，2013（15）：12 - 13．

[26] 吴建寨等．新形势下保障中国粮食安全的思考 [J]．农业展望，2015（5）：29 - 33．

[27] 高瑛，李岳云．对我国粮食产销利益失衡问题的分析 [J]．江海学刊，2006（6）：209 - 213．

[28] 张谋贵．建立粮食主产区利益补偿长效机制 [J]．江淮论坛，2012（3）：36 - 42．

[29] 林粤峰．基于区域竞争视角的我国粮食安全与制度创新 [J]．广东农业科学，2012（4）：217 - 220．

[30] 赵宇红，傅立忠．对粮食产销区建立长期稳定粮食购销协作关系问题的研究 [J]．黑龙江粮食，2002（1）：10 - 14．

[31] 闻海燕．粮食购销市场化与主销区粮食安全体系的构建 [J]．粮食问题研究，2003（2）：16 - 18．

[32] 刘先才．粮食安全：产区销区如何对接 [J]．江苏农村经济，2005（1）：14 - 15．

[33] 龙方，曾福生．论粮食产区与销区关系的协调 [J]．农业现代化研究，2007，28（5）：520 - 524．

[34] 张金丰．推进产销合作　确保粮畅其流——黑龙江省探索建立粮食产销合作发展新机制 [J]．黑龙江粮食，2008（1）：9 - 10．

[35] 马文杰．粮食主产区利益补偿问题的博弈分析 [J]．湖北社会科学，2010（2）：81 - 84．

[36] 田建民．粮食安全长效机制构建的核心——区域发展视角的粮食生产利益补偿调节政策 [J]．农业现代化研究，2010，31（2）：187 - 190．

[37] 张青峰．加强区域产销协作确保粮食安全的探讨 [J]．粮油仓储科技通讯，2013（4）：52 - 55．

［38］洪涛，傅宏等．中国粮食安全发展报告2013～2014［M］．北京：经济管理出版社，2014.

［39］亚当·斯密．国民财富的性质与原理［M］．赵东旭，丁毅译．南昌：江西教育出版社，2014.

［40］靖继鹏，张向先，李北伟．信息经济学（第二版）［M］．北京：科学出版社，2007.

［41］陈瑞华．信息经济学［M］．天津：南开大学出版社，2003.

［42］孙庆文等．不完全信息条件下演化博弈均衡的稳定性分析［J］．系统工程理论与实践，2003（7）：11－16.

［43］王薇薇．基于效率视角的粮食流通主体利益协调及政策优化研究［D］．武汉：华中农业大学，2011.

［44］基于反馈动态复杂性分析的"公司＋农户"组织模式的合作机制研究［D］．江西：南昌大学，2006.

［45］高瑛．基于粮食安全保障的我国粮食产销利益协调机制研究［D］．南京：南京农业大学，2006.

［46］王志英．市场化条件下粮食产销协作模式与区域粮食安全研究——以江苏南京为例［D］．无锡：江南大学，2009.

［47］齐闻潮．农发行召开主力债券承销商座谈会［N］．金融时报，2016－09－28.

［48］刘孔勇．当前农发行拓展商业性业务面临的障碍及对策［J］．时代金融，2011（9）.

［49］王国军，叶波．农业保险：一个沉甸甸的话题［J］．经济论坛，1996（20）.

［50］孙君成．保险覆盖损失不足1%，保监会拟建巨灾保险基金［N］．南方日报，2008－02－20.

［51］杨星．我国农业保险发展现状分析［J］．山西农经，2003（3）.

［52］刘奇洪．粮食加工企业发展方向及战略分析［J］．粮食加工，2009（2）.

［53］建立完善中小企业信用担保体系——专访国家发展改革委中小企业司狄娜巡视员［J］．中国投资，2007（9）.

［54］工信部中小企业司．2011年度全国中小企业信用担保发展报告［EB/OL］.

豆丁网，2012.

［55］钱黎娇．我国中小企业信用担保行业发展的现状、问题及对策研究［J］．时代金融，2013（2）.

［56］王小霞．粮食加工企业面临停产困境［N］．中国经济时报，2009－08－31.

［57］杜晓山，孙若梅．小额信贷基础内涵的界定［J］．小额信贷扶贫（内部刊物），1997（1）.

［58］谢平．农村信用合作社改革和政策选择［R］．农村金融国际研讨会论文，2002.

［59］何广文等．2008中国小额信贷行业评估报告［EB/OL］．中国小额信贷促进网络，2009－02－17.

［60］陈颖等．小额信贷机构监管的国际经验和中国实践［J］．新金融，2006（7）.

［61］奚宾．粮食金融化背景下粮食安全问题研究［J］．农业经济，2013（1）.

［62］臧文如．中国粮食财政直接补贴政策对粮食数量安全的影响评价研究［D］．雅安：四川农业大学，2012.

［63］中共中央，国务院．关于深入推进农业供给侧结构性改革加快培育农业农村发展新动能的若干意见［Z］．2017.2.5.

［64］李克强．2017年政府工作报告［Z］．2017.3.5.

［65］国家发改委．国家粮食局．粮食物流业"十三五"发展观划［Z］．2017.3.3.

后　记

2014 年、2015 年我们先后出版了《中国粮食安全发展报告 2013～2014》、《中国粮食安全发展报告 2014～2015》两个发展报告，《中国粮食安全发展报告 2015～2016》是我们的第三个发展报告，每一个报告出版前，我们都要举办一个高层研讨会，听取政府部门和高层专家的意见。2016 年 10 月 13 日，我们在北京工商大学举办了"2016 中国粮食安全评估高层研讨会"，在会议上，洪涛教授等汇报了《中国粮食安全发展报告 2015～2016》的主要内容。在高层研讨活动中，一些专家提出了一些意见，于是我们又进行了修改，在此基础上，形成了最终的《中国粮食安全发展报告 2015～2016》。具体撰写分工如下：

第一章　2015 年中国粮食安全评估与 2016 年展望：洪涛。

第二章　2015～2016 年我国稻谷安全现状分析，中华粮网易达研究院：孙忠。

第三章　2015～2016 年我国小麦安全评估，中华粮网易达研究院：柴宁。

第四章　2015～2016 年我国玉米安全评估，中华粮网易达研究院：张智先。

第五章　2015～2016 年我国马铃薯安全分析：洪涛。

第六章　2015～2016 年我国大豆安全现状评估，中华粮网易达研究院：张露。

第七章　2015～2016 年我国菜籽及菜籽油安全评估，中华粮网易达研究院：卢峰。

第八章　2015～2016 年我国花生及花生油安全评估，中华粮网易达研究院：卢峰。

第九章　2015 年我国粮食电商安全回顾及 2016 年展望：洪涛、洪勇。

第十章　2015～2016 年我国粮食金融安全分析：洪涛。

第十一章　2015～2016 年我国粮食财税安全分析：洪涛。

由洪涛教授、傅宏教授总纂。

感谢经济管理出版社给予的大力支持，感谢教育部、中华粮网、首都流通业研究基地给予课题支持和出版资助。

主编

2016 年 12 月 31 日